新时期城市管理执法人员培训教材

数字化城市管理
理论、技术与实践

全国市长研修学院（住房和城乡建设部干部学院）组织编写

中国城市出版社

图书在版编目（CIP）数据

数字化城市管理理论、技术与实践/全国市长研修学院（住房和城乡建设部干部学院）组织编写. —北京：中国城市出版社，2018.12（2021.5重印）
新时期城市管理执法人员培训教材
ISBN 978-7-5074-3152-0

Ⅰ.①数⋯ Ⅱ.①全⋯ Ⅲ.①数字技术-应用-城市管理-中国-教材 Ⅳ.①F299.23-39

中国版本图书馆 CIP 数据核字（2018）第 288903 号

本书由全国市长研修学院（住房和城乡建设部干部学院）组织行业内多位专家学者、一线工作者联合编写。本书主要介绍了城市管理概论、数字化城市管理新模式、数字化城市管理实践与经验、展望智慧化城市管理。本书借助专家学者多年的研究成果，部分省市的实践案例，通过理论与实践相结合的方式，对全行业科学推进数字城管智慧化升级工作提供帮助。本书可供数字城管工作者及相关专业师生参考学习使用。

责任编辑：李　慧　李　明
责任校对：张　颖

新时期城市管理执法人员培训教材
数字化城市管理理论、技术与实践
全国市长研修学院（住房和城乡建设部干部学院）组织编写

＊

中国城市出版社出版、发行（北京海淀三里河路9号）
各地新华书店、建筑书店经销
北京科地亚盟排版公司制版
北京建筑工业印刷厂印刷

＊

开本：787×1092毫米　1/16　印张：15¾　字数：385千字
2019年2月第一版　　2021年5月第二次印刷
定价：**60.00**元
ISBN 978-7-5074-3152-0
（904117）

本书编审委员会

主　　编　崔俊芝

副 主 编　郝　力　高　萍　蒋景瞳

编写组成员（按姓氏笔画排序）

　　　　　　马春莉　王　东　王　芳　王洪深　王海滨　皮定均

　　　　　　刘佳琪　李学东　杨怀亚　吴江寿　吴强华　宋　佐

　　　　　　宋光辉　张凤楼　陈芸华　陈建伟　周冠骅　郑开涛

　　　　　　胡德萍　郭　滨　崔　迪　梁柏清　童　林　曾明波

序

城市是地理空间、自然生态、人类物质文明和精神文明的统一载体，是现代人类社会政治、经济、科技与文化活动的中心，是推动人类社会进步的主结点。城市不仅居住着一半以上的人口，聚集着百分之八十以上的社会财富；而且拥有几乎百分之百的精神文明产品。城市化（或城镇化），仍然是当今社会发展的动力源，特别是对于正在迅速崛起的中国。

城市从其诞生起就伴生了城市管理，最初的城市管理是专制模式，伴随着政治、经济和社会的进步，城市管理经历了漫长的进化，演变到今天的公共治理。

由于城市居民的社会地位、文化素质、职业技能、经济收入、生活方式、宗教信仰和社会需求的巨大差异，由于经济、科技和社会进步而形成的生产方式、经营方式及政策、法规的多样性和复杂性，再加上现代信息技术的广泛应用，特别是互联网、物联网、有线与无线通信、智能终端，融入社会活动的各个角落，使得今天的每座城市都是一个复杂、开放的巨系统；在任何一座城市的任何一个角落发生的任何一个重要事件，都可能迅速传遍全球，形成推动社会进步的动力，或造成社会动荡，招致人、财、物的巨大损失。

现代化城市呼唤着现代化的城市管理，需要科学的规划、合理的决策，人性化的管理，需要将现代社会管理学，特别是城市管理学与现代系统科学、系统工程学、工程管理学相结合，综合集成现代信息技术，创建支持城市规划、建设、管理与服务的体制、机制，技术体系，运行体系，即数字化城市管理模式，以实现精准、实时、高效的社会管理，保证政治、经济、科技、文化和社会的可持续发展，不断提高市民的物质与文化生活水平，构建和谐社会。

在中国，数字化城市管理起源于21世纪初。2004年，北京市东城区区委、区政府为了彻底改变城市管理中条块分割、职能交叉、管理粗放、缺乏监督、效率低下和服务差的状况，创建了融合城市管理与服务于一体的"网格化（数字化）城市管理新模式"。"新模式"的核心内涵是：

在城市管理体制、机制、业务流程方面，建立了监督和指挥—处置既独立，又协调的"双轴心"的管理体制；创建了无缝衔接的城市管理业务流程。

在管理方法上，提出了对城市管理对象精确定位的万米单元网格法，以及相应的城市部件管理法和城市事件管理法，建成了基于GIS和万米单元网格的城市部件和事件数据库群，及数据库管理系统。

在管理手段方面，研发了实时实地采集城市管理信息的"城管通"，以及无线与有线的信息传输与集成系统；通过整合资源，建成了一个综合集成现代信息技术的、支持精确、高效、全时段、全方位城市管理的、信息资源共享的支撑平台。

在管理与服务绩效评价方面，建立了针对管理机构和管理者的、科学合理、客观公正的绩效考核与评价体系。

"新模式"实现了城市管理由粗放向集约，由滞后向实时的转变，实现了对市政、公用、园林、环卫、建筑、房产等城市基础设施，以及摆摊、烧烤、乞讨、非法小广告、占道经营等管理对象的全时段、全方位的监督和管理，并具有防范和协助处理突发事件的功能。

"数字化城市管理新模式"自诞生之日起，就展现出科学、高效和人性化的管理效能。为了有效地推广"新模式"，住房和城乡建设部及时地组织"新模式"的实践者和专家，编制并发布了数字化城市管理的标准体系，包括建设、验收和运行效果评价的标准、规范和导则等。该标准体系由 9 个标准组成，它们既规范了数字化城市管理建设和运行的行为，也为城市管理者创新、扩展和完善"新模式"留下了充裕的空间，每个标准都对"扩展表示"做出了规定。

住房和城乡建设部于 2005 年 10 月召开专题会议，确定了首批试行数字化城市管理的城市，由此拉开了在全国推行数字化城市管理的帷幕。十多年来，在住房和城乡建设部的大力推动和各城市的共同努力下，数字化城市管理迅速地由大中城市扩展至中小城市。通过十余年的完善和创新，使得数字城市管理的运行实效不断提升，管理内容不断丰富，功能不断扩充，影响力不断扩大；不少城市已经将"数字化城市管理"扩充至文物保护、流动人口、出租房屋、工商执法、社保医疗等社会安全管理与公共服务领域；同时，探索出许多建设和运行数字城市管理的成功经验，例如，监督重心上移，指挥与处置重心下移；政府主导下的市场化运行；城市主管领导重视数字化城市管理的建设和运行等。

值得指出，数字化城市管理在各地取得成功与当地城市领导的重视密不可分。由于数字城市管理涉及城市规划、建设、国土、房产、市政、公安、交通、园林、环保、环卫、工商、技监、药监、卫生、民政、综合执法等数十个政府部门，以及水、电、气、热、通信等众多的专业公司，在建设和运行中必然涉及机构调整、资金投入和资源整合等跨部门、跨企业的困难问题，城市主管领导的指导、协调和政策、法律的支持是"新模式"取得成功的根本保证。实施数字化城市管理的城市领导多数都本着执政为民的理念，积极开拓创新，为数字城市管理的建设和运行做出了重要贡献。总结和传播他们的经验是进一步提升数字化城市管理水平和效益的基础。

综上，数字化城市管理是时代发展的产物，它为城市管理者和全体市民共享和管理城市资源，提供了体制、机制、组织架构、技术平台和标准体系，是城市管理科学与实践的一次革命性飞跃；是城市领导者落实科学发展观，贯彻以人为本、执政为民理念，建设有中国特色的城市管理制度的基础。

2015 年中央召开了城市工作会议，同年 12 月发布了《中共中央国务院关于深入推进城市执法体制改革、改进城市管理工作的指导意见》（中发〔2015〕37 号），文件明确指出："积极推进城市管理数字化、精细化、智慧化，到 2017 年底，所有市、县都要整合形成数字化城市管理平台。基于城市公共信息平台，综合运用物联网、云计算、大数据等现代信息技术，整合人口、交通、能源、建设等公共设施信息和公共基础服务，拓展数字化城市管理平台功能。加快数字化城市管理向智慧化升级，实现感知、分析、服务、指挥、监察"五位一体"，……，综合利用各类监测、监控手段，强化视频监控、环境监测、交通运营、供水—供气—供电、防洪防涝、生命线保障等城市运行数据的综合采集和管理分析，形成综合性城市管理数据库，重点推进城市建筑物数据库建设。强化行政许可、行政处罚、社会诚信等城市管理全要素数据的采集与整合，提升数据标准化程度，促进多部门公共数据资源互联互通和开放共享，建立用数据说话、用数据决策、用数据管理、用数据创新的新机制。"

为了落实中央的新要求，加强数字城市管理的培训工作，全国市长研修学院（住房和城乡建设部干部学院）组织数字城市管理专家组，用半年时间编制了这套《新时期城市管理执法人员培训教材》，由四本组成，它们是：

《数字化城市管理理论、技术与实践》；

《数字化城市管理标准解读》；

《数字化城市管理案例汇编》；

《数字化城市管理案例汇编（二）》

这套教材是过去十多年我国数字化城市管理的写照，既涵盖了过去十多年数字城市管理的主要经验，也简要介绍了数字城市管理的未来——智慧化城市管理，笔者期待尽早看到年轻的同业者续写出智慧城市管理的新篇章。

这套教材能够如此快地出版，应该感谢全体撰写人员的尽心尽责，感谢全国市长研修学院（住房和城乡建设部干部学院）的同事们的尽力，还应该感谢城市管理行业的同仁无私地奉献了他们的资料。

从数字化到智慧化城市管理是一个只有起点没有终点、与时俱进的事业。伴随着现代化城市的规模扩张、功能扩充，信息技术的发展，以及城市管理者和市民对城市管理和服务需求的提升，需要城市管理者更多地发挥聪明才智，创建适应时代需求的智慧城市管理新模式。

愿此套教材能够点燃城市管理者的创新激情，续写未来城市管理的新篇章！

崔俊芝

（中国工程院院士、数字化城市管理
新模式推广领导小组专家组组长）

前　言

　　数字化城市管理经过十余年的推广普及，已经发展成为具有中国特色的城市管理新模式，在经历了由不认识到达成共识，由要我建到我要建，由试点到普及，由以市政设施和市容秩序为重点到逐步提高完善，向智慧化升级的嬗变之后，正在蓬勃地向前发展，已逐步演进成为现代城市管理的"新常态"。

　　数字化城市管理之所以呈现出如此旺盛的生命力，其根本原因是，它顺应现代城市发展需要，符合现代城市管理规律，借助现代科学技术，积极推进城市管理体制和机制变革，努力实现城市管理的标准化、信息化、数字化和精细化，真正建立起了城市管理长效机制，为城市管理事业的可持续发展提供了可靠保障。

　　本书第一章是城市管理概论，主要简述城市的演变、城市的要素和功能；城市管理及其基本理论，国内外城市管理的现状；我国城市管理的职责、体制机制、管理模式；城市管理系统与城市管理系统工程；城市综合管理的主要内容和法规依据等；为随后各章阐述数字化城市管理和智慧城市管理，提供客观现实和理论依据。第二章是数字化城市管理新模式，通过总结数字城管十余年的基本经验，规范数字城管模式的推广工作，提高系统建设质量和效益，进一步指导和规范各地建设符合行业标准要求的数字化城市管理新模式。第三章是数字化城市管理实践与经验，主要围绕创新城市管理体制、变革处置方式、变革监督方式、变革考核方式、建立长效机制等方面，优选全国数字城管单位有效运行特色案例，为各地提升数字城管运行质量提供有益的借鉴和参考。第四章是展望智慧化城市管理，借助专家学者的研究结果、省市主管部门的文件、智慧技术的国家规划、一定数量的实践案例等尽可能丰富的原始资料，通过理论与实践相结合的方式，对全行业科学推进数字城管智慧化升级工作提供一点帮助。

　　为叙述方便，本书将"数字化城市管理信息系统"、"数字化城市管理模式"简称为"数字城管"。把"智慧化城市管理"简称为"智慧城管"。

　　本书第一章由崔俊芝、胡德平和高萍撰写，第二章由陈建伟、周冠华、曾明波撰写，第三章由王海滨、杨怀亚、宋佐、吴江寿撰写，第四章由郝力、吴强华、吴江寿撰写，最后由郝力、吴江寿、高萍统稿，陈芸华、马春莉、崔迪参与了本书组织工作。在本书编写过程中，得到了全国市长研修学院（住房和城乡建设部干部学院）、多地数字城管监督中心和多名专家的大力支持和帮助，在此表示感谢。由于编者水平有限，难免存在疏漏和不足，请读者提出宝贵意见。愿本书能够点燃数字城管工作者的创新激情，续写数字城管的新篇章！

目　录

第一章　城市管理概论

本章将从城市的概念出发，简述城市的演变，城市的要素和功能；城市管理的核心问题和城市管理理论；城市管理模式；城市管理的系统科学与系统工程。

第一节　城市与城市化

一、城市与城市的演变

城市是"城"与"市"的组合词。"城"的原义是指用夯土和石头围墙围起来的地域；"市"是指进行商品交易的场所。古代的城是指居住着众多非农业居民，聚集着许多非农产业、房屋建筑和交易市场的地方；用围墙围起来，是为了防范外敌入侵，保障人们的生产、生活和生命财产安全。随着经济的发展、城域人口增多，"市"的规模不断扩大，"城"和"市"就逐渐融为一体，组成一个概念。到目前为止，关于城市的定义表述很多，未形成公认的统一定论。

综上，城市是社会生产力进步和商品交易发展的产物；城市是相对于乡村而言的，它占有一定的地理空间，居住着众多人口，拥有大量房屋建筑和交易场所，聚集着丰富的社会财富，各种各样的自然资源、产业形态、建筑物和科学文化等生产要素，以及名目繁多的社会机构和上层建筑形态。城市里的居民，多数是按照非农业方式进行生产劳动，创造社会所需产品并进行市场交易，以满足自己的物质和文化需要。除了城墙之外，城市还以街道、公路、河道、桥梁等作为分界线，将其划分成有限的网状地域结构。

城市经历了从小到大、从简单到复杂、从低级到高级的发展过程。古代城市，仅具有防卫和产品交易功能，逐步增加了行政管理和文化、宗教功能。尽管在两千余年封建社会的中国，已经有了诸如长安、洛阳、汴梁等较大的城市；但是，由于科学和技术发展缓慢，生产力低下，剩余劳动价值很少，故城市的演变极为缓慢；大城市多是作为政治、宗教和军事中心而存在。

科技是第一生产力，在世界范围内，城市的大发展始于18世纪的英国。由于瓦特发明了蒸汽机，开启了第一次工业革命，以工作机械代替手工劳动；再加上自然科学的发展促进了工程科学的进步，使得蒸汽机、火车、轮船，复杂的机械装备以及较大规模的建筑物不断涌现，社会生产力迅速提升，大批专业化工厂出现，剩余劳动价值急剧增加，商品交易规模迅速扩大，促成了劳动力由农村流入城市。从18世纪中叶到19世纪中叶，城市作为经济、科技、文化活动中心的功能迅速提升，在英国、法国、德国、美国等资本主义国家涌现出一大批新兴城市。

从19世纪中期起，城市发展的动力则更多地来自于1866年德国西门子研制成功的发电机，开始了第二次工业革命——电器化时代，爱迪生的电灯、贝尔的电话，以及其后的内燃机、电动机代替蒸汽机，使得近代科技、工业、军事、文化得以迅速发展，城市逐步成为政治、经济、军事、科技、文化和社会活动的中心。1866 年之后的 80 年，是老牌资本主义国家城市化的快速发展期。

第二次世界大战之后，以现代科技大师爱因斯坦、冯·诺伊曼为代表的科学家和工程师，在相对论和信息科学，原子能、计算机、空间技术，生物工程、海洋技术，特别是现代信息技术方面的发明和创新，极大地推动了现代科学技术、现代工业和现代服务业的深度融合，不仅促成了制造业、建筑业、航空航天、交通运输、电子信息等产业的大发展，而且以信息技术的跨领域交叉应用为加速剂，极大地激发了商业、金融、信息和社会服务业的活力，形成了新的工业化、城市化及经济多元化的浪潮。二次大战后的 70 年间，不仅在发达国家出现了一批现代化的大城市，特大城市，而且在发展中国家也出现了一批新兴城市和大城市。

在中国，自 20 世纪 70 年代后期，由于政治、经济和文化教育上的改革开放，现代科学技术的引进、消化、吸收和创新，生产力得以快速发展，经济飞速增长；农业的现代化：机械化、信息化和现代生物科技的推广应用，使农村释放出大量劳动力；他们大批涌入城市，推进了中国的城市化，不仅原有城市迅速膨胀，而且出现了一大批新兴城市和特大城市。

值得指出，伴随着城市规模的扩大，城市的基础设施和公共事业迅速增多，城市的功能成倍地增长，除了原有的政治、经济、军事、安全、文化教育等行政管理外，迫切需要加强对城市公用基础设施、公共事业、道路—桥梁—交通、园林绿化、环境卫生等城市公共空间的运营管理，从而形成了城市健康运行不可或缺的、独立的城市管理领域。

综上，无论在中国，还是全世界，城市已经成为当今人类社会政治、经济、军事、科技、文化、教育的中心，每个城市都是一个巨大的、迅速演变的政治、经济、文化、社会和生态复合体。

二、城市的要素与功能

（一）城市的基本要素

一般而言，一座现代化城市总具有 6 大要素群，如图 1-1 所示：

1. 在地理上占有一定地理空间，由土地、河流、湖泊、山脉、森林生态、水和矿产资源等，构成其自然环境。

2. 居住着众多在政治、经济、文化上处于不同层次，具有不同职业、不同习俗和宗教信仰的居民，形成其人文环境。

3. 拥有大量供人们居住、生活、学习和工作的建筑物，以及人们赖以生存的城市基础设施，即交通、水、暖、电、气、通信、文化、教育和环境卫生等公共设施，形成其生活环境。

4. 聚集着大量有形和无形、动态和静态的社会财富，包括工厂、商店、集贸市场、银行和信息服务业等，以及它们所经营的黄金、货币、股票、证券、股权等，形成其经济环境。

5. 存在着众多功能各异的、保障城市有效运行的行政管理机构、生产机构、文化教育机构、社团组织机构，以及有形和隐形的社会服务机构等，形成其社会环境。

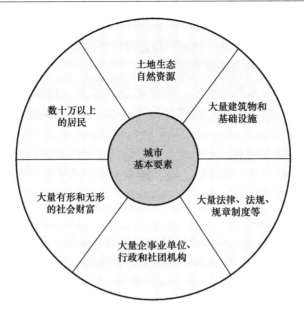

图 1-1　构成城市的 6 大要素

6. 在城市里，有形和无形地运行着由上述组织机构制定和发布的各种各样的法律、法规、规章、制度，以及形形色色的上层建筑产品，例如文化、教育、娱乐产品等，形成其文化环境。

通过上述 6 大要素的功能性组合，构成了现代城市多元化的功能体，以提供民生需求和城市的正常运行，使得城市成为一个综合的社会生态系统。

（二）城市的功能体

概括而言，在现代城市里，主要有 6 类功能体，如图 1-2 所示：

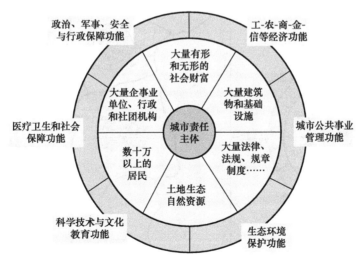

图 1-2　城市的 6 大功能

1. 政治、军事、安全与行政管理类功能体

涉及政治、军事、政党、社团、行政的运行管理与服务，以保障国家、城市与社会安全，以及突发事件的有效处置等行政管理功能。

2. 工-农-商-金-信等经济类功能体

涉及工业、农业、商业、金融、交通、信息等产业的运行、发展与服务的功能。

3. 科学技术、文化教育与宗教类功能体

涉及未成年人幼-小-中-大系列教育，成年人继续教育，包括文化馆、艺术馆、博物馆、宗教、传媒和娱乐场所在内的社会教育功能，以及科学发现-发明，技术研发的科技创新等功能。

4. 生活与社会保障类功能体

涉及衣、食、住、行、吃、喝、拉、撒、睡等人们生活服务，以及医疗卫生、养老和社会保障等社会公共服务功能。

5. 公共事业管理类功能体

涉及城市道路-桥梁与交通，市政公用设施的建设和运营，市容环境卫生，园林绿化、环境保护等城市公共空间管理，综合执法和应急处置等城市公共事业管理与服务的功能。

6. 生态环境保护类功能体

涉及土地、河流、湖泊、山脉、森林、水和矿产等生态环境资源的保护、开发、综合利用，环境修复与再造等生态环境保护功能。

值得指出，构成城市的6大要素群和6大功能体并非分块集中式布局，而是多层次、多要素和多功能组团式布局，即在宏观上就整个城市而言，细观上就一个行政区或特定的城区而言，微观上就一个较大的乡镇或经济区而言，都是多要素群和多功能体组团式的、开放性的复合区块，如图1-3所示。

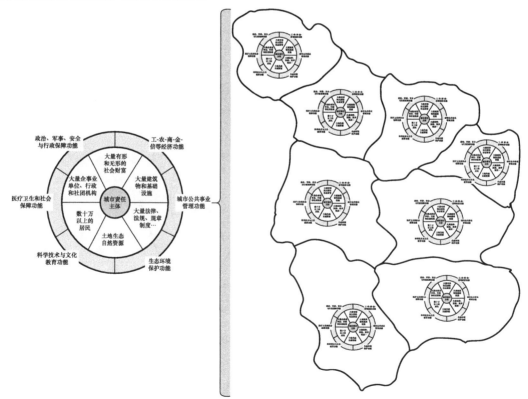

图1-3 多要素群和多功能体组团式复合的城市

　　由于不同城市在地理位置、生产要素、矿产资源、社会财富与主要功能定位的差异，使得不同城市的外向功能表现不一，有的经济功能较大，有的政治或行政功能较大，有的商业和交通功能较大。但是，任何一个稍大的片区都需要具备多要素群和多功能体组团式的复合功能。多功能组团的复合功能区是现代城市规划和建设的良性模式，它会给人们的生产、生活、休闲、娱乐带来方便，提升市民的幸福感，实现城市的高效运行。任何面积过大、人口过多的单一功能区块的建设模式，包括自然生态园区或矿区，都会给居民的生产、生活造成极大不便，交通拥堵、社会和人力资源浪费，制约城市的可持续发展。

　　综上，一座现代化的城市是一个坐落在有限地理空间上的、居住着众多在政治、经济、文化和信仰上具有重大差异的居民，聚集着大量物质资源、有形和无形的社会财富，由众多政治、经济、科技、文化和社会机构所组成的，宏观、细观和微观属性相互关联、既相互促进又相互制约的，开放和与时俱进的复杂社会系统。现代城市是现代人类社会的政治、经济、科技、文化、教育和信息的中心。

三、城市分类

　　按照城市发展历史、功能定位、人口规模、国家行政建制和地理环境，可以对城市作如下分类：

　　1. 按照城市的产生与历史进程，可将城市分为早期城市（奴隶社会时期）、古典城市（封建社会时期）、近代城市（自由资本主义时期）、现代城市。

　　2. 依据城市功能定位，可将城市分为政治中心城市、经济中心城市、交通中心城市、文化中心城市、旅游中心城市、宗教中心城市、生态中心城市等。

　　3. 按照人口规模，可将城市分为超大城市、大城市、中等城市、小城市等。

　　4. 按照我国的行政建制，可将城市分为直辖市、副省级城市（包括省会城市、国家计划单列市、副省级新区）、地级市（省辖市）、县级市。截至 2015 年，我国共有 664 个建制市（不含台湾地区），其中直辖市 4 个；特别行政区 2 个；省会城市 32 个，副省级城市 15 个，地级城市 273 个，县级市 370 个。

　　5. 按照地理位置分类，可将城市分为沿海城市、边境城市、内陆城市、沿江沿河城市等。

　　6. 按经济和社会发展程度，可将城市分为经济发达城市、经济中等发达城市和经济欠发达城市。

　　7. 按照城市的内涵优势，可将城市分为园林城市、宜居城市、生态城市、文明城市、卫生城市、旅游城市、森林城市等等。

四、城市化

　　城市化是指一定时期内一个国家或一个区域的人口和社会生产要素向城市集聚和扩张的过程。城市化率是指一个国家或区域的城市人口与总人口的比率，比率越高，表明城市化率越高，反之，则越低。城市化率是衡量一个国家城市化程度的重要指标，也是衡量一个国家或地区经济和社会发展水平的重要标志。提升城市化率，是科技、经济和文化发展到一定阶段的产物，是人类社会发展的必然趋势。

（一）就全球范围看，城市化大致经历了三个阶段

1. 古典城市时期。因生产力水平较低，剩余劳动价值很少，可提供给城市居民的农副产品数量有限；所以这个阶段延续时间最长，城市人口增长缓慢，城市化率很低，直到1800年，世界城市人口仅占总人口的3％。

2. 近代城市时期。18世纪中叶开始，在第一次工业革命的推动下，欧美国家的城市数量激增，城市规模快速增长；1900年英国的城市化率已经达到75％，成为世界上第一个城市化国家。到1950年，世界城市化水平上升到29.2％。

3. 现代城市时期。第二次世界大战后，在第三次科技和工业革命浪潮推动下，城市化加速。特别是近半个世纪，发展中国家已经成为当今城市化发展的主体。到目前为止，世界城市化率已达50％，发达国家达到70％以上，预计到2030年，全球城市化率将提高到60％。

中国的城市化起步较晚，改革开放前，由于受户籍、就业、粮油配给和住房等因素的影响，我国城市化进程缓慢。改革开放后，随着经济高速发展，我国的城市化走上了快速发展的轨道，成为推动中国经济和社会发展的重要动力。根据国家统计局2016年1月发布的数据显示，我国的城市化率已经达到56.1％。

（二）目前，我国的城市化存在如下特点

1. 近二十年，现代信息技术，特别是智能感知元器件、物联网、云计算、移动互联网、移动智能终端技术在中国得到广泛应用，极大地推动了制造业、建筑业、物流和金融服务业的发展；形成了以信息采集、加工、存储和信息产品服务为主体的智力密集型大数据产业。信息和知识的快速膨胀激励着人们思想观念的更新，思维方法和从业行为的创新，推动了科技、经济和文化产业的发展和聚集，再加上高速铁路网、高速公路网和航空网的完善，中国已经进入了以大城市为中心的大—中—小城市网的快速发展期。

2. 由于户籍制及居住证制的"二元"模式，我国城市化率分为常住人口的城市化率和户籍人口的城市化率，两者差异较大，约15％左右。户籍制度的"二元"模式人为地造成人群之间的差异，增加了城市管理的难度。随着户籍制度"二元"模式的取消，必将减轻农业剩余劳动力向城市转移的压力，扩大劳动力流动渠道，从而加速城市化进程，促进城市社会的平等、完善和进步。

3. 城市人口的低出生率，会给未来的城市发展带来劳动力短缺等诸多的新问题。

第二节　城市管理概论

为了保障城市政治、经济、科技、文化和生态环境的可持续发展，在提高人们物质和文化水平的同时，实现精准、实时、高效和人性化的城市管理与服务，使全体市民充分享用现代城市拥有的一切资源，构建文明、和谐和美丽的社会，现代城市呼唤着科学的城市管理，需要科学的规划、合理的建设，有序的运行、人性化的管理和服务。因此，本节将重点探讨城市管理问题。

一、城市管理

就城市管理涵义而言，目前有如下几种表述：

1. 城市管理等同于市政管理，指政府部门对城市的公共基础设施、公用事业等方面的规划、建设、监控、管理与服务。

2. 城市管理是以城市为对象，对城市的规划、发展和运行进行管控，主要是对城市运行的关键成分：经济和产业结构，进行监管和调控。

3. 城市管理是指对城市人口、经济、社会、基础设施、科学技术、文化教育、医疗卫生等城市要素的监控与管理。

4. 城市管理，特别是在部分西方国家，是指在"三权分立"、"大社会、小政府"体制下，对城市的公用事业、公共设施和公共事务所进行的管理。

5. 城市管理是指在议会行政合一体制下，政府对城市的政治、经济、文化、社会等具有全局属性的重要事项所进行的行政管理等等。

综合上述，城市管理可分为广义的城市管理和狭义的城市管理。

（一）广义的城市管理

广义城市管理是指城市责任主体根据城市的发展现状、优势和特色，对城市的政治、经济、自然资源、生态环境、科学技术、文化教育、医疗卫生、社会保障、公共安全、企事业单位、社团组织等城市要素和主要功能，所进行的统筹计划、顶层设计、组织与协调、监督与控制、评价与奖惩等管理活动。广义城市管理又称宏观城市管理。在我国，城市的责任主体是城市党委和人民政府。

广义城市管理可以按城市的功能和区域进行逐层分解，形成功能或职责范围相对具体的管理领域，例如金融管理，工业管理、农牧业管理、商业与物流管理、信息产业管理，科技和文化教育管理，医疗卫生和社会保障管理，城市公共事业管理，经济技术开发区管理等。

（二）狭义的城市管理

值得指出，"城市管理"一词，无论是在中国，还是全世界，最流行的涵义是指城市市政管理，即城市公共事业的综合管理，"广义城市管理"是在此基础上向上扩展而形成的。区别于"广义城市管理"，城市公共事业综合管理则被称之为狭义的城市管理。

狭义的城市管理是指城市责任主体，根据城市的发展和监管的需要，将功能和职责范围比较明确的部分城市管理功能，赋予具有相应法定职权的政府部门或企事业单位，由它们运用公共的人力、物力、财力和信息等资源，按照国家和地方的法律、法规，行使职权范围内的规划、建设、监控、管理与服务职责。狭义城市管理属于细—微观层面的城市管理。

本书将集中研究和讨论城市公共事业综合管理。它是为了满足政府部门、企事业单位、科技文化教育单位、社会组织机构以及广大市民，进行生产、工作、学习、生活和社会活动的需求，由城市责任主体按照法定程序将城市公共事业管理的职责，赋予具有法定职权的政府部门和企事业单位，由它们按照国家、地方和行业的法规和标准，运用计划与组织、指挥与协调、监督与控制、经营与评价等手段，对公共的城市资源，道路、桥梁与交通，市政基础设施、公用事业建筑物，市容环境卫生，园林绿化与生态环境等城市公共空间，行使具体的规划、建设、监控、管理和服务职责；并依据法律、法规和标准，进行公开和公正的综合执法和应急事件处置，规范市民、企业及社会组织的行为。

目前，我国的城市管理体制趋于建立大部门制的综合管理，由城市责任主体制定和构建城市综合管理模式。已经实施十多年的数字化城市管理正是从城市责任主体管理好城市的角度构建的，具有跨部门的管理行为，为政府监督、指挥、协调、管控，以及市民参与城市管理搭建了信息化平台，提供了技术支撑。

关于城市综合管理的理论：体制、机制、模式、工具和手段，尚在发展之中。在本书以后的章节介绍数字化城市管理和智慧城市管理时，会逐步深入和具体叙述相关内容。

顺便指出，在随后的章节里，凡未加"广义"和"狭义"两词而讨论城市管理时，均内涵"城市综合管理"。

二、城市管理的核心问题

从广义上讲，城市管理的核心问题：一是为谁管（For Whom）？二是为什么管（Why）？三是管什么（What）？四是谁来管（Who）？五是如何管（How）？概括起来，即"4W＋H"。对上述问题的回答，形成了城市管理的内涵。

（一）为谁管（For Whom）？

"为谁管"表明了城市管理的性质和目的。城市管理的性质由其社会制度所决定，封建社会的城市，体现着为帝王服务的性质；资本主义社会的城市，体现着为资本家服务的性质。《管子·度地》说"内为之城，城外为之郭"。《古今注》说："筑城以卫君，造郭以守民"。这两段话充分说明了封建社会的城市性质。

近代西方国家城市的快速发展，使城市人口、经济、商业和财富的聚集性日益突出，阶级差异和社会矛盾日渐加剧，在这种情况下人们自然要问：城市的发展、规划、建设和管理究竟是为了谁？对此问题，从 20 世纪初开始，相继有许多学者投身于城市发展目标的研究，1928 年国际现代建筑协会（CIAM）成立，1933 年宣布了著名的"都市计划宪章"，即'雅典宪章'，其重要立论是确立了"人"为都市主体，明确了城市是市民的生活空间。即城市的规划、建设和管理应该"以人为本"。但是，由于西方国家的立法权掌握在有钱人手中，故城市发展的主要目标是为资本家服务。

新中国成立后，我国实行社会主义制度，城市管理的性质、目的和手段，均发生了根本变化，"为人民服务"成为城市管理的根本宗旨。2015 年中央城市工作会议提出：要坚持以人为本的基本原则，牢固树立为人民管理城市的理念，强化宗旨意识和服务意识，落实惠民和便民措施，以群众满意为标准，切实解决社会各界最关心、最直接、最现实的问题，努力消除各种"城市病"，这就是我国城市管理的目的和目标。

（二）为什么管（Why）？

为什么管（Why）？由城市在现代社会中的地位所决定，并受城市自身的发展影响。随着城市在社会发展中核心地位的突出，城市管理的地位愈加重要。为了确保城市功能的实现，提高运行效益，必须提升城市管理水平，这已经成为城市责任主体的主要职责。

如前所述，每个城市都是一个兼具生活和社会保障功能、工—农—商—金—信等经济功能、政治—军事—安全和行政管理功能、科学技术和文化教育功能、城市公共事业综合管理功能、生态与环境保护功能的复合体。通过城市综合管理，①可以强化城市的核心地位，使城市更具宜居性、生态性；②可以克服个体或群体行为的随意性，防止破坏性；③可以解决城市各类功能之间的失衡、矛盾和冲突，满足人们日益增长的物质和文化生活需求，保持社会稳定。

众所周知，一座现代化城市，除了大量的人口、资源、科技、信息等生产要素外，还拥有众多现代化的水、暖、电、气、通信、道路、交通等基础设施，以及市政公用、文化教育等公共设施，它们的正常运行，需要大量的管理和服务工作；而且在现代城市里，每天都会有大量的政治、经济、科技、文化、宗教等社会活动，为保障这些活动有序进行，必须提升城市的运行效率，提高城市公用设施和公共事务的运行效益。加强城市管理是城市责任主体和全体市民的共同诉求。

（三）管什么（What）？

"管什么"是指城市管理的职责范围，规划、建设、监管和服务的对象，又称城市管理客体。城市管理的对象主要分三类：物、事、人和社会组织机构：

1. 以有形的实体存在的构筑物或设施，简称部件。大到建筑物、道路、桥梁，小到路边雨水篦子、广告牌、电线杆、路灯、井盖等。

2. 在城市管理范围内瞬时发生的不良行为或其遗留物，简称事件。例如占道经营，聚众斗殴，乱贴小广告等随机发生的不良事件。

3. 人和社会组织的个体和群体不良行为。

值得指出，城市管理的对象，单单有形的部件，其数量就十分巨大，可能是人口的数倍，类型有数百种，且关系复杂，再加上随机发生的不良事件也是种类繁多，要实现对其精准、实时、有效的管理，是件十分困难和复杂的工作。

目前，我国划定的城市综合管理范围是：市政基础设施、公用事业设施、市容环境卫生、园林绿化、应急处置、综合执法等，以及由市政府依法赋予的相关事务，例如：公共空间秩序管理、违法建设治理、环境保护等。根据城市建设和社会发展需求，城市责任主体还可能依据法规，给城市管理赋予新的职责和行政执法权。

（四）谁来管（Who）？

"谁来管"即城市管理的主体-城市管理职责的承担者。原理上讲，城市责任主体及其受委任的部门、企事业单位、社团组织、居民都是城市管理的主体；但是，这些不同的主体，在城市管理中的作用不同，所充当的管理角色也不同。毫无疑问，城市责任主体及其部门乃是城市管理的责任主体，是决策者、指挥者、协调者，其他则为执行者、监督者、参与者。

早期的城市管理是市政府垄断城市管理的决策、指挥、管制、监督权，负责城市管理的全部，因此市政府是城市管理的唯一主体。现代城市管理的理念，则强调政府为市民服务，市民是城市的主人，以及市民参与城市管理，通过政府与社会机构的合作，形成城市管理合力，共同治理城市。

在我国，城市管理的主管部门是国务院和住房和城乡建设部，负责对全国城市管理的指导，进行顶层设计，研究制定有关政策、法规；实施对省、自治区、直辖市城市管理工作的指导、监督和协调，推进各级城市管理事权的法制化、规范化。各省、市、自治区的主管部门负责本辖区内城市管理的指导、组织、监督、考核与评价。

（五）如何管（How）？

"如何管"？即城市管理的责任主体如何构建科学合理的城市管理模式，即解决城市管理体制、机制、业务流程和管理方法、手段与技术；依据城市管理法规和标准，解决城市管理中的部件、事件问题；对管理效果进行考核、评价和奖惩，达到城市管理的目标，提升运行效率，保持社会稳定。城市管理模式的基本内涵是：

1. 管理体制与机制

城市管理体制主要指采用何种组织结构和运行机制，来实现城市管理的任务和目标。具体地说，城市管理体制，即城市管理的组织结构，包括各分级机构的职责权限、业务范围及它们之间的相互关系。运行机制，即城市管理体制内的运行架构，各组成单元的功能和职责界定，通过制定具体的城市管理法律、法规、标准和规范，规定城市管理人员和管理对象的行为；并对运行的效果进行考核、评价和奖惩。城市管理体制和机制直接影响着管理效率和效能。目前，在我国不同城市的管理体制、机制差异较大，尚不统一，在实施数字化城市管理比较好的城市，其城市管理体制、机制可以概括为政府主导—三权分离—市场化运作的多元共治的城市管理体制、机制，结构如图1-4所示。

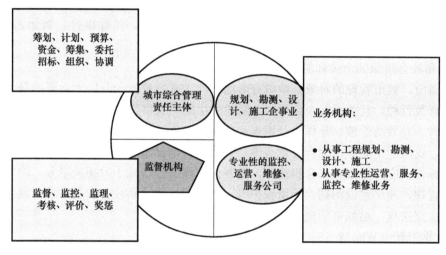

图1-4　政府主导-多元共治的城市管理体制、机制

（1）图中左上侧为城市综合管理的责任主体及其相关部门，职责是城市管理的重大事务决策、重要工程和事项的策划、计划、预算、组织、协调、资金筹措、委托招投标等。

（2）右侧为城市管理和服务的细-微观执行机构，主要是按照相关法律、法规获得特许经营权的企-事业单位，即从事规划、勘测、设计、施工的企-事业单位和专业性的监控、运营、维修、服务公司，它们通过市场竞争机制从城市管理责任主体获得工程承包权，或有规定期限和明确职责范围的专业性经营、服务权。

（3）左下侧为监督侧，其主要职能是：①由城市责任主体按规定设置独立的数字化城市管理监督中心，其职责是独立行使城市管理信息的采集、传输、加工、存储、共享、利用和面向公众的信息服务等；对城市管理对象实施监督、监控和运行评价；对城市管理的业务执行机构和从业人员的尽职行为进行客观地考核、评价，以及对城市管理专门事项进行监督验收等。②由城市管理责任主体按规定程序邀请专业的社团机构、人大代表、政协委员和市民代表组成的独立监督机构，行使民意性的监督、监理、考核、评价等功能；但是，专业性的工程监理需由具有专业资质的监理公司承担。

2. 城市管理业务的运行模式

即业务流程，管理方法和手段，内定的管理制度等业务运行体系的总称。

（1）城市管理的业务流程，即城市管理部门利用公共资源实施城市管理业务的流程、运行方式和应遵守的法律、法规、标准和规范。我国现行的城市管理模式，主要是：城市建设—管理—执法三位一体模式；相对集中行政处罚权的城市管理模式；数字化城市管理模式等等。

（2）城市管理方法，即处理城市管理业务的方法主要有：数字化和信息化管理方法，即采用现代信息技术，实现城市管理工作的精准、高效、实时，公平、公正、公开，提升城市管理的效能、效益和水平；市场化的管理方法，即利用公开、公正地招投标方法，由中标的专业公司进行城市管理；咨询管理的方法，即定期或不定期邀请社会名流和专家协助城市管理；目标管理方法，即针对具体管理业务或项目，建立管理目标，实施目标管理；等等。显然，上述任何一种管理方法都不能实现全面的城市管理，必须创新和综合运用上述方法，实现城市管理目标。

（3）城市管理手段，是指达到城市管理预期目标所采用的手段和措施，常用的城市管理手段和措施有：强制：指管理主体依据法律、法规、标准和规范，采用强制手段对管理对象：人、物和事实施强制措施；交换：指一方与另一方在平等、互惠的基础上进行交易，促进职责和权益的合理分配，提高管理效益；惩罚与奖励：指对确定的违规行为进行必要的行政或经济惩罚；奖励：指上级管理者对其下级的优秀管理行为或效果进行的表彰或奖励，激发其潜能，以提升城市管理机构的运行效率。

3. 城市管理的法律、法规和标准体系。城市管理的法律、法规、标准和规章制度是用于约束和规范城市管理者和管理对象社会行为的依据。是由国务院和各级城市的人民代表大会或其常委会，根据《立法法》制定的城市管理法律、法规，及各级政府制定的规章制度和规范性文件组成。

4. 城市管理的文化和文明建设。市民应该广泛参与城市管理，应该通过报纸、电台、网络、听证会、辩论会等方式，宣传人民城市人民管的理念，动员广大市民参与城市管理。市民参与城市管理是建设现代文明城市的基础。

三、城市管理理论概述

城市管理理论又称城市管理学，是研究城市公共空间、生态环境、市政公用设施运行规律的学科。城市管理学与城市环境学、环境卫生学、城市生态学、城市地理学、城市发展史、城市规划学、市政工程学、园林管理学、城市社会学、公共管理学、城市经济学等学科既相互关联又相互区别，是一门正在兴起的边缘学科。加强这一学科的研究，具有十分重要的现实意义。

目前，讨论较多的城市管理理论多数属于广义城市管理理论，下面仅列出其中几个，简要陈述其要点：

（一）城市生态管理理论

城市生态学的基本思想是将城市作为一个生态系统，探讨其结构、功能和调控的机理与方法，并将其应用于城市的规划、建设、管理与服务。城市生态管理学基于如下原理而建立：①生态原理；②多样性导致稳定性原理；③食物链（网）原理；④系统整体功能最优原理；⑤环境承载力原理。

（二）新城市主义理论

新城市主义理论的核心是基于传统、邻里感、社区性精神，全面、整体、有机、持续性的发展，主张恢复城市人文价值，以提高城市生活品质为目标。其内涵主要是：

1. 尊重自然——以构建完整的城市生态环境；

2. 尊重社会与个人——以建设充满人情味的生态社区；

3. 保持"多样性"——以维持城市生态稳定；

4. 节约资源——以实现城市生态环境的可持续发展。

新城市主义和当今最具魅力的"生态城市"具有一致性。这种城市管理思想体现了城市生态与人的和谐相处，有利于提升城市品味。

（三）城市营销理论

城市营销理论是：通过整合城市的有形和无形资源来满足市民、旅游者和投资者的需求，从而产生价值。基于这一理论，城市的责任主体将城市的土地、基础设施、旅游资源，以及依附于城市的品质、意象、文化，统统视为"产品"。为了提高城市的竞争力，对这些"产品"进行形象和服务组合；营销给市民、来访者、当前或潜在的投资者；目标是引进产业、有资金和专业潜能的新市民，鼓励现有产业的扩张和留住新来者。用经济学语言说，就是通过引进投资来增强城市活力，通过引进企业和高水准的新居民来降低城市公共物品的成本。

（四）经营城市理论

经营城市理论是在我国诞生的，大连市于1993年率先提出了经营城市，1998年9月，中国城市经济学会会长汪道涵，在上海召开的纪念十一届三中全会20周年研讨会上正式提出经营城市的概念。这一思想在过去20年获得了理论界和城市管理者的逐步认同。概括地说，经营城市就是要转变政府管理的观念，将政府角色由事必躬亲的参与者转换为场外的管理者和守护者，制订对城市功能和区域的战略定位；通过市场手段引导城市资源的集聚、整合与有效配置，放弃由政府大揽大包的行为；引入竞争机制，允许民间资本参与城市公共事业的经营管理，提高城市基础设施的运营效益，充分发挥城市资源的作用，实现城市的价值。

在我国，已经有不少城市正以经营城市的思想来发展城市。由此可见，经营城市的城市管理理论，对于城市发展具有重要作用。

（五）城市竞争力理论

城市竞争力理论旨在科学的制度下，聚集和整合城市自身及外界资源，把握区域经济定位，实现城市经济的可持续发展，促进社会进步。就是将提升城市竞争力作为城市管理的主要目标，通过发展城市的实力、能力、活力、潜力和魅力，来提升城市竞争力，保证可持续发展。对于城市管理者而言，城市竞争力理论为城市管理提出了明确的目标和内涵，提高了城市管理的针对性和可实施性。

（六）新公共管理理论

新公共管理理论的核心是将私营企业管理的方法用于城市公共管理。新公共管理理论是通过改变城市管理者和市民的角色，将市民定义为产品的消费者或公共服务的顾客，重新定义公共管理与公共服务；引用私有企业的管理经验和经营模式，将竞争机制引入城市公共管理与服务领域，实现城市管理。

上述城市管理理论促进了城市管理向更深、更高的层次发展，无论是在理论层面，还是在实践层面，都具有重要意义。但是，目前流行的城市管理理论仍存在诸多不足，主要是：

1. 上述城市管理理论多数是在城市规划学、城市经济学、城市社会学等某一学科思想的驱动下发展起来的，且围绕着某一个城市管理领域展开论述，缺乏系统性，多学科交叉融合性。应当加强多学科综合交叉研究，兼收并蓄，建立综合的现代城市管理理论体系。

2. 城市管理学是一门实践性很强的科学，实践是检验真理的标准，上述城市管理理论研究多缺乏对城市管理实践的深入调查研究，缺乏实践性资料，空谈理论，难以给城市管理者提供真知灼见。皮之不存，毛将焉附。

3. 上述城市管理理论多停留在理论描述和定性分析上，缺少社会实践支撑和规范的定量分析方法。应该加强相关的数学模型、评估方法，以及针对城市管理实际的定量分析和应用研究。

伴随着城市的飞速发展，对城市管理的理论需求倍增，笔者相信，现代城市管理理论将进入黄金发展期。

四、我国城市管理的演变

从新中国成立起，我国的城市管理，经历了如下发展历程：从新中国成立到 90 年代中期，全国各城市普遍实行着建设与管理一体化的城市管理体制；之后，各地纷纷把城市建设与管理分开，形成了以综合执法为主体的城市管理体制，采取了"管理与执法相分离"和"相对集中行政处罚权"的城市管理模式；直到现在，相当多的城市仍然延续着这一城市管理模式。从 2004 年起，北京市东城区区委、区政府，为了改变城市管理中的条块分割、机构重叠、缺乏监督、效能低下的状况，通过机构调整、业务重组、业务流程再造，信息资源的整合与共享，采用现代信息技术，创建了"网格化城市管理新模式"，即"数字化城市管理模式"；这一模式隐含着"统一的高位监督"和"监督与指挥处置和执法相分离"的城市管理体制。到目前为止，"数字化城市管理模式"已经被推广应用于数百个城市。

总体来说，目前我国的城市管理模式尚不统一，存在着各个城市独立行政，互不协调，多部门管理并存的局面；有的城市管理仅包含市容环卫和综合执法，另设置了市政局、城市园林局等，造成城市管理的部门和职责范围不清晰；在城市管理机构内部则存在着自编、自导、自演、自查、自评的现象，致使管理效率低下。因此，构建统一的城市管理法律、法规体系，统一城管体制机制，统一职责范围，统一主管部门，统一机构设置等，已经成为城市管理必须迅速解决的体制机制问题。

2015 年年底，中共中央、国务院发布了关于深入推进城市执法体制改革，改进城市管理工作的指导意见，文中明确指出："到 2020 年，城市管理法律法规和标准体系基本完善，执法体制基本理顺，机构和队伍建设明显加强，保障机制初步完善，服务便民高效，现代城市治理体系初步形成"。因此，可以说，我国的城市管理正在步入法制化，依法管理城市的新时代。

值得指出，为适应城市政治、经济、社会、生态和文化的快速发展，许多城市的管理者已经改变了原来的城市管理理念，创建了政府为主导、企事业单位和社会公众参与的多元化治理的城市管理体制，使我国的城市管理出现了如下新特点：

1. 城市管理者以人为本、依法治理，为人民管理城市的理念正在形成。为克服城市管理条块分割，机构重叠，人浮于事，效率低下的弊端，各地均在建设"两级政府、三级管理、四级网络"的城市管理格局；科学地划定市、区、街三级管理职责与权限，明确执法权限，制定权力清单；合理划分城市管理事权，实行属地管理，推进管理重心下移，建立社区管理和服务的网络体系。

2. 尚未实施"数字化城市管理模式"的城市，也不同程度地引入了扁平化和网格化的城市管理技术，实现了数字城市管理与相对集中行政处罚权和法制化管理相结合的城市管理；改进了执法方式，提高了执法素质，提升了城市管理水平。

3. 随着新公共管理理论的传播，政府首长要求城市管理者以民生需求为出发点，提供多元化的市民参与途径，如听证会、信访、诉讼、民生热线、网络论坛，以及志愿者服务等，从而使市民参与城市管理的意识逐渐增强，参与城市管理的行为快速增加。

随着深化城市管理体制改革，必将逐步形成一整套具有中国特色的新型城市管理体系。

五、国外典型城市管理案例

世界各国，即使在发达的西方国家也不存在统一的城市管理模式，各国都有自己的特点，下面仅简要列出几个典型国家和城市的城市管理，作为借鉴。

（一）新加坡的城市管理

作为城市管理的典范，新加坡是国际公认的"花园城市"，形成了一套比较成熟和完善的城市管理模式。核心内容是：

1. 规划、建设和管理相分离

该国的城市规划、建设、管理分别由不同的相互独立的部门承担。城市总体规划由城市重建局负责，城市管理职能则由市镇理事会行使。各部门之间除了定期交流外，一般不干涉别人的职权范围；权责明确，便于规范化城市管理。

2. 城市管理法制化

建立了一套完备的城市管理法规体系，且城市管理的执法力度很大，"严"字当头；拥有一支素质精良的法纪监督、稽查队伍和遍及社会各阶层的群众监控网络。

3. 市镇理事会与居民保持有效沟通

市镇理事会是新加坡城市管理的主要机构，它把市民、城市管理承包商、基层首长和政府部门都看作是自己的合作伙伴，始终保持有效的沟通。市镇理事会定期与建屋发展局、环境发展部等政府部门举行会谈，并通过定期与基层领袖会面，了解居民的问题和需求。重视宣传教育，通过宣传海报、布条、教育手册以及举办大型活动来教育市民，使他们市民从思想上认识到遵守法律规章、维护城市环境的重要性。

4. 政府官员以身作则

新加坡城市重建局、建屋发展局、公园及康乐局、市镇理事会等公用事业局的人员每天巡视公园、绿地、街道等，对有损坏或者不合要求的地方及时进行整治。政府的重视保证了新加坡城市管理的有效性。

5. 政府主导社区管理

政府主导的基本特点是政府行为与社区行为的紧密结合，政府对社区的干预直接和具体，并在社区设有派出机构，社区管理的行政性较强。

（二）洛杉矶的城市管理

在美国，洛杉矶是一座具有一流城市管理的大城市，公众参与城市管理的自觉性很高。其城市管理的主要经验如下：

1. 依法管理城市

洛杉矶市有完善的城市管理法律体系，主要表现在：明确的执法主体，对利益相关者的权利和义务进行了明确规定；建立了详尽的执法流程，明确了执法主体的职责和工作流程；注重对执法者的管理和培训，确保执法人员熟知法律条款，严格按照法律规定执行；通过电视、报纸、网络等方式广泛宣传各类法律、法规，及时公布和居民息息相关的城市规划、建设方案等。

2. 市场运行机制

对于城市建设和管理工作，政府采用市场化运行，即政府出资招标，吸引企业和社会团体参与，由企业管理，政府协调。政府的精力主要是制定法律、法规和政策，调动企业的积极性，以及监督、规范和协调企业行为。

3. 吸引公众广泛参与城市管理

①吸引全民参与城市管理，参与城市管理者众多，包括政府、各类社会团体、志愿者、常住人口和流动人口等；参与管理对象很广，既包括路灯、各种管线、绿化等市政设施，也包括流动摊贩等市容秩序管理。②全程参与，民众对城市管理事务是从发现问题、解决问题的措施，到措施的实施及实施效果的评判等全过程。③参与方式多，美国的公众参与方式主要是通过报纸、电视、网络或召开听证会、辩论会等征集意见；通过投票的形式进行决策等。

（三）法国城市管理

法国的城市管理以环保而著称。法国的环境标准除执行欧盟的统一标准外，许多城市还制定了更为具体和严格的标准，依法对城市环境实行综合整治。主要做法是：加强对城市废水、废气、废渣和噪声的监测，对污染严重的工业项目严禁在市区和居民区布点；鼓励节约用水，注重水资源保护和污水处理；对污水排放、工业废气、废渣和垃圾实行收费制度，专用于污染治理；鼓励和支持科研机构与企业，开发节能降耗和治理污染的技术及设备；改善市政设施，促进城市净化、美化；在城市煤气、集中供热、排水管网以及污水处理设施方面统一规划，使环保措施与城市建设协调一致等。

（四）德国城市管理

德国的城市管理历来重视地下排水设施建设。德国城市街道的下水道系统非常发达，每一条街道都有精心设计的下水口，在容易积水的大街上，有长长的排水沟，使最低洼的道路也不会有积水现象。

随着经济、科技和社会的进步，以及城市公共管理的发展，西方国家的城市管理正在发生着如下变化：

1. 人文管理

从 20 世纪 80 年代开始，西方国家的城市管理向着人性化方向发展。人文管理是一种具有现代管理意识和人文精神的城市管理方式，它依靠思想文化的灌输，价值观念的互动，感情和优良社会风气的熏陶，以人的自我控制、自查自律为主要管理手段。人既是管理的出发点，又是管理的落脚点。

2. 科技管理

现代科技的发展提高了城市管理的科学性，为城市管理模式提升提供科学和技术支撑；城市管理的信息化正是来自现代信息技术的飞速进步。20世纪80年代以来，发达国家普遍将信息和网络技术用于了现代城市管理。

3. 城市管理行为企业化

从20世纪70年代开始，城市管理部分行为企业化成为西方国家城市管理的主流运作方式之一。这是解决政府职能扩大与经济增长需求之间的矛盾，而实施的一种对策。20世纪80年代以来，运用合同形式将政府的大部分公益事项，从政府机构中剥离出来，进行企业化经营。这种商业性的管理模式，已被许多国家采用。在英国，地方政府已把所有服务行业拿出来进行社会竞争性招标；在新西兰，20世纪80年代进行了一次福利状况大检查，其后政府把许多经营性部门改组成商业企业，政府仅进行监督管理，如能源、运输、银行、保险、林业、通信、广播和邮政等。

4. 城市公共行政管理的分权化

现代社会生活日益复杂化、专业化、区域化，且生活节奏不断加快，这就要求政府部门提高灵活性。在这一背景下，西方国家一些城市的政府开始实行分权；例如，法国发布了"权力下放法案"，美国则实行"还权于州"计划等。从实践结果看，分权产生了积极作用：一是分权后的机构更具有灵活性，对于急剧变化的社会生活表现出较强的灵敏度，处理事务的能力增强；二是分权后的机构更具有创新动力，引入了竞争理念，提高了工作效率。

5. 综合国外的城市管理模式

主要有市长议会制模式、市长行政模式、市经理模式、市委员会模式等；其共同特点是：小政府、大社会的依法管理；政府职责明确，务实的公众参与；市场化机制，并以市场运行方式向公众提供服务。

第三节　城市管理的系统科学

前面，我们从传统的社会管理理念出发，将城市要素和功能作为管理对象，将城市的良性运行作为目标，讨论了城市和城市管理的基本问题。本节将把现代城市管理作为一个由6大要素群和6大功能体组成的、开放、复杂的巨系统，从系统科学和系统工程角度，分析现代城市管理的基本特征，城市管理系统的多元性、矛盾论和协同论，系统工程的分析与监—管—控方法。

系统科学是研究包括工程系统、社会系统、自然生态系统在内的所有系统内在特征、演变规律和监管方法和技术的科学；从理论上讲，它涉及系统论、信息论、矛盾论、协同论和控制论等；从实践上讲，主要是系统工程的方法和技术，包括系统分析方法，机理、模型，以及系统的监测、预警和监管技术。对于社会、生态、工程复合的城市和城市管理系统而言，其系统科学尚在发展之中。本节仅针对现代城市管理，简要陈述与之相关的系统科学的概念和工程方法。

一、城市系统的基本特征

现代城市的6大要素群和6大功能群，是一个既互相依存，又相互竞争，在宏观、细观和微观层次上互相关联的综合体。现代城市的基本特征是：

1. 集社会性、生态性和工程性于一体的整体性，多元性和包容性。
2. 集多目标性和人本性于一体的复杂性。
3. 众多要素和功能体共生的矛盾竞争性和协同性。
4. 开放性和与时俱进的动态性等。

认识现代城市与城市管理系统的基本特征是建设高效的城市管理模式的基础和前提。

毛泽东在"矛盾论"中说：事物的矛盾法则，即对立统一的法则，是唯物辩证法的最根本的法则。必须认识，矛盾的普遍性；矛盾的特殊性；主要矛盾和矛盾的主要方面，矛盾诸方面的同一性和斗争性；对抗在矛盾中的地位。矛盾的普遍性，其一是说，矛盾存在于一切事物的发展过程之中；其二是说，每一事物的发展过程中存在着自始至终的矛盾运动。毛泽东还说："一切事物中包含的矛盾方面的相互依赖和相互斗争，决定一切事物的生命，推动一切事物的发展。没有什么事物是不包含矛盾的，没有矛盾就没有世界。"必须科学和灵活地运用毛泽东的矛盾论思想，来分析和认识现代城市所有现象，用系统科学和系统工程的方法管理现代城市。

现代城市是集自然生态、许多市民、众多基础设施、大量的社会财富、功能各异的社会机构和丰富上层建筑形态于一体的、开放的巨系统；管理和保护自然生态环境，规划、建设、监控和运营城市基础设施和建筑物，管理协调众多品性各异的市民、企事业单位和社会组织，三者的内在属性差异巨大，具有本质区别，但是它们又同属一个整体，不可分割。因此，现代城市系统的第一个特征就是多元性和整体性，必须采用社会管理学、自然科学和工程科学等多学科交叉融合的理念和思维方法，创建现代城市管理的整体理念、方法和技术体系。

现代城市的复杂性源于城市要素和功能的多元性、多目的和多目标性。其一来自数量巨大的市民，少则数万，数十万，多则数千万，他们在政治、经济、文化素质、宗教信仰和社会习俗上的差异性，特别是在权势、信仰和社会财富占有上的巨大差异，导致他们的社会需求，个体行为和目标的巨大差异；他们既是城市财富的创造者，又是城市资源的享用者；既是城市管理的对象，又是城市管理的参与者，这种人本位的双重性既导致其矛盾和竞争性，又产生了协同性。其二来自众多的、功能各异的企事业单位和社会机构，它们造成了不同的群体需求，诱发着各种各样的社会行为，既可能释放巨大的正能量，也会造成灾难性的负能量。其三来自个体与个体，群体与群体，机构与机构之间的复杂依存关系，既可能产生利害冲突，又可以和谐共生。

每座城市都有其特殊的定位，在政治、经济、文化、教育、生态环境和社会发展的各个方面，都有其特定的目标。市民、企事业单位和社会机构，各有其特定的功能和差异巨大的社会需求，相互之间具有矛盾、竞争性；但是，他（它）们共同生活在一个生态环境中，享用着共同的水—暖—电—气、道路、桥梁和文化教育等基础设施，以及园林绿地、娱乐场所等公共空间；求生存的共同需求使得他们具有相互依赖性，成就了要素与要素、功能与功能、群体与群体、个体与个体之间的协同行为，多元群体良性共存的和谐性。关注城市多元群体的包容性，是构建科学、高效的城市管理体系的基础。

与时俱进的动态演变性是现代城市的另一重要特征。事实上，在市民与市民、企业与企业、机构与机构、行业与行业之间，每时每刻都在发生着大量的人、财、物和信息的流动；这意味着城市的运行状态在不停地演变，局部的不平衡在随时产生；同时又在追求新的平衡。

开放性是现代城市的共同特征，在高速公路、高速铁路、航空运输业极度发达，特别是在现代信息技术广泛普及的今天，城市之间的人流、物流、资产和信息流瞬间即达，极度频繁。这就造成了城市的空前开放性，加剧了城市管理的复杂度。一个城市发生的不良事件和灾难，会在瞬间传遍全世界，造成了城市管理的巨大困难。另一方面，城市的发展也需要利用外部环境，从外部获取人才、资金、物资和信息等，这是城市系统由低平衡态跨上高平衡态所需能量的重要来源。

二、系统的协同论

著名的德国物理学家赫尔曼·哈肯（Hermann Haken）认为，一个开放复杂的巨系统，内部一定蕴含着大量形态各异的要素和子功能，以及属性千差万别的子系统；这些子系统既存在着自发的、无规则的独立运动，也存在着固定的、相互关联的协同运动；正是这种协同运动，造成了系统整体或（和）局部的自组织过程、状态演化或突变，使相关的子系统能够产生超越自身单独作用的关联效应，局部乃至整体的协同效应，即 $2+2>4$，使系统在较大的时-空尺度和功能结构上形成某种和谐有序状态。但是，如果不能有效地处理要素与要素、子系统与子系统之间的矛盾竞争性，达到协同性，则会使子系统之间形成不协调的，甚至不稳定的无序态，导致灾难性突变，其效果是 $2+2\ll4$。

系统的协同效应源于其如下属性：

1. 序参量特征

影响复杂系统演化的变量很多，但起关键作用的变量究竟是那些相对而言，支配着大量快变量变化的慢变量和支配着局部变量变化的整体变量，称之为序参量。在系统演化过程中，序参量是影响系统演化趋势的主要参量，支配着系统各要素和各功能由一种状态转化到另一种状态，对系统的自组织行为和功能结构起着主导作用。序参量是系统协同论的核心概念之一，它在一定意义下决定了系统某些要素和功能体参与协同运动的程度。因此，寻求和标定序参量是分析复杂系统的一项关键性工作。

2. 伺服支配原理

是指系统在临界点附近的动力学和功能结构只由不多的几个序参量决定，而其他变量的状态则受这些序参量支配或规定。系统的动力学行为主要表现在自组织行为和突发相变；有时在相变临界点附近同时存在多个序参量，且每个序参量都有独立掌控系统演化的意愿和可能；此时若势均力敌，序参量会相互妥协，协同地控制系统演化。然而，随着系统的演化和外部环境的变化，原本协同的序参量也会随着各自的量变，发生地位分化，进入竞争状态，直至某个（或某些）序参量成为主宰，以"雪崩"之势控制整个系统，掌握全局，主宰整个系统的演化过程，使系统进入新的稳定状态。

3. 动态演化是系统进化之源

动态演化是系统的本质属性。没有演化的系统必定死寂。剧烈的演化和状态突变会使系统局部或全局失衡。有些局部失衡可以导致多个要素和子系统的快速响应，并通过自组织运动迅速扩大，由局部演变至整个系统，形成新的有序和稳定的自组织结构；或者系统崩溃。那些得不到多数子系统响应的失衡，会很快消失。

上述关于协同论的陈述是针对一个系统而言的。值得注意，一个复杂的巨系统总是由若干个子系统构成，而每个子系统又由若干个子子系统构成。对于具有多层次构造的复杂巨系统而言，位于不同层次的子系统都应该有自己特定的序参量、伺服支配原则和动态演化机制，它们受父辈系统的约束，并受与其关联的子系统的影响。如图 1-5 所示显示了一个复杂巨系统的序参量、伺服支配原则和动态演化机制的关系图。

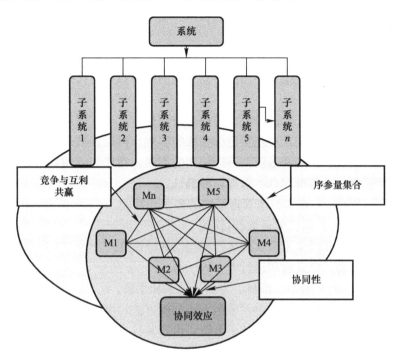

图 1-5　复杂巨系统的序参量、伺服支配原则和动态演化机制的层次结构

现代城市管理系统是拥有多个层次、众多要素和功能体的复杂巨系统，只要按层次结构对各个子系统，标识出本质与非本质要素，从中找出起决定作用的序参量，就能够分层次地识别各个子系统的序参量、自组织行为和动态演化机制。

系统协同论为现代城市管理提供了新的理论视角，解释了城市系统的各要素和功能体之间不仅存在竞争性，更存在互利协同的统一性即自组织性，以及在临界点上的相变行为，某些序参量可以主导系统的局部或整体，产生新的时空结构或功能体。系统的各级序参量是其所在子系统演化的自组织行为的主导者，只要在城市管理实践中审时度势，科学合理地识别和定义序参量；通过调控各级子系统的序参量及外部环境，以物质、能量和信息交换形式来强化和凸显某些子系统的序参量，促成子系统内部的协同和自组织行为，就能够管控子系统，乃至整个城市管理系统的演化和自组织行为，使整个城市处于健康、有序和稳定地发展状态。

三、系统分析与设计方法

用系统科学方法分析和设计现代城市管理系统，就是将其看作基于一个共享自然生态环境的，由众多功能各异的工程性和社会性子系统组成的复杂系统，其复杂性源于各子系统之间关联关系的复杂性。分析现代城市管理系统除了应该关注系统的多元性、综合性和整体性外，还应该关注各子系统的功能、结构、层次性、关联性，以及各自的外部环境、时变性和平衡性；尽可能采用数学方法，给予严格的描述，建立数学模型，精准地标定各子系统的要素、功能结构，以及它们之间关联性即矛盾竞争性和协同性；分析它们状态的时变性和稳定性，不仅要考虑城市的历史和现状，认识城市的特点和运行规律，更要关注城市的未来，各种要素和功能体及其层次结构，功能演化与自组织行为，分析和确认各要素和功能变量的阈值；协调各功能体之间的关系。精准的系统分析是实现未来城市良性发展的基础。

一般而言，系统分析由三个阶段组成：初步分析、规范分析和综合分析。现有的系统分析方法很多，下面仅简要介绍五个面向移动互联网和大数据时代的分析方法。

1. 调查分析方法

用于系统的初步分析，工作的首要内容是采集数据：基于互联网的文献调研，社会调查与典型案例的实地勘察，实现对现实运行系统的客观、精准的数据采集。采集的数据应该涵盖城市系统的宏观、介观和微观，不同层次的要素、功能和结构特征；目标是确认未来系统的基本要素群、功能群和基本框架，即确认：

（1）是什么（What?）未来城市管理系统的要素与功能。

（2）为什么（Why?）系统的目的和目标。

（3）外部环境及关联图未来系统的运行环境（Where?）。

（4）系统的所有者、建设者和运行者（Who?）。

（5）怎么做（How?）资金、器材、方法、技术和手段。

对于技术性较强的工程系统而言，采用上述分析方法，可以概要地确认未来系统的框架。但是，对于现代城市管理系统及其子系统，由于其社会、生态和工程的共混特征，采用单一技术性调查分析难以解决上述问题，必须重视城市的社会性及其管理现状，即体制机制、组织体系，要素与功能定位，物质、资金与社会环境，当前的运行效率和效益，政策、法规与规章制度，社会舆论等，对它们进行全面地调查研究，系统分析，逐一回答上述问题。系统分析应坚持定性分析和定量分析相结合，其依据是：具有近似系统实际运行的大数据；基于体制、机制、组织结构、政策、法规的定性社会调查；基于实地勘察的小样本数据。

2. 逐层分解的系统分析方法

按照要素、功能体和信息流对未来系统进行逐层分解是分析和设计复杂系统的有效方法，包括社会系统、工程系统、生态和生命系统等。一般而言，复杂系统是在既有简单系统的基础上规划和研发的。相对于既有系统而言，新系统将由更多的要素和功能体组成，其功能体之间既可能是上下级的隶属关系，也可能是错综复杂的网络关系，且它们之间存在着复杂的物质、能量和信息交换关系。因此，逐层分解的分析方法目标是逐层分解系统的复杂性。其主要步骤如下：

（1）采用上述调查分析方法，从分析既有系统的现状、优、缺点入手，基于演绎法和归纳法，概要地形成未来复杂系统的功能、目的和目标需求，提炼出组成未来系统的要素群和功能体、目的、目标群。

（2）按照系统的功能、目的、目标群的构造特征，隶属或网络关联，自上而下、从整体到局部、逐层地分解系统的功能—目的—目标群，分别形成子系统，子子系统，直到最底层的功能块为止。每层分解可以采用如下两种分解模式之一：

1）树型分解，如图 1-6 所示

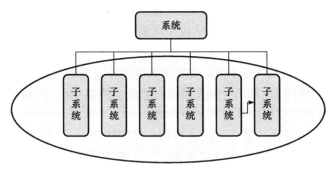

图 1-6　树型分解

2）网络式分解，如图 1-7 所示

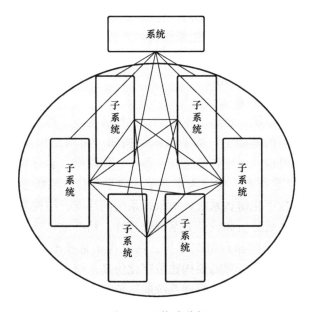

图 1-7　网络式分解

应该使底层的每个功能块只具有一个功能，或只达到一个目的，或只实现一个目标，或只实现一个算法，或只完成一组独立的事务处理作业；并且在功能块之间没有频繁的物质、能量和信息交换。否则，将具有频繁的物质、能量和信息交换的多个功能块合并，形成一个复合功能块。

（3）对每个底层的功能块详细地标定：要素，硬、软件与人力资源；功能定义；外部环境，需要输入的物质、能量和信息的形态及其数量，输出的物质、能量和信息形态及其数量，列出与其相关的所有子系统、功能块及与之交换的物质、能量和信息的形态及其数量。

（4）自底向上地逐层综合，标定出每个子系统的要素群，功能、目的、目标群，功能结构和外部环境。

（5）自上而下和自下而上相结合，反复地审核每个子系统或功能块的要素群、功能定义、目的、目标群及外部环境，完善分解模型。然后，合并那些具有相同外部环境的功能各异的功能块，组成一个子系统；合并那些具有相同外部环境的子系统形成一个复合子系统。进而，综合全部子系统，形成系统结构关联图——树网结构关联图。

（6）针对形成系统结构关联图，特别是网状结构关联图，标出系统结构图中所有子系统、子子系统之间的关联性的关联矩阵，并定义关联矩阵中每个元素的所有属性及其数量。

（7）编写系统分析文档，系统分析文档既是系统分析成果的集中表现，也是进一步研发系统的基础。系统分析文档应该包括如下内容：

1）系统概述，包括整体功能、目的、目标，外部环境。

2）系统结构关联图，系统的树网结构关联图及相关说明。

3）按（5）所形成的树型网络结构图，逐层地表述每个子系统（或功能块）包括功能、目的、目标；要素、结构；外部环境，输入的物质、能量和信息的集合，输出的物质、能量和信息集合，列出与之相关的所有功能块及与之交换的物质、能量和信息集合。

4）投资概算，投资方，运营维护方。

5）运营未来系统的体制、机制、组织结构，人员组成，运营模式、收益和经费保障，硬、软件条件等。

6）相关的政策、法规和规章制度。

3. 构建数字化仿真系统的系统分析与设计方法

对于实体形态的工程系统，例如土木建筑、机械装备等工程系统，在对未来系统的要素、功能和结构精细分解的基础上，基于系统结构图（树网结构图）和各个子系统的功能、结构、目标和演化机理，利用智能感知元器件、物联网、云计算、移动互联网、移动智能终端和3S等现代信息技术，构建未来系统的数字化仿真系统是研发复杂工程系统的关键一环。目的是利用数字化仿真系统，对未来系统的功能、结构和行为进行模拟仿真和精准的定量分析，确认系统分析和设计方案的合理性，精确地认知未来系统，即系统的变量，特别是序变量的演变规律和自组织行为。在现代信息技术与当代社会深度融合的今天，几乎所有复杂系统的研发，都需要构建数字化仿真系统。对于城市管理系统而言，数字化仿真系统正是实际的数字化城市管理系统的示范系统。

通过构建数字化仿真系统，可以对未来系统进行模拟仿真和定量分析，常用的定量分析方法如下：

（1）确定性分析方法

通过构建数字化的仿真系统，建立从基本变量到序变量，从底层功能块到子系统，直到整个系统目标的数学模型、数值模拟算法和软件；针对具体案例，利用解析的或数值的方法，对系统的局部或整体进行模拟，以发现系统的缺陷和问题，修改和完善系统的结构图；进而，采用确定性的模拟仿真方法，确认系统变量和目标之间的良性匹配关系，为优化系统提供依据。对于某些具有较完善数学模型的系统，可以基于数学模型，研发高性能算法，开发数值模拟软件，进行多工况的静态和动态仿真计算，以发现系统分析和设计的缺陷、风险与隐患，完善系统分析和设计。

（2）统计分析方法

统计分析方法是一种基于大样本数据的不确定性分析方法，特别适用于社会管理系统。对于一些具有较多随机变量的复杂系统，包括社会系统、生态系统和生命系统，采用基于互联网的问卷调查，基于智能感知元器件的信息采集和物联网技术，可以获取大量关于系统要素的随机变量和目标变量之间的时空状态数据；进而，运用滤波和统计计算，获得系统要素与目标之间的依赖关系和变化规律，建立系统的统计模型，并进行大批量抽样的模拟分析，以确认系统的基本变量、关键变量与目标变量及其之间的关系，以及整个系统分析方案的合理性。

（3）基于小样本数据的可靠性评估方法

对于某些重大的工程系统、社会决策系统，不可能获取大量的样本数据，因此只能通过对已获得样本的深入分析，建立可靠性评估模型，然后通过引入防风险要素和功能体，建立确定性或随机性的数学模型，并依据基础样本进行模拟仿真，以确保实现系统目的和目标的可靠性。

值得注意，无论是确定性分析方法，还是统计分析方法，在获取和建立数学模型时必须顾及系统的基本变量、关键变量和目标变量的全集；对于子系统必须顾及子系统的全集。防止以局部代替全局是系统分析和设计成功的基础。

对于某些较复杂且缺乏大样本数据的系统分析和设计，还需基于不同的数学模型研制仿真软件，进行多方案的系统模拟。进而，按照关联矩阵法，将所有备选方案的模拟结果制作关联矩阵，通过专家会审形式，对系统方案进行评审，以确认系统方案的可行性、可靠性和优越性。

4. 基于观测、检测和实验的系统分析方法

观测和检测是在不干预研究对象运行状态的条件下，运用智能感知元器件和物联网技术，采集系统要素的状态变量和目标变量数据的方法。实验方法是通过人为地改变要素的存在环境和行为特征，减少或消除无关因素的干扰，以获取要素状态及其目标变量之间的因果关系，而制作的局部物理实验，目的是为系统分析和方案设计提供可靠的依据；该方法非常适用于对既有系统的改造升级，专用系统的研发，或者复杂巨系统的子系统研制。

5. 基于大数据科学和技术的智能化分析方法

随着物联网、移动互联网和移动终端的深度普及，已经形成众多专用的工程系统，社会管理系统和自然生态系统，它们积累了海量的大数据，无论是建设新的专用系统，还是改造既有系统，都可以通过互联网收集到与未来系统相近的系统及相关的大数据。基于这些大数据，利用确定性的科学或工程计算、统计分析、决策分析和智能化的多层次深度学习等大数据分析方法，可以为我们提供未来系统的因、果变量及其之间的关联关系和演变规律，辅助系统的分析和设计。事实上，已经有许多关于大数据分析和处理的商用和开放软件、云计算平台及深度学习的开源软件，企业和个人都可以使用相关的大数据科学和技术，进行专用系统或复杂系统（子系统）的分析和设计。

四、城市管理系统

（一）广义城市管理系统

如前所述，把城市作为一个复杂、开放、与时俱进的巨系统，采用系统科学的分析和设计方法，对城市系统进行调查、分析和概念性的顶层设计是研究广义城市管理的第一

步。对城市系统调研、分析的主要内容是：

1. 自然和生态资源

即城市的自然生态环境，土地、矿产与水资源。

2. 人文环境

即市民的构成、宗教信仰、文化和科技素质；市民的法律意识、社会公德、职业道德、个人品德水平。

3. 城市的历史与现状

即从政治、经济、科技和社会发展角度，对城市的六大要素群和功能体，进行调查研究，认知城市的发展历史和现状，优势和特色。

4. 城市的外部环境

即该城市所在区域周围城市的功能定位、发展目标，以及海-陆-空-江河交通现状与发展前景。

5. 国家或区域对该城市的功能定位；

6. 其他。

对于广义城市管理而言，就是在深入认识城市系统基本特征——整体性、多元性和包容性，要素群、多功能体之间的矛盾竞争性和协同性，与时俱进的动态性和开放性的基础上；以良性可持续发展为目标，对城市的要素群和功能体进行统筹规划、顶层设计，概要地定位城市系统的主体功能，近期（5～10 年）和中期（10～30 年）的发展目标；并进行科学的计划与组织，有效的指挥与协调，采用合理的管控、监督、评价和奖惩手段，实现城市的可持续发展，满足广大市民的需求，构建和谐社会。

在上述认知的基础上，由城市责任主体对城市的 6 大要素群和功能体进行科学的统筹计划、顶层设计，从整体功能上对城市进行定位，确定近中远期的发展目标和架构。对于现代城市系统，应该特别关注其开放性和动态演变性。

不难看出，城市系统的 6 大功能体，各自的要素、结构和目标差异巨大，其本质属性、演变规律和实现功能的体制、机制、方法和手段极不相同。因此，从广义城市管理和系统分解的视角看，可以自然地将城市系统分解成 6 个独立的子系统，如图 1-8 所示。

从子系统（或功能体）的构成看，每个子系统又是一个具有多要素、多目标、多属性或多功能的复合系统，又可以分解成若干个子子系统。根据系统构造的层次性，这种逐层分解的办法可以进行若干次，但必须注意，分解层次不可过多，以免造成过多的子子系统，使得子子系统之间关联的复杂度增大，增加整体系统处理的复杂度。

图 1-8 中的城市大数据中心实质上是虚拟的物资、能量和信息中心，其功能之一是为各子系统、子子系统提供共享的城市数据资源，其二是利用数据管理系统在各子系统、各子子系统之间实施物资、能量和信息的传递。

（二）城市综合管理系统

本书将重点讨论狭义的城市管理系统——城市综合管理子系统（以下简称：城市管理系统）显然，对于广义的城市管理而言，城市管理不是一个独立和封闭的子系统，其职责范围由城市责任主体赋给，功能、性能由城市责任主体认定；它和其他子系统有密切的信息交换。

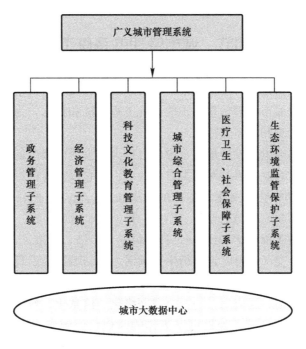

图 1-8 广义城市管理系统

按照目前我国城市管理的职能划分，城市综合管理可以分解成 6 个相对独立的功能体，如图 1-9 所示。鉴于本书的大部分篇幅将主要详述相关内容，故留给后面讲述，在此从略。

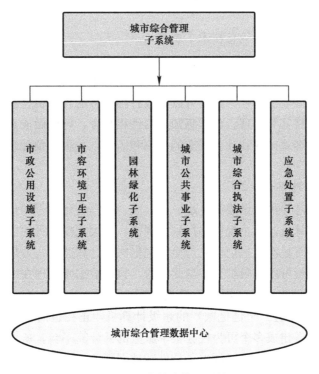

图 1-9 城市综合管理系统

第四节　城市管理的系统工程

系统工程是研究如何建造、运行和维护复杂系统工程技术的科学。本节将围绕现代城市管理，重点阐述构建城市管理信息系统的系统工程方法和技术，为建设数字化城市管理和智慧城市管理提供理论和技术支撑。

现代信息技术是当今世界发展最快、影响力最大，渗透面最广的一门高新技术，现代信息技术促进了人类对客观世界和对人类自身的认识，它以空前的影响力、渗透力，改变着科学和技术、经济和社会、文化和生态的发展轨迹；它与自然科学（数学、物理、化学、材料科学、生命科学、地球科学），工程科学（土木建筑工程、机械装备制造、电子信息工程等各种各样的工程科学和技术），社会科学（经济、金融、人文科学、城市科学、城市管理学）相结合，交叉融合，正在衍生充满活力的新型的前沿科学、技术、工程和社会管理学等。

随着现代信息技术的广泛应用，一个全球网络化、信息化、智能化，充满着虚拟色彩而又实实在在，处处可以学习、处处可以工作的时代已经到来，它正在改变着现代人科研、生产、经营、管理、工作、学习、交往、休闲、娱乐的方式，对未来人类社会产生深刻影响。

下面，将重点叙述构建现代城市管理的技术体系——信息技术和装备、数据科学和技术、标准规范及组织运行体系。

一、共性信息技术

支撑现代城市管理的共性信息技术主要是：

1. 微电子集成芯片

现代微电子芯片的单片集成度已经达到百亿级晶体管电路，其计算能力已经超过早年的大型计算机。利用微电子芯片，除了可以做成各种型号的计算机、移动智能终端，实现计算和信息处理外，将其与物理、化学感知元器件相结合，可以做成具有各种功能的智能感知元器件，实现对客观世界和社会现实的检测和监测，采集、预处理，并通过有线或无线网络进行信息传输。

2. 计算机与云计算平台

利用微电子集成芯片可以做成微、小、中、大、巨等各种型号的计算机，从单处理机到多处理器的并行计算机，从小规模并行到大规模、超大规模并行的巨型计算机，其计算能力已经达到每秒千万亿次、亿亿次、乃至百亿亿次的计算速度，处理器核数达到和超过千万量级，且存储容量可以无限扩充。与此同时，包括数据库管理在内的系统软件也在迅速完善，可靠性在迅速提升。我国已经造出天河—1号（千万亿次），天河—2号（亿亿次），神威—太湖之光（近二十亿亿次）的超级计算机，正在迈向百亿亿次；利用这些大型或巨型计算机已经搭建成多个可为社会共享服务的云计算平台。所谓云计算，即基于互联网的、通过虚拟方式共享计算机硬件、软件和数据资源的网络化运行的计算模式；在云计算模式下，计算和存储资源是动态、可伸缩的，可以按用户需求进行动态扩容和优化；

有了云计算平台，一般用户不再需要购置计算机和应用软件，可以通过能够上网的便携式电脑或智能终端，而拥有远程操控高性能计算的能力。值得指出，超级计算机正在和云计算平台深度融合，形成新的高性能计算体系，超级计算机和云计算都使用了分布式计算、网格计算、集群和高通量计算，以及基于网络环境的高性能计算服务化的表示方法，包括：跨域计算和数据空间在内的体系结构，服务资源发现与访问模式，服务机制和体制，服务资源的管理模式，交易机制，使用方法（计量和计费策略）等。

3. 有线与无线通信

借助于微电子和航天技术发展，近三十年有线和无线通信技术突飞猛进，相继走过了3G、4G，直到今天的5G时代。5G是通信技术的新里程碑，其应用范围覆盖了世间所有人、物、事的移动互连互通。其特点是：速度可达1GPS，比4G快100倍，可以快速传递超高分辨率图形、图像；终端链接用户可达1000亿，比4G时代的70亿大幅增加；响应速度可达1毫秒，比4G时代50毫秒大幅减少；低能耗等。

4. 互联网（Internet）与移动互联网

互联网诞生于20世纪90年代初期，通过通信方式将计算机互联快速传递信息和文档；伴随着微电子、有线和无线通信，特别是便携式电脑和移动智能终端（手机）的突飞猛进，互联网的发展日新月异，迅速发展成移动互联网，并深入到社会生活的各个角落。移动互联网已经成为支撑当今人类社会活动的基础设施。

5. 数据库和大数据管理技术

随着大数据存储技术的突破，近年来数据库技术，特别是基于互联网的大数据管理技术得到了迅速发展。能够实现基于云计算和互联网的数据查询、检索、存取、数据结构转换、宏命令数据操作、安全保密及自动备份等功能；能够在异构数据库之间进行高效的互操作，实现不同专业用户对数据的无缝引用，给各类人员和公众提供简便的数据存取服务；并有利于保护数据拥有者的专利权。

6. 物联网（Internet of things）

物联网是集众多智能感知器件与移动互联网为一体，实现对客观世界的全面感知、信息传输、智能化数据处理，是连接物理世界、具有感知功能的、实时可靠的物理网络体系。

7. 人工智能技术与机器人

基于数理逻辑、知识推理和模糊数学，图形、图像、语音和姿态识别，人工智能、机器学习和数据挖掘算法而研发的软件及具有专门功能的机器或装备，后者统称机器人。随着智能化检测/检测装置大量应用城市信息的采集、加工与传输，以及专业机器人进入专业性的城市监、控、管活动，未来的城市管理将会逐步地智慧化。

8. 3S技术

即全球定位系统（GPS）、地理信息系统（GIS）和遥感系统（RS），三者是实现现代城市精准化和精细化管理的基础设施；城市的所有设施，不论大小，所有的重要事件与活动都要依靠它们来标定和记录。随着我国北斗卫星定位系统的建成（2020年之前），北斗卫星定位系统将会取代美国的GPS；另外，随着我国高分辨率遥感卫星系统建成，将会对我国数字城市智慧城市建设提供更加精细、准确、实时和可靠地地理信息数据。

9. 信息安全技术

安全是一切信息系统的基础和前提，没有信息安全的系统是无用系统。信息安全技术从早期的密码，到数字水印，指纹识别，直到人脸识别等等，在与时俱进地发展和更新，随着信息技术的发展，还会有更加可靠地信息安全技术出现。城市管理系统可以根据不同功能、不同数据和不同用户的保密安全需求，采用不同等级的保密策略、权限和技术。

现代信息技术应用于城市管理，极大的提升了城市管理的数字化、智能化、精准化、协同化和人性化的水平。

二、大数据科学和技术

信息化时代催生了大数据现象，开启了利用大数据加速科技、经济、社会、文化和生态发展的新时代。大数据的基本特征是：数量（Volume）大、增长速度（Velocity）快、形态多样（Variety）、真实性强（Veracity），价值高，后者依赖于将数据转化为知识的能力。上述特征说明了大数据从采集、传输、加工、存贮、管理到利用的复杂性，从而催生了大数据科学和技术的发展。

大数据科学和技术是支撑数字化城市管理，特别是智慧城市管理的核心之一。大数据技术是指大数据采集、处理、传输、存储、管理和利用相关的技术，而大数据科学则是指对大数据进行高效能加工、存取、转换、利用，从大数据中提取客观世界内在规律和新知识、实现智能决策的模型、算法及其软件；大数据所具有的可信度和价值是依靠大数据科学来实现的。

（一）大数据技术

图 1-10 显示了大数据技术的集成架构，图 1-11 显示了其物理架构。

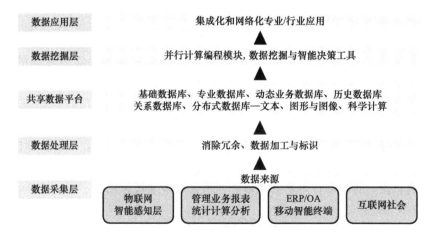

图 1-10　大数据技术架构

（二）大数据科学

如上所述，大数据科学是指从大数据中快速提取新知识、实现智能决策的模型、算法和软件，它们可以分为共性基础的和面向专业领域的两类。

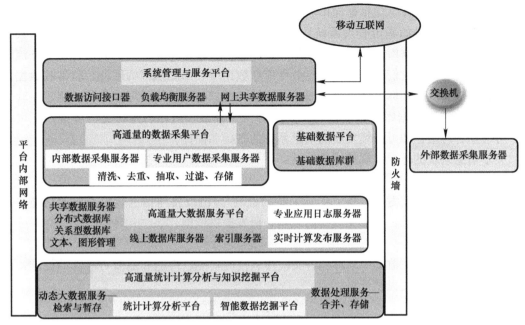

图 1-11　大数据系统的物理架构图

1. 共性基础的模型、算法和软件

共性基础的模型、算法和软件又可以分为：

（1）通用算法与软件

1）科学和工程计算的通用算法。例如，线性和非线性方程组求解算法，有限元算法、最优化算法等及其软件等。

2）地理信息系统（GIS），图形与计算机辅助设计软件（CAD/BIM）等。

3）统计分析方法：分类算法，关联分析、聚类算法等。

4）图像处理算法。

（2）人工智能方法与多层次深度学习算法：

1）人工智能方法：遗传算法及神经网络算法。

2）图形识别：图像分析与理解算法。

3）决策树、规则推理、统计推理、贝叶斯决策。

4）基于神经网络的多层次迭代机器学习算法。

2. 面向专业领域的模型、算法和软件

值得指出，通常所说的大数据是一种泛在的、不分专业和领域的笼统表述，而实际所面对的一批批大数据都是有专业领域的，比如，不可能也不应该把气候演变的大数据和新材料设计和制备的大数据混在一起，去进行加工和相关的知识提取。因此，除了采用通用算法与软件处理常规的大数据加工和统计分析外，面向不同专业和领域的大数据，选用或研发专业性强的、具有高逼真度的模型、高性能算法和软件是实现相应领域大数据加工和高效利用的最佳途径。

三、标准与规范

任何一个大型信息系统，包括城市管理系统，都会涉及众多的硬件，各种检测/监测设备、计算机及其附属设备；软件，除了计算机系统软件、数据库软件外，还有各种功能和性能各异的应用软件，包括面向市场采购的商用的和新开发的应用软件；大量形态和属性各异的数据库，例如城市管理系统中的人口数据库、组织机构数据库、地理信息数据库、城市基础设施数据库、建筑物数据库、城市部件数据库、地理编码数据库、业务流程数据库等等，以及由它们衍生的各种专业性应用数据库。如此众多的硬件、软件和数据集成在一起，没有规范和标准约束想建成一个高效和可靠的系统是不可想象的。制定一套完善的硬件、软件和数据库标准和规范，是建好一个高效、可靠、可扩充、可推广、可移植、可继承、可维护和可持续发展的信息系统的基础和前提。

关于信息系统的标准和规范应该包括：

1. 硬件标准

定义了计算机及其附属设备、信息采集的检测/监测设备与信息传输设备的功能、性能和品质可靠性的标准，为相关设备的采购、研发提供依据。

2. 软件标准

定义了系统软件、数据库软件和各类应用软件的功能、性能和品质可靠性的标准，为相关设备的采购、研发提供依据。

3. 数据库标准

定义了各类数据库的数据结构、数据组织及相关属性标注标准，为相关数据库的采购、研发和建设提供依据。

4. 系统作业规范

规定了系统建设和运行期各类业务活动的作业标准，它们不仅可以规范系统相关人员的作业行为，也为日后的运行、维护，成果的继承和发展提供了可靠依据。

四、建设与运行的组织体系

除了上述的技术体系外，组织体系是保证信息系统建设和运行成效的关键要素，它应该包括：

1. 人员与组织结构

建设和运行人员的素质，特别是系统主持者的敬业精神，及其对相关信息系统的精通程度，是影响系统建设和运行的主导因素。对于一个业务主管者而言，应该认真熟悉所建设或运行系统的整体架构，包括：

（1）系统的功能、性能、作用和价值，以系统的技术架构。

（2）系统的总体结构及其关键性技术和风险点。

（3）系统运行历史和现状。

2. 体制、机制、工作环境和建设与运行期经费保障

3. 法律法规

对于城市管理信息系统而言，构建相应的法律、法规体系是十分必要的。

第五节 城市管理模式

在我国，城市管理的职责范围，为城市综合管理。城市综合管理的目标是保障城市健康运行，促进市民和谐相处、幸福安康。

按目前我国城市综合管理的部门设置，是一种"大部门制"的管理体制，涉及到诸多部门。城市管理是政府的行政行为，具有公益性、综合性、专业性。本节将主要讨论城市综合管理的管理模式。

如前所述，城市管理模式是对高效、有序、稳定的城市管理行为的总体概括，它由管理体制机制、管理方法、业务流程、法律法规、管理工具和手段、管理效果评价和奖惩等组成。管理体制包括组织机构、人权、财权、事权、物权，表现为机构设置、职责设定、职权范围、人员编制、财政保障等内容。因此，城市管理模式决定着城市管理体系优劣。

城市管理模式的构成原则是：

1. 目标（或目的）取向型。按照城市治理和城市发展目标，选择具有比较优势的管理体制、机制、方法、工具和手段，形成目标取向的城市管理模式。

2. 问题取向型。根据城市问题产生的根源，通过改变城市管理要素，规避或削弱造成城市管理问题的根源，形成具有比较优势的城市管理模式。

3. 系统科学方法和技术型。把城市管理作为一个具有众多要素和功能体的、集社会、生态和工程技术于一体的复杂系统，采用系统科学和系统工程方法，以现代信息技术作支撑，构建从发现城市运行问题到实现城市管理目标的体制、机制、组织结构和技术体系。

随着城市由经济发展主导型向社会发展主导型的转变，未来的城市管理模式将是在现代信息技术支撑下的综合监督、管理和服务模式。

综合国内外城市管理模式状况，具有时代特征的城市管理模式主要有如下三种：相对集中行政处罚权管理模式，法制化与市场化城市管理模式，数字化城市管理模式。

一、相对集中行政处罚权管理模式

相对集中行政处罚权作为我国的一种城市管理模式，诞生于 20 世纪 80 年代。20 世纪 90 年代，由于政治、经济和社会的发展，城市化的提速，城市管理的工作量和复杂性迅速提升，国务院决定推广这一城市管理模式。

相对集中行政处罚权管理模式，是在城市管理职权范围内，建立的一种以综合执法为主要责权的行政管理体制、机制和运行模式。就是依法将若干城市管理机构的行政处罚权集中起来，交予一个行政机构行使，相关行政机构不再行使相应的行政处罚权的制度。相对集中行政处罚权制度的法律依据是《行政处罚法》第 16 条，即由国务院或经国务院授权的省、自治区、直辖市人民政府，来决定哪个城市管理机构拥有行政处罚权，但是限制人身自由的行政处罚权不在此列，仍旧只能由公安机关行使。

相对集中行政处罚权的城市管理综合执法模式的优点是：

1. 突破了原有的城市管理体制中条块分割的框架，独立设置了综合执法机构，集中行使原属于规划、建设、园林、环卫、工商、市政、交通等多个部门的全部或部分行政处罚职权，明确了执法职责，单独提供经费保障；这是对原有城市管理体制的重大改革，体现了行政处罚权的特殊性。

2. 组建了一支相对集中和稳定的具有独立职权和法律地位的综合执法队伍，总体上即使执法机构和执法人员大幅度地减少，又强化了基层执法力量。

3. 建立了审、罚分离机制，使行政审批权、行政检查权、行政处罚权实现了有效分离，从而改变了原来由一个机构"自批、自管、自查、自罚"的管理模式，体现了决策、管理和监督相分离的原则，以及公开、公正和公平的执法原则，有效地扼制了行政违法行为。

客观地讲，相对集中行政处罚权模式的推广，极大地改善了我国行政执法状况。截至2010年年底，全国已有千余个市（区）和县城设立了城市管理行政执法局、或城市管理局、市政管理局，实现了基于相对集中行政处罚权的城市综合管理。

值得指出，在相对集中行政处罚权的实施过程中，也出现了如下的问题：①相对集中处罚权的行使会出现责任主体与实施主体不一致的问题，从而导致责权分离，违背责任行政原则，导致司法权对行政权监督的乏力。②由于《行政处罚法》对相对集中行政处罚权只作了概括性规定，对相对集中行政处罚权的行使范围和集中度没有给出明确和具体的规定，从而存在着相对集中行政处罚权的范围由地方政府任意扩大化的问题；甚至存在着执法体制和范围由地方政府自主决定，随着主管领导变动而变动的问题等。③《行政处罚法》是一部程序法，而非一部城市管理实体法，导致城市管理综合执法的职责、权限的法律地位表述不清，相对集中行政处罚权的体制和机制不统一，有的城市归口职能部门，有的城市采取双重领导，这样不仅不利于行政处罚权的行使，也极大影响了行政处罚权的权威；另外，赋予综合执法部门的职权链条不完整，容易产生事前的审批权、事中的管理权、事后的处罚权，以及执法过程中的强制措施之间链条割裂，从而导致执法纠纷；再加上城市管理综合执法属于"借法执法"，缺乏主导性，因此容易招致行政管理部门和执法部门之间的责权和利益冲突，削弱了相对集中行政处罚权制度的社会功效。

二、法制化与市场化城市管理模式

法制化与市场化城市管理模式是依据立法、司法、执法、守法等法律手段和公开、公正市场化运行方式对城市进行管理的一种模式。它要求以法律条文固化城市管理的主体、职责范围、体制机制、市场化运行模式及相互关系，要求城市管理领域的各个责任单位和从业企业及人员严格依照法律、法规，从事城市管理、生产和执法活动。

法制化与市场化城市管理是依法治国、依法治市在城市管理领域的具体体现，是建设和管理现代城市的必由之路。建设法制化和市场化城市管理模式是我国深化城市管理改革的重要方向和目标；但是，目前我国尚没有建成统一的城市管理法律、法规体系，统一的城市管理职责范围、体制机制、组织和运行模式；不同城市的城市管理职责范围、体制机制、组织和运行模式差异性较大。

制定和完善统一的城市管理法律、法规，已经提上日程，中共中央、国务院的文件明确设定：到2020年，城市管理法律法规和标准体系基本完善，执法体制基本理顺，现代城市治理体系初步形成。随着全国统一的城市管理法规体系的建立，我国的城市管理必将进入法制化的新时代。

在完善城市管理法律、法规体系的基础上，将容易建设精炼、高效、法制化和市场化的城市管理模式，其要点是：

1. 必须建立一套完整的实施城市管理监督、处置和执法的组织机构，确立它们的法律地位，完善数字化的监督、处置和执法的运行机制。城市管理部门及其从业人员，综合执法人员都要常态化地接受法律监督、行政监督、社会监督，推行执法办案的评价考核制度和执法公示制度。健全行政处罚的规则和裁量基准制度，以及执法全过程记录制度。严格重大执法行动的法制审核制度，加强内部业务流程控制，健全责任追究制度、过错问责制度，全面落实行政执法责任制。

2. 必须建立一支法律素质高的城市管理与执法队伍。建立一支思想好、作风硬、纪律严、业务精、法律素质高的城市管理执法队伍，向社会公开职能职责、执法依据、处罚标准、业务流程、监督途径和问责机制。加强队伍的法制培训和教育，提高知法、执法素养，规范执法人员的执法行为，把严格、规范、公正、文明执法落实到城市管理和执法的全过程，依法规范行使行政检查权和行政强制权；做到用语规范、举止文明，着装整齐、公信力强，严禁随意采取强制执法措施；坚持处罚与教育相结合的原则，加强教育、告诫、引导；能综合运用行政指导、行政奖励、行政扶助、行政调解等非强制行政手段，引导当事人自觉遵守法律、法规，有效化解矛盾纷争，维护公共利益和社会秩序，促进社会和谐稳定。

3. 建立完善的城市管理执法、司法衔接和各执法部门的协同配合机制。建立城市管理部门与公安机关、检察机关、审判机关的信息共享、案情通报、案件移送等制度，实现行政处罚与刑事处罚的有效对接。公安机关要依法打击妨碍城市管理执法和暴力抗法行为，对涉嫌犯罪的，应当依照法定程序处理。检察机关、审判机关要加强法律指导，及时受理、审理涉及城市管理执法的案件。加大城市管理行政处罚的强制执行力度。

4. 加强市民的文明素质教育。加大宣传教育力度，组织形式多样、生动活泼、内容丰富、群众喜闻乐见的宣传活动，大力宣传城市管理法规，提高市民的文明意识，是实现城市管理法制化的基础。必须重视市民的法制教育，增强市民的城市管理法制意识、参与意识，促使市民理解并参与城市管理，才能有效实现城市管理的法制化。这是依法管理城市的重要基础。

香港、新加坡等都是实施法制化和市场化城市管理模式的城市，它们都建立了比较完整的城市管理法律、法规体系，设立了责任主体明晰，分工细致，协同关系清晰的组织机构，形成了执法程序严格、具体、奖惩分明、经费保障有力、技术先进的运行机制。

三、数字化城市管理模式

中国"数字化城市管理模式"起于 2004 年，始于北京市东城区，它是将现代系统科学和系统工程的思想、方法和技术，特别是计算机、互联网、有线与无线通信、3S 等现代信息技术，融入到现代城市管理的组织体系和运行系统之中，而创建的一套支撑现代城市管理的体制机制、技术体系和运行模式；它实现了城市管理的体制、机制创新，业务流程的重组和无缝衔接，科学合理的政府绩效评价，以及精细、精准、试试、高效、全方位和全时段的城市管理。

数字化城市管理模式的基本要点是：

1. 由城市责任主体构建了虚拟的跨部门的"大部门制"城市管理体制、机制。由城市管理责任主体统一组织、协调、监督、指挥城市管理相关的各责任部门，引入市场运行机制，利用符合相关法律、法规的特许经营企业，即从事规划、勘测、设计、施工的企事业单位和专业性的监控、运营、维修、服务公司，共同实施城市管理工作；建立了监督和指挥处置既独立又协同的双轴管理中心——数字化城市管理监督中心和数字化城市管理处置指挥中心，代表政府实施高位监督，高位指挥处置，必要时实施高位协调。数字化城市管理模式的体制、机制，如图 1-12 所示。

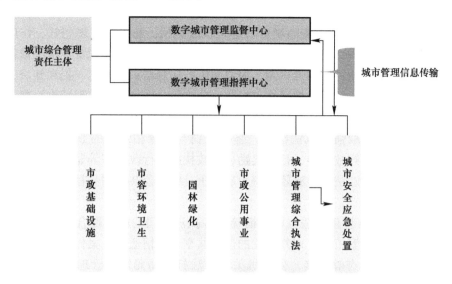

图 1-12　数字化城市管理模式的体制-机制

2. 以传统的城市管理业务流程为主线，采用信息流技术，重建了无缝衔接的业务工作流程，建立了从城市监管信息采集——发现问题，案件受理、任务派遣、业务处置，到核查核实、问题结案，直到绩效评价的闭合业务流程。

3. 以万米单元地理网格为基准，分别建立了针对城市部件——各类可见的城市基础设施和城市事件，各类瞬间发生的行为（例如随意摆摊、烧烤、占道经营）事件的静态和动态数据库，形成了完整、一致和可靠的城市管理数据库群，并建立了长效的数据更新和确认机制，为精细、精准、高效的城市管理提供了坚实的数据支撑。

4. 研制了集多种功能于一体的城市管理信息采集和传输系统，建设了支持全方位和全时段实现城市管理的、运行稳定可靠的综合信息平台，内涵十余个专业性城市管理应用系统，它们与移动互联网相结合，可以实时地实现城市管理，平台的技术架构如图 1-13 所示。该平台具有很强的可拓展性，已经与"12319"、"12345"等市民热线相连接，促进了市民参与城市管理。

5. 基于城市管理数据库群和综合信息平台，建立了涵盖城市管理所有部门和企业的、科学、精准、合理的绩效评价体系，在若干城市已经实际应用于城市管理部门的绩效考核。

6. 为了保证数字管理得到有效推广，编制并发布了数字城管建设和运行的 9 项国家标准和建设行业标准。

数字城管的建设和运行，改变了城市管理中的职能交叉、管理粗放和效率低下的状况；实现了城市管理由粗放型向集约、精确、实时性的转变，实现了对市政、水、暖、电、气等城市公共基础设施，园林、环卫、卫生、保健等社会服务，以及摆摊、烧烤、乞讨、乱倒垃圾、非法小广告等不良城市病的全时段、全方位的高效监督和治理，并具有防范和处理突发事件之功能；构建了长效的城市管理绩效考核体系，保证了城市管理的持久效能。

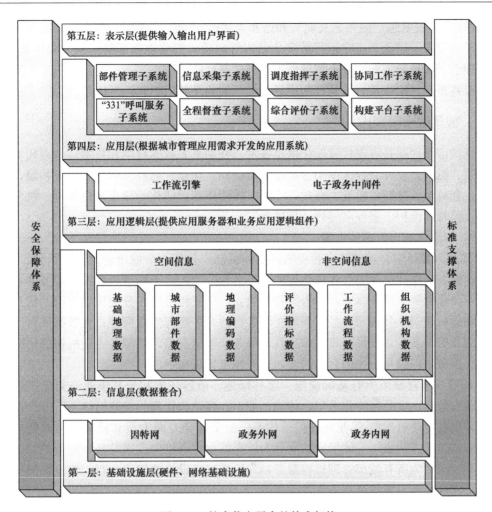

图 1-13　综合信息平台的技术架构

　　数字城管的建设和运行在中国已经走过十多个年头，所有省会城市和大多数地、县级市都基本实现了数字化城市管理；各个城市在其实践中，创造了许多成功的城市管理经验，例如，以政府主导、社会多元化共治方法，市场化的信息采集与特定领域的市场化运行方法，监督重心上移与处置重心下移的城市管理方法等等。这些将在随后的相关章节中详细叙述。

　　总之，一个具有中国特色的"数字化城市管理模式"正在中国各地完善之中，它将为实现智慧城管奠定坚实基础。

第六节　智慧城市管理

　　随着现代化城市政治、经济、科技、文化、生态和社会的发展，城市的基础设施、园林绿地、市容环境和公共事业设施在快速扩充，城市的公共安全、社会治理和应急事件处置的复杂性和紧迫性也在迅速提升，它们对现代城市管理都提出了许多新需求；现代信息技术，特别是人工智能、大数据科学和技术的日新月异，为提升城市管理能力提供了新的技术支撑；"建设富强、民主、文明、和谐和美丽的社会主义强国"的中国梦又对城市管理提出了新要求。因此，正在运行数字化城市管理模式面临着新形势，需要应用新技术，赋予新理念，满足新需求，登上智慧城市管理的新台阶。

本节将重点讨论智慧城市管理的内涵、技术架构及其组织和运行体系。

一、智慧城市管理内涵

智慧城市管理就是将现代智能化信息技术，特别是大数据科学和技术，与现代城市管理的体制、机制、业务流程深度融合，在城市规划、建设、监控、管理与服务领域，构建起来的一套科学、合理、精准、高效、实时、人性化和智能化的城市管理体制、机制、运行环境、监管、维护、服务和绩效评价体系。

（一）智慧化城市管理的内涵

1. 构建一套科学合理的城市管理的体制和机制，包括一个城市管理信息采集、传输、加工、存储、利用和分发的、集成化大数据平台和一个由若干城市管理专门业务处置机构组成的专业化监管与服务体系，两者既相互独立，又互相协同；分别构建它们的信息化业务流程和运行机制，并按照业务流程建立起各自的业务运行信息标准；大数据平台为各专业机构的监管与服务，提供可靠的信息技术服务和数据支撑，保障各专业机构的协同工作和智慧化服务，以满足市民的合理需求，提高城市管理水平。

2. 构建一个对城市所有基础设施、园林绿地、市容环境和公共事业、文化娱乐设施等运行状态信息，进行智能化采集、传输、加工、存储和管理的物联网体系；一个按照业务流程采集各专业机构监-管业务的记录体系；一个接受专职人员和社会公众监督与咨询的记录体系。三者集成于一体形成独立且为所有城市管理机构数据共享和服务的城市管理大数据平台。它为所有城市管理机构服务，为所有城市设施的健康运行、快速修复提供数据支撑，实现所有设施的高效和人性化服务。

3. 制定一套科学、合理、与时俱进的城市管理法律法规、规章制度和标准规范体系，并依据该体系构建一套对城市管理的规范化业务处置体系。实现对各业务机构和个人的工作状态进行智能化的监督评价；组建一支熟悉法规、素质优良的执法队伍，在公开的监督系统支持下，进行合理、合法的城市环境和秩序治理，实时地进行应急预警和灾难、风险处置。

4. 基于城市管理大数据平台和当时政治、经济、科技、社会和生态的发展状况，构建一套科学合理和与时俱进的城市管理绩效评价标准，实时地对城市管理的各专业机构和个人，以及各类基础设施的运行绩效、或效益进行评估，与基于互联网的社会调查相结合，智能化地给出优化城市管理体制、机制和技术体系的建议。

5. 基于城市管理大数据平台，利用大数据科学和技术，开展城市基础设施的损伤评估、城市管理的风险预警，以及城市管理业务的智能化辅助决策。

智慧化城市管理的目标是建立公开、公平的智慧城市管理体系，以构建绿色、文明、和谐、美丽和可持续发展的城市。

（二）智慧化城市管理的近期目标

1. 城市管理信息采集的智能化，即尽可能利用智能化的感知终端代替人工采集，避免人工采集的错误和因休息日招致的数据缺失，提高数据的完备性和可靠度。同时，还可以利用统计分析和滤波处理，对数据进行智能化的预处理，减少数据的冗余度。

2. 利用统计分析和人工智能方法，对若干专业领域的业务进行智能化信息处理，实现专业性城市管理的智慧化与信息发布的智能化。

3. 对若干基础设施，例如公共建筑物、桥梁、隧道、地下管网等，可以根据实时的检测信息，利用统计预测分析和人工智能方法，实现对城市管理对象的智能化监控和实时的灾难预警。

4. 借助于数字化城市管理和智慧化城市管理已经积累起来的历史大数据，专业性地实现辅助规划、建设和科学决策等。

二、智慧城市管理的系统架构

基于大数据科学和技术的智慧城市管理的系统架构如图 1-14 所示。它有 6 个子系统组成：

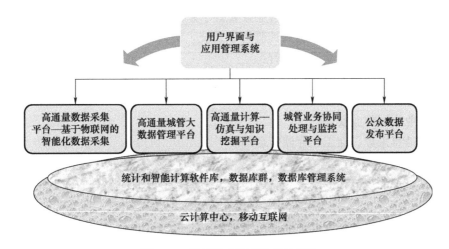

图 1-14　智慧城市管理的系统架构

1. 基于物联网的智能化数据采集

该平台采用物联网和移动互联网技术，将城市管理范围内的各种智能化监测设备连接在一起，实现对城市管理领域的人、物、事件及环境运行状态的全面感知；管理人员的业务行为和各种指令的实时记录；并实时地将数据传输至大数据平台，按照数据标准对数据进行加工和存储管理，为城市管理各专业人员协同管-控和处置提供可靠的信息服务。现代化的各种检测仪器都已装备智能化的感知元件或专用芯片，利用物联网和移动互联网将它们集成在一起，已经毫无困难。

2. 高通量的城市管理大数据平台

集成城市管理相关的各类数据库：例如，城市地理信息数据库，市政与公用设施的部件数据库，人口数据库，企事业单位数据库，党、政、军、行政管理机构数据库，科研、文化机构数据库，学校、医院数据库，政策、法规库，统计计算和智能决策数据库，目录索引库等；各类专业数据库的建设和维护，以及互操作标准，常规数据模版，数据正确性和可靠性标准，新数据库接纳标准等；并拥有一个基于云计算和互联网的，进行远程、异构数据操作的数据库管理系统。

3. 高通量的统计计算与知识挖掘平台

鉴于城市的精准决策、事故防范和安全评估，都需要高通量的计算分析、模拟仿真，以及基于大数据的知识挖掘和智能决策；故该平台为此提供高通量的统计计算、知识挖掘和辅助决策的算法库及功能性子系统，例如：

（1）基础软件——通用的科学和工程计算软件，图像处理与最优化软件，BIM/GIS 软件等；

（2）统计分析软件——分类算法，关联分析、聚类算法等；

（3）决策树、规则推理、统计推理、贝叶斯软件；

（4）人工智能软件——遗传算法及神经网络算法；

（5）图形识别——分析与理解软件；

（6）基于神经网络的多层次-迭代机器学习软件。

4. 城管业务协同工作与监控平台

由两部分组成：专业性的城市管理业务处置子系统及其监管子系统；数字化城市管理已有的各种专门的业务处置子系统及其监管子系统，例如，环卫车辆的 GPS 监管子系统，工地扬尘监管子系统等，其功能应具有：

（1）功能与数据库访问权限；

（2）用户界面定义与专业功能模块；

（3）多专业协同作业模块；

（4）监管信息采集、加工、存储管理等。

5. 公众数据发布平台

按照数据管理的规范和标准，实时地搜集、整理，形成面向公众的数据库，供用户查询、使用。包括：

（1）政策法规、规章制度及标准规范数据库；

（2）开放的基础数据库群；

（3）面向公众的统计报表数据库等。

6. 用户界面与用户管理系统

（1）城市管理各专业用户界面管理——直接与城市管理专用的智能终端连接；

（2）用户管理——用户注册、审核，包括硬件、应用软件和数据库访问权限管理；

（3）用户环境生成——应用系统和动态数据库等。

三、智慧城市管理的组织体系

如前所述，城市管理的功能和职责范围由城市责任主体赋予，因此智慧城市管理的建设和运行体制、机制应该在市政府主导或指导下，由职能部门按相关法律法规和规章制度，采用市场化模式构建，其关键性要点是：

1. 数字化城市管理所坚守的行之有效的监督和处置分离的体制，应该在智慧城市管理的建设和运行中得以深化和发展。应该建设统一的、与专业处置部门相分离的、独立的城市管理大数据平台，使城市管理信息的采集、传输、加工、存储、共享使用和发布，仅依照相关的政策法规、规章制度和标准规范进行建设和运行，而不受任何专业性处置部门的干扰，使之具有公开、公正、公平、真实性和共享性。这将便利于利用智能化检测/监测元器件、智能终端、云计算和移动互联网，建立无人值守的城市管理物联网体系，实现对城市管理对象和事件信息的全天候实时采集；并客观地收录专业部门或企业的业务行迹，而不对它们的业务处置行为进行干预。大数据平台独立性的另一层含义是——它只依照规章制度和标准规范，向专业处置部门或企业准确地发送和回复它们需要的信息。从而，确保大数据平台信息资源的客观性、完备性和真实性，保证提供给所有职能部门和专业公司信息的可靠性，决策的可追溯性。这种"双独性"的体制充分体现了数字化城市管理模式中监督和处置既分离又协同的特征。

2. 构建专业化和市场化的城市管理大数据采集、事物处置和监管公司，形成多元化的城市管理体系。首先是构建市场化的城市运行信息，包括城市环境、部件、事件和重要活动的采集体系，例如动态的城市地理空间数据，城市资源和基础设施数据，诸如部件库、事件库等，都可以运用市场模式，由专业性的运营公司按照标准规范，完成信息的采集和更新。它们可以通过人工作业方式或/和以智能感知终端为主体的物联网方式，采集城市的静态和动态信息，传送给城市管理大数据平台。对于后者，智能感知终端的安装、维修、更新及物联网系统的建设、维护均由专业公司负责。大数据平台作为集成方，必须按数据接纳标准和合同约定的绩效评价标准，付给其报酬。类似的政府花钱买服务的运作方式可以应用于城市各种社会数据的采集和更新，以及城市管理的业务处置领域。

3. 政府主导角色的主要表现是：

（1）确定城市管理的体制、机制、职责范围，近、中、远期目标，经费保障，制定相关的政策、法规和标准。由于我国是拥有数百个大、中城市的大国，如果将县城计算在内，则拥有数千个城市，为了实现智慧城市管理的数据共享，省级乃至全国的基于大数据科和技术的统计分析、科学规划和智能决策，特别需要制定全国统一的法规和标准体系，而不是各个城市各自为政地制定独立的法规和标准体系。

（2）解决矛盾冲突，例如协调资源整合中的利益冲突，大数据共享中的知识产权保护等。

（3）监督规范从业人员的职业行为，并进行绩效评价和奖惩法制化。

（4）智慧城市管理的社会文明建设，包括与城市管理相关的社会道德、文明习俗、诚信体系等。

智慧化城市管理必须同步进行技术体系、标准体系和组织运行体系建设，三者缺一不可，否则智慧城市管理只会流于形式。

四、小结

无论是"数字化城市管理"，还是"智慧化城市管理"都绝非一个科研项目，而是构建城市规划、建设、监控、管理与服务体系的，涉及城市所有人、财、物等有形和无形资源的，与城市管理者和市民息息相关的，有始无终的社会事业。它们是创新和深化社会管理和服务的坚强支柱。

数字化城市管理是智慧化城市管理的前提和基础，智慧化城市管理是智慧城市的主要落脚点，是市民具体感受智慧城市现实性之所在，其目标是建设富强、民主、和谐、文明、美丽的社会主义强国。

第二章 数字化城市管理新模式

第一节 概 述

2005 年 7 月 15 日，国家建设部（现住房和城乡建设部）在充分总结北京市东城区创建的"网格化城市管理新模式"经验的基础上，发布了《关于推广北京市东城区网格化城市管理模式的意见》（建城〔2005〕121 号），分三批在全国 51 个城市（城区）开展试点推广数字化城市管理模式的工作。

数字城管实现了城市管理从粗放到精细，从静态到动态，从开环到闭环，从分散到集中的转变，全面提高了城市管理水平。数字城管探索建立了监管分离的双轴心管理体制，创建了将城市管理对象精确定位的万米单元网格法和城市部件事件管理法，建立了科学的城市管理业务流程和绩效评价机制，构建了一个适应新体制、新方法和新机制的集成化城市管理信息平台，是对城市管理体制、机制及管理手段的重大变革和创新。

数字城管建设工作得到了各省厅、各地市的积极响应和落实。各地按照实施数字化城市管理的要求和建设部颁"城市市政综合监管信息系统"系列标准（行业标准称"城市市政综合监管信息系统"，国家标准改称"数字化城市管理信息系统"），通过城市管理体制、机制创新和采用信息化手段，实现了对城市精确、敏捷、高效能的管理。但在试点过程中，个别城市和地区没有完全理解数字城管的内涵和基本要素，不能结合当地的经济社会发展状况，有的盲目追求创新，拓展非城市管理内容；有的城市不注重实效性，在系统建设上求新、求大、求洋，不注重实用、好用，投资建设费用过高；还有的城市在系统建设过程中只注重信息化手段的建设，不注重体制机制的创新，形成"建成死"等。

为进一步规范数字城管的推广工作，更好地服务和指导各城市（区）的建设，住房和城乡建设部组织专家组对各地已经完成试点建设的城市进行广泛深入的调研，系统分析和总结了各城市数字城管建设所取得的、经验以及存在的问题，决定制定《数字城管建设导则》，以更好地推广数字城管的基本经验，提高系统建设质量和效益，进一步指导和规范各地建设成符合行业标准要求的数字城管。2009 年 7 月 7 日，住房和城乡建设部印发《数字化城市管理模式建设导则（试行）》（建城〔2009〕119 号）（以下简称《导则》）。《导则》发布后，住房和城乡建设部数字城管推广领导小组专家组重点对试点城市进行跟踪指导和建设及运行把关，各省建设厅负责对采用标准模式建设数字城管的城市进行方案的评审和项目完成的验收工作。历经十四年，全国数字城管建设走上了一条标准化、健康化地发展道路。

《导则》提出了数字城管建设的五大原则、建设内容、项目管理和验收评价的总体要求，涵盖了数字城管建设的全部内容，是数字城管模式建设的纲领性文件和行动指南，其核心内容包括：

1. 万米单元网格管理法；
2. 城市部件、事件管理法；
3. 信息采集器"城管通"；
4. "两个轴心"的管理体制；
5. 城市管理流程再造；
6. 综合评价体系；
7. 制度体系建设；
8. 验收。

第二节 总 则

针对各地在数字城管建设中存在的兼容性差、运行时效低、盲目超前、资金浪费等问题，为规范和引导数字城管建设健康发展，《导则》提出了推进数字城管建设的五条原则。

一、以人为本，科学发展

牢固树立为人民管理城市的理念，坚持以人民为中心，以城市管理问题为导向，以群众满意为标准，以造福于民为目的，立足于城市具体情况和经济发展的阶段性特征，制定科学、先进、合理、适用的数字化城市管理系统建设规划，提升城市管理水平，努力清除各种"城市病"，促进城市运行高效有序，实现城市让生活更美好。

二、坚持标准、循序渐进

要结合本地经济发展水平和城市管理需要，贯彻国家和行业数字城管系列标准，合理确定管理范围和组织模式，科学制定建设实施方案。建设数字城管应统筹规划、分步实施，按照主城区、建成区、县城的顺序逐步实施全面覆盖，有条件的地区要实现市、区同步建设同步运行，市带县、市县一体化建设。要根据不同的区域，不同发展阶段，不同发展环境和不同发展任务的要求，确定各具特色的发展思路、发展模式和发展目标，突出重点，抓好系统应用与运行。经济欠发达城市可以从最基础部件、事件管理做起，重点理顺体制机制，引进先进管理理念和管理方式，逐步完善数字城管软硬件系统，拓展应用功能；已建成数字城管且运行较好的城市可拓展数字化城市管理平台功能，加快数字化城市管理向智慧化升级。

三、注重实效，坚持创新

建设数字城管平台，必须重视推动改革和完善城市管理机制，建立监督和管理分开、问题发现及时、处置标准明确、监督考核相对独立的城市管理机制。要创新治理方式，善于应用新理念、新方法、新技术提升问题发现的能力、问题处置的效率，积极推进城市管理数字化、精细化、智慧化。

四、群众参与，科学评价

要畅通公众有序参与城市治理的渠道，将市长公开电话、"12319"服务热线和

"12319"短信平台、门户网站、APP、微信公众号等与数字城管平台有机结合，依法规范公众参与城市治理的范围、权利和途径，引导群众积极参与城市管理。

建立科学有效的考核评价体系，充分发挥群众监督、舆论监督作用，健全社会公众满意度评价及第三方考评机制，形成公开、公平、公正的城市管理工作考核、奖惩体系。科学运用系统数据，为科学决策提供依据。积极推进将数字城管考核结果纳入政府的绩效考核、行政效能监察体系，作为城市党政领导班子和领导干部综合考核评价的重要参考。

五、整合资源，历行节约

要加强政策措施的配套衔接，强化部门联动配合，整合现有各类信息化资源，实现设备、信息系统的共建共享，减少各类不必要的形象装备。要引入市场机制，发挥市场作用，吸引社会力量和社会资本参与城市管理，通过政府向社会购买服务，逐步加大购买服务力度。可以通过设备租用、委托建设等形式开展系统建设，减少数字城管建设一次性投资。要合理配置数字城管的运行维护资源，可选择外包服务、租用托管等形式降低运行维护成本，保证运行安全稳定。

第三节　建设内容

数字城管建设内容，主要包括组织体系建设、制度体系建设、信息体系建设、基础数据建设和专职队伍建设。

一、组织体系建设

组织体系建设事关数字城管的运行、监督和处置效果。数字城管系统的建设和运行管理，在其顶层设计时，应在政府层面成立数字城管系统建设管理领导小组，统一组织领导和协调系统建设管理工作。领导小组的成员单位应包括各级政府以及发展改革、财政、工业信息化主、机构编制、绩效考核监督管理等部门，以及通过普查确权和责任划分确定的涉及全部城市管理部件事件管理的政府部门（如水务局、城管局、建设局、交通局）、处置部门（如市公交公司、市政公司、自来水公司等）、社会公司（如移动公司、联通公司、电信公司、电力公司等）。领导小组下设办公室，负责系统建设和运行的日常管理工作。

（一）组织模式建设

组织模式建设首先要健全完善数字城管机构设置，要按照监管分离的原则，建立相对独立且隶属于地方政府的数字城管监督指挥中心，其组织机构要健全并且运转正常。为实现高位监督、高位协调的目标，在数字城管监督指挥中心的机构设置上应适当提高行政级别，一般副省级城市可按照副局级设置，也可以是处级建制机构，但应高配副局级负责人；地级市可设为正处级建制机构；县级市和区（市）县可为科级建制。监督指挥中心应按照职责设立信息采集监督、平台工作管理、指挥派遣协调、综合绩效考核等相应的管理处（科）室，落实人员编制。市、区、县数字城管监督指挥中心是市、区、县政府监督、协调、考核城市管理工作的专门机构。人员应为行政或事业编制。

在监督协调方面，应设立分管市长、县长的政府负责人担任领导，有关职能部门负责人为成员的高位监督协调工作领导机构。其主要职责是加强数字城管监督指挥中心机构与其他专业部门（如城管、建设、水务等）的工作衔接和协调联动，从源头上解决相关部门与数字城管监督处置部门机构之间职责不明、配合不好、保障不力的问题，形成运作高效、配合密切的数字城管问题发现监督、协同联动处置机制。

（二）管理模式建设

保证发挥监督考核体系作用，应按照高位监督、高位协调、减少层级，结合当地实际，择定数字城管的组织模式，主要包括"一级监督、一级指挥""一级监督、两级指挥""两级监督，两级指挥"。

组织模式一般为"一级监督、两级指挥"，即在市一级设立监督中心，在市区分别设置指挥中心，如杭州市、内江市。采用"两级监督、两级指挥"组织模式，如成都市、东莞市。采用"一级监督、一级指挥"组织模式，如东城区、朝阳区、沭阳县。组织模式选择是否科学，直接关系到系统运行的成效。

（三）考核体系建设

数字城管的监督考核体系要将数字城管系统涉及的部件事件全部的区县政府及管理部门、处置专业部门按照区域层级、部门层级纳入系统实施监督评价考核。对各级数字城管监督中心的考核，要对数字城管系统各岗位人员、运行机制、制度建设等实施全过程监管和评价考核，保证数字城管系统和城市管理问题高位独立监督的客观性、公正性和科学性。指挥中心的职责应具有对本级和下级数字城管问题的协调职责和对问题案件接收、协同、处置情况实施考核的职责。数字城管系统建设和运行的关键是监督中心。要按照监督考核相对独立的原则，将分散的政府各部门的监督考核职能，集中到与处置职能脱钩的监督中心统一实施，实现城市管理问题的监督考核和处置的职责分离。

二、制度体系建设

加强和健全数字城管制度建设，是实现数字城管高效规范运行的重要保障。

（一）监督制度建设

数字城管要在坚持"高位监督"原则基础上，建立相互制约的内部管理体制。管理体制要结合数字城管系统业务流程、运行监管标准和当地实际，制定数字城管《监督手册》，监督手册应包括监管范围、监管内容、监管依据、信息采集巡查频次、立案条件、结案条件、工作时限、法规依据和专业部门等内容。通过监督制度的建设，构建以问题发现、核查结案为核心内容的城市管理问题监督制度体系，以保障数字城管系统高效运行。

1. 问题发现机制

对城市管理问题的发现上报，是数字城管应用和运行的重要基础工作。问题发现机制，要坚持以信息采集监督员发现上报问题为主要来源，同时充分利用移动互联网手段，将热线、微信、微博、网站、APP 应用等问题发现渠道纳入数字城管系统，倡导更多市民参与城市管理问题的发现监督。要不断拓展物联感知技术在问题发现中的智能应用，充分利用视频智能识别、行业监管传感器等物联网技术，提高问题的自动感知能力。如利用无人机小巧、灵活、飞行高度等特点，为城市垃圾死角、荒地垃圾焚烧、院落屋顶违法建设、工地巡查等问题发现提供支撑，解决信息采集"死角"问题。

2. 信息采集监管机制

要按照《城市市政综合监管信息系统　监管案件立案、处置与结案》CJ/T 315—2009

标准规定，结合当地实际，制定《数字化城市管理部件事件监督手册》，建立有效的监督制度并严格执行。

要依据《数字化城市管理信息系统　第7部分：监管信息采集》GB/T 30428.7—2017，建立科学合理的信息采集监督考核机制，加强对信息采集监督员和市场化外包采集公司的监督考核，促进监督员和信息采集公司按标准履职。针对监督员的考核机制，应覆盖检查漏报率、差错率、及时率、类别覆盖率、诚信管理、指令执行、工作台账、宣传报道、参训工作、协同评价等方面。针对采集公司自行管理机制，应包括人员配置、人员管理、队伍稳定、用工管理、制度建设、现场管控、培训质量、异地采集、定区采集、设备管理等方面。

（二）处置制度建设

数字城管对城市管理问题的发现监督通过监督中心来完成，对发现的问题通过立案派遣给相应的专业部门进行处置。各地要按照标准规定，结合实际制定本地数字城管监管案件立案、处置与结案标准。要通过制定《数字化城市管理指挥手册》，梳理管理对象、明确处置职责、处置内容、处置标准的权责清单，做到责任清晰、标准明确、结果规范。制度建设要加强以下四个方面的建设：

1. 体现精细化管理目标

各地在制定城市管理部件、事件处置（指挥）手册时，要充分体现精细化管理要求，如针对同类案件在不同管理区域要设定差别化的立案标准、处置时限结案标准。如针对专业部门的处置时限延时问题，可以通过限制案件量的方法来控制，如每个月给相关责任单位的处置时限延时量为3%，如果超过这个限额，就在考核时减去相应的分值，这就避免了专业部门通过延时的方法来延长处置时间，保证问题的及时处理。

2. 落实协调机制

要按照高位协调的原则，健全政府层面上的协调机制，通过高位协调，有效解决城市热、难点问题。各地要依据部门职责清单，建立紧密的部门协调处置机制，对于处置责任不明的案件，可以通过部门协调机制，明确处置责任。对于通过部门协调机制仍然难以认定责任权属的案件，由政府层面进行高位协调解决。

3. 强化属地管理责任

各地应遵循"条块结合、以块为主、重心下移"的工作方针，以市政府部门为"条"、区（市）县政府为"块"，在事件处理上，按照属地管理原则，侧重以块块为主，条条协同。同时通过数字城管纵向的延伸，实现问题自治或上下协同整改，最大程度的实现以社区、街道为单位带动全体市民积极参与城市管理，推出城市管理向城市治理过渡。

4. 加强轻微城管问题的自我处置能力

对于监督员自己动手能即刻解决的轻微问题，要加强监督员对此类问题的自我处置能力，减轻专业部门劳动强度。如为监督员配置警示条、铲刀、电筒、手套、抹布等处置工具，加大"举手之劳"力度。

（三）考核制度建设

按照《数字化城市管理信息系统　第4部分：绩效评价》GB/T 30428.4—2016标准，结合本地实际制定数字城管综合绩效考核办法，以系统自动生成的标准化的监督、处置绩效评价结果数据为依据，构建起对系统各岗位和问题处置执行部门、监督机构的考核制度体系，形成一个监督轴驱动多部门组成的处置轴，全面提升问题发现、案件办理和问题处置效率的核心动力机制。图 2-1 给出了考核制度建设示意图。

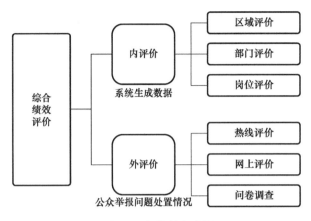

图 2-1 考核制度建设

数字城管考核制度的建立和执行，是保证数字城管业务流程畅通与区域、部门、岗位履职尽职、高效运行的关键。市级及区（市）县数字城管部门，要按照标准规定，建立信息采集、案件办理、任务处理、处理反馈和核查结案的内部绩效评价考核办法和管理机制。要将考核结果公开公示，作为单位及个人评优、晋升、增资方面的重要参考项。要按照区域评价、部门评价和岗位评价的标准要求，建立符合当地数字城管工作的以综合指标值为核心的数字城管综合考核办法，并将考核结果纳入党委政府城市管理目标考核范围。

1. 充分体现考核制度的系统性

制定绩效考核办法，要以"提质、增速"为目标，深入分析数字城管全流程各项绩效评价指标和指标应用，要特别重点加强对采集和处置阶段指标的分析应用，强化数字城管"发现"和"处置"两个能力提升，以指标分析应用为突破口，找到指标数据之间的关联，发现它们背后的规律，找准问题产生的症结，为城市政府和城管部门解决城市管理实际问题提供帮助。

2. 逐步完善考核评价机制

科学、合理的考核评价是确保监督发挥应有功能的重要手段之一，应根据实际运行情况对考核评价机制予以完善。如随着城市精细化管理水平的不断提升，以单个案件处置是否超时为基础的按期处置率，可以探索更为精细化的考核指标，如将每个案件在各环节的运行时间及其横向纵向对比情况纳入考虑。也可以在内部评价的基础上，将外部评价纳入考评体系，比如针对创文明城市、创卫生城市工作，引入第三方测评机构，将评估结果作为对信息采集和处置部门工作绩效的评价依据。

（四）强化长效机制建设

应将数字城管考核结果按要求纳入党委政府综合目标考评、文明指数测评、城管目标考核等市级各类考评体系，提升数字城管工作的权威性。考核结果也可以用于省、市数字城管评优评先等工作。将考核结果每月通报市领导，抄送各区（市）县领导和市级部门（单位）负责人，并在主流媒体上予以公示。

对于城市管理周期性、季节性、规律性问题以及反复发生的问题，应探索从结果管理向源头、过程管理去延伸，促进提升源头治理的能力。

2015年12月中央城市工作会议召开之后，中共中央国务院下发的《中共中央国务院关于深入推进城市执法体制改革改进城市管理工作的指导意见》（中发〔2015〕37号）（以下简称"中央37号文"）文件，明确要求将数字城管考核结果纳入到上级政府对下级政府和城市管理部门的绩效考核、行政效能监察或干部考核制度体系。为此，加强数字城管效能考核，将考核结果作为对党政领导班子和领导干部综合考核评价的重要参考，形成城市管理长效机制，保证监督、处置、考核机制长期发挥效能，这对数字城管落实监管责任、强化高位监管考核起到了重要的政策支撑作用。

三、信息系统建设

数字城管信息系统是支撑现代城市管理体制、机制和运行模式的综合性载体。

信息系统建设要结合当地数字城管的需求，建设"好用、管用、实用、节约"的信息系统，重点要做好系统建设方案的编制、评审的组织领导，要组织专业设计单位进行深入的需求调研，调研内容包括城市管理组织机构、管理模式、监管范围、监管类别、工作流程、绩效评价、考核体系、大屏幕显示、工作目标，以及当地信息化基础现状、基础地理信息数据状况等。在充分进行需求调研的基础上，组织编制建设方案。建设方案应报上级行政主管部门组织专家进行评审。经评审和主管部门审查通过的《建设方案》需经当地政府批准后，方可组织实施。方案设计中，要特别注意明确建设模式和建设方式的选择：

（一）系统平台建设模式

数字城管系统平台有两种建设模式，一种是以市带县（区）的建设模式，即集中式建设模式。另一种是市、县（区）各自独立建设模式，即分布式建设模式。

1. "市、区（市）县集中式一体化"建设模式

数字城管系统建设最理想的建设模式是采用以市带县的集中式建设模式，如图2-2所示，即市、区（市）县一体化建设模式。采用集中式建设模式，区（市）县级系统通过共享市级信息系统平台的资源（网络、硬件、系统软件和应用软件等），可实现系统的快速搭建，标准统一，节约建设和运行维护资金。采用集中式建设模式能够保证全市数字城管在管理体制、标准执行、考核制度等体制机制的统一。

（1）集中式建设模式的先决条件：要求市一级系统平台具备相当的支撑和服务全市应用的能力。

（2）集中式模式建设内容：采用"集中式"建设模式，即市、区（市）县两级共享市（地级市）级平台软、硬件资源，区（市）县级不需单独建设机房、数据处理和存储设备、基础平台软件、应用系统等系统运行环境，只需完成监督指挥大厅、大屏幕显示系统、座席及配套设备、"城管通"、数据普查的建设和采购工作。

（3）集中式模式建设特点：采用"市、区县集中式一体化"模式建设，能够保证缩短建设周期，资源利用率高，建设维护共享资源更充分，省、市、县三级系统平台信息数据共享更为容易。

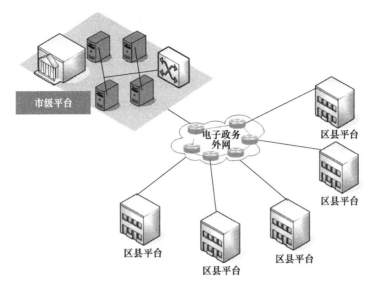

图 2-2 集中式建设模式

（4）集中式模式建设典型案例：浙江省杭州市、浙江省宁波市、江西省宜春市、江苏省常州市、江西省赣州市等。

2."市、区（市）县分布式"建设模式

市一级在管理体制机制、经费保障机制和信息系统平台在存储空间等方面不足以支撑区（市）县的应用和发展的，区（市）县可采用分布式模式独立建设。如图 2-3 所示。采用分布式建设模式的城市，区（市）县系统应通过数据交换的方式与市级系统平台实现互联互通，实行"两级监督、两级指挥"的组织模式。

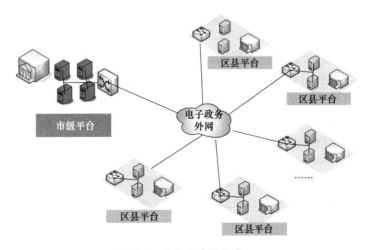

图 2-3 分布式建设模式

（1）分布式模式建设条件：建设方需要具备成熟的软硬件等信息化基础设施，具备专业的信息化技术力量。

（2）分布式模式建设方式：

1）全分布模式：全市域所有区（市）、县均采用"分布式"模式独立建设。

2）集中式＋分布式模式：在一个城市中部分采用大集中模式建设，部分采用分布式模式建设。

（3）分布式模式建设特点：

建设周期长，资源利用率低，省、市、县三级平台信息共享存在一定工作量和技术风险，对县（市）技术队伍有一定要求，运行维护难度较大。

（4）分布式模式适用范围

信息化基础设施完善的区（市）、县数字城管平台建设。

（5）分布式模式建设内容

"分布式"建设模式，需要独立完成平台软、硬件，信息化机房、数据处理和存储设备、基础平台软件等系统运行环境，监督指挥大厅、大屏幕显示系统、坐席及配套设备、应用软件、"城管通"、数据普查的建设和采购工作。而后根据各级平台对接要求，实现省、市、县三级平台的互联互通。

（6）分布式建设模式典型案例

1）全部采用分布式模式建设：重庆市、北京市。

2）部分集中式＋部分分布式建设：天津市、四川省成都市。

（二）系统平台建设方式

系统平台建设方式，要因地施策，方式多样。建设方式主要有政府全投资、政府部分投资部分租赁、政府全租赁建设方式。选择哪一种方式建设系统平台更好，需要根据当地的实际情况，通过认真调研和分析，作出正确的选择。在确保系统安全保密的前提下，可以通过设备租用、委托建设等形式开展系统建设，减少数字城管一次性投资；要积极采用先进实用和性价比合理的技术方案和硬件配置，以降低数字城管建设的技术成本。要合理配置数字城管系统运行的维护资源，建立稳定可信的运行维护模式，可选择外包服务、租用托管等形式降低运行维护成本，保证运行安全稳定。

1. 基础软硬件平台建设

按照《城市市政综合监管信息系统技术规范》CJJ/T 106—2010 标准规定，结合现代先进技术建设数字城管中心机房、网络基础设施、信息安全体系、数据库系统和地理信息系统等基础软硬件平台，如图 2-4 所示。

在建设基础软硬件平台时，应充分整合共享利用当地的电子政务云和电子政务网等信息化资源。统一利用电子政务云平台，不仅可以节约建设成本，实现资源共享，还可以为未来智慧城管业务的平滑扩展奠定基础，无需对系统、环境和数据做任何改变即可快速实现云服务器配置的按需扩容或减配。同时，可以促进跨地区、跨部门、跨层级数据资源共享，避免"数据孤岛"的产生。条件具备的城市，基础电子地图和地理信息数据宜通过所在城市的公共地理信息平台实现共享。

要建设全市统一的"12319"城管服务热线呼叫中心。具备条件的城市应以共享市长公开电话统一的呼叫中心平台进行建设。采用独自建设的城市，应以建设市级统一的"12319"热线受理工作机制为前提，按照市级受理、分类分级派遣处置的模式进行建设。不宜在区（市）县单独建设呼叫中心。城管服务热线要与数字城管系统平台实现互联互通，无缝对接，要与"110"报警电话对接共享，并能够实现与各类网站、客户端互联互通。

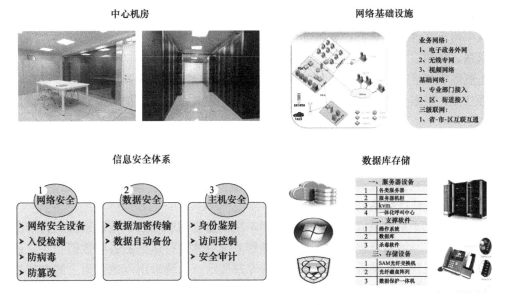

图 2-4　基础软硬件平台

监督指挥中心大厅建设，要以节约和适当留有余地为原则，设置符合标准规范的大厅操作席位和大屏幕显示系统。要以满足工作需要和功能需要为前提进行建设，避免不必要的形象工程。

2. 应用系统建设

按照《数字化城市管理信息系统　第 6 部分：验收》GB/T 30428.6 标准规定，建设监管数据无线采集子系统、监督受理子系统、协同工作子系统、地理编码子系统、监督指挥子系统、综合评价子系统、应用维护子系统、基础数据资源管理子系统及数据交换子系统等基础子系统。数字城管经过十余年的全国推广与有效运行，许多城市为有效提升数字城管的运行效能，围绕问题上报、案件登记、受理立案、案件派遣、案件处置、核查结案、考核评价等环节，深化了许多实用性的功能应用。

（1）监管数据无线采集子系统提供给信息采集监督员使用，主要用于实现信息采集监督员在自己的管理范围内巡查过程中向监督指挥中心上报城市管理问题信息，接受中心的任务指令并反馈。该系统依托移动设备，采用无线网络传输技术，通过城市部件和事件分类编码体系、地理编码体系，完成城市管理问题文本、图像、声音和位置信息实时传递。

新拓展的实用性功能：近景远景、相似案件、扩展属性、上报区域、上报时段、特殊字段、补采上报、多媒体、补全上报等实用性的功能。

（2）监督受理子系统是为监督指挥中心受理员、值班长定制的城市管理问题受理工作平台，通过监督受理子系统，受理员、值班长可对城市管理问题进行登记、受理、立案、下发核实核查指令以及结案等操作。

新拓展的实用性功能：在案件受理环节，拓展了相似案件研判、反复案件研判、紧急案件登记、案件是否公开、案件是否回访等功能；在案件立案环节，拓展了立案条件分类、案件批注等功能；在案件核查结案环节，拓展了同时段核查、核查计时、告知书结案等功能。

（3）协同工作子系统是供派遣员、处置部门等对城市管理问题立案后进行处置的应用子系统。通过该系统派遣员可对受理员或值班长立案交办过来的案件进行派遣、回退，还可对处置中所有案件进行督办；处置部门可对处置后的问题进行处置反馈。同时，系统提供案件回退、延期、挂账、授权等必要的业务功能。

新拓展的实用性功能：在案件派遣环节，拓展了自动派遣、推荐派遣、返工派遣、强制派遣等功能；在案件处置环节，拓展了处置交班、定时回复、维护转修复延期、微信处置等功能。

（4）地理编码子系统通过地理编码，将城市现有的地址进行空间化、数字化和规范化，在地址名称与地址实际空间位置之间建立起对应关系，实现地址空间的相对定位，可以使城市中的各种数据资源通过地址信息反映到空间位置上来，提高空间信息的可读性，在各种空间范围行政区内达到信息的整合。

（5）监督指挥子系统供监督指挥中心使用，用来监督和展现数字城管系统运行情况的综合信息展示系统。该系统包括对体现数字城管系统总体运行体征的各项数据指标，还包括案件、人员、视频、基础数据、综合评价等专题展示。系统采用以地图为主的方式进行展现，同时各类数据在地图上直观显示。

（6）综合评价子系统是运用综合考评模型，按照考核指标，实时或定期按区域、部门、岗位进行统计评价，形成评价结果，以图形化或表格化的方式显示出来。通过系统建设，推进城市管理监督达到主动、精确、快速、直观和统一的目标，从而实现完善的城市管理考评体系，形成良好的城市管理监督机制。

（7）应用维护子系统是给系统管理员使用的管理平台，是数字城管业务的配置管理工具和维护平台，用于配置维护城市管理业务基本信息，维护数字城管业务体系内组织机构，完成岗位、人员权限管理，可以方便快捷地调整系统使之适应用户需要，并在系统运行过程中不断的完善系统配置以适应业务变化的需求。

（8）基础数据资源管理子系统是给系统管理员使用的管理平台，用于维护数字城管系统所使用的空间地理信息数据，实现空间地理信息数据的发布，并对不同地图来源进行整合。

（9）数据交换子系统用于实现不同级城市管理系统间以及数字城管系统与其他业务系统间的信息传递与交换，通过建立统一的政务信息交换标准规范及数据交换系统，实现城市电子政务信息的整合与共享。

此外，在建设数字城管核心基础子系统的同时，各地又结合实际需求，拓展了视频监控子系统、专项普查子系统、业务短信子系统等。

四、基础数据建设

基础数据建设包括基础地理信息数据库、单元网格数据库、管理部件和事件数据库、地理编码数据库、专题数据库、三维数据库以及数据中心建设。数字城管基础数据建设是实现数字城管精细精准、高效运行的基础工作。基础数据库要采用"集中采集、专项采集、动态更新"和共享交换方式进行建设。图2-5给出了基础数据动态更新示意图。

（一）基础地理信息数据库建设

要按照《城市市政综合监管信息系统技术规范》CJJ/T 106—2010标准中规定的关于城市地理空间定位的基本数据需求，建设以城市大比例尺地形图、正射影像图等基础信息为主要内容的城市基础地理信息数据库。

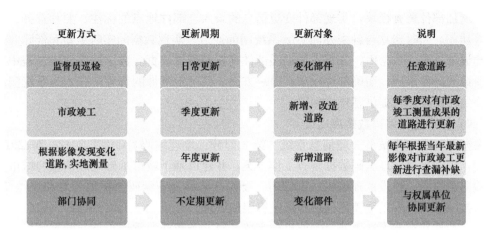

图 2-5　基础数据动态更新

　　城市基础地理信息数据库的建设，应本着共享地理信息成果建设数字城管系统的原则进行。通过普查形成完整的部件数据库。

　　普查底图选择可以使用本地自然资源部门的 1∶500～1∶2000 比例尺基础地图，同时也可以考虑移动互联技术的发展，直接使用一些互联网地图。

　　基础数据应按国标进行详细普查，通过掌握各类数据的详细信息，是实现城市管理精细化的基础，也是量化分析、评价的前提。

　　为促进城市管理向城市治理过渡，提升数字城管源头治理能力，应增加诸如门前三包、房屋信息（主要是单位、小区、院落）、绿化、园林等部件的普查。

（二）单元网格数据库建设

　　要按照《数字化城市管理信息系统　第 1 部分：单元网格》GB/T 30428.1—2013 标准规定，编制万米单元网格划分和编码的建设方案。建设单元网格数据库应包括单元网格的位置信息和属性信息。单元网格划分要严格按照标准中规定的原则划分。建设单元网格数据库其重点是搞好网格的划分和确界。数字城管建设过程中，划清区域监管界线，根据管理现状划分管理责任区，确保所有管理区域边界清晰、责任明确，是保证数字城管精细化监管的基础工作。

　　要建设道路单元网格，道路单元网格是在万米单元网格基础之上，为了更直接方便管理、直观清晰展示管理成效并满足适应日常习惯而新增的网格数据。

（三）管理部件和事件数据库建设

　　按照《数字化城市管理信息系统　第 2 部分：管理部件和事件》GB/T 30428.2—2013 标准规定，部件数据普查应利用城市大比例尺基础地理信息数据或地理空间框架数据，实地进行各种部件类型及其属性信息的普查，并借助相关地物关系和简易测量工具确定部件的位置。部件数据应基于单元网格编号、地理编码数据等进行空间定位，并确定其类型代码和相关属性数据。

　　部件数据库应包括市政监管所涉及部件的位置信息和属性信息。部件数据具有很强的时效性，应定期进行更新。因大规模普查消耗的人力物力太大，普查频率应该根据当地城市面貌及数据变化情况而定。各城市应建立日常部件更新维护机制。如在监督员"城管通"中增加部件普查模块，实现部件变更信息的录入、部件地点的标注、照片选择、信息上报等功能。同时建立与各委办局 GIS 系统间的通道，实现数据的实时更新和资源共享。

建设部件事件数据库，其重点要加强部件确权和事件确责。数字城管建设过程中，一方面要摸清部件家底，明确部件权属；另一方面，要匡定事件的管理责任，为系统实现精准、快捷、高效运行提供基础性保障。

（四）城市地理编码数据库建设

要按照《数字化城市管理信息系统 第 3 部分：地理编码》GB/T 30428.3—2016 标准规定，编制当地地理编码数据普查工作方案，并建设基于城市基础地理信息的城市管理地理编码数据库。建设地理编码数据库时，要包括各类地理编码数据的位置和属性信息。数据可按数字城管规划覆盖的区域范围进行组织管理。

基础数据普查建库需要通过专业单位完成，对普查数据的质量检查与验收宜根据现行国家标准《数字测绘成果质量检查与验收》GB/T 18316—2008 的规定进行。对获得的部件数据应进行质量检查，检查的内容包括分类代码的正确性、属性信息的完整性和准确性、部件的定位精度，以及作业过程文档等。为保证数据普查结果和普查过程规范，符合标准要求和需求，应建立基础数据普查监理机制，通过专业化监理保证数据结果符合要求。

（五）专题数据库建设

各地可以在事部件数据库基础上拓展市政、市容、环卫、园林、公用等行业专题数据库，实现资源集约化利用。同时实现与数字城管基础数据库的互联互通和数据交换，通过主题数据库实现与业务级应用数据库的互联互通、数据共享与交换，为跨行业、跨部门的大数据分析奠定基础。

（六）三维数据库建设

结合空间地理信息技术、三维建模技术，构建集城市管理基础信息、动态信息、实时信息于一体的多维城管三维实景影像地图，通过三维地图与业务应用的有机结合，为构建智慧城管二、三维数据融合的可视化系统提供支撑。

（七）数据整合共享交换平台建设

保障和提高数据共享能力是数字城管向智慧城管升级的重要基础工作。遵循数据及技术的标准和规范，建设城市管理综合数据库，建设数据整合共享交换平台。通过提供标准化的数据交换共享的接口，加强城市管理横向部门及纵向部门之间的数据资源整合和共享，提高数据集约化应用，消除"信息孤岛"，是实现城市管理数据与其他系统数据互连互通的重要手段。

五、专职队伍建设

（一）管理干部队伍建设

组建稳定并掌握业务和技术的管理干部队伍是数字城管顺利运行的重要保障。管理干部队伍应熟悉城市管理业务、信息化技术。要加强管理队伍的培养建设，打造出业务熟、懂管理和具有创新意识的管理队伍，应考虑数字城管的系统性、专业性、综合性和延伸性特点，组建和培养年龄结构、级别层级、专业分工、轮岗交流融合一体，满足系统长效应用和发展的管理队伍。

（二）信息采集监督员队伍建设

各地应根据数字城管监管区域大小、城市管理问题发生密度等实际情况，采用自管或市场化外包服务管理等方式，组建符合标准要求的专职信息采集监督员队伍，负责日常城市管理问题的信息采集上报、核实、核查和各类专项普查等工作。

信息采集监督员队伍组建一般采用在现有城管队伍整合建设、社会招聘监督中心自行管理和采用市场化外包服务三种方式。根据长期多个城市的成功经验，城管信息采集工作通过市场化外包服务管理方式是一种较理想的运行管理模式。政府通过购买服务方式，第一是解决机关事业单位人员编制及劳动合同关系问题；第二是解决了事部件信息的提供者与处置者之间监管一体的关系，规避了信息采集中存在的既是裁判员又是运动员现象；第三是外包服务的信息采集方式，可以通过合同约定确保信息全面、公正、客观、及时、有效，并能够降低由政府部门管理带来的管理风险。

数字城管业务流程的通畅和系统运行管理效率的提高，一定程度上依赖于信息采集监督员的执行力，因此高水平的培训和严格的管理必不可少。各地应通过建立科学合理完善的专业培训机制，定期对信息采集监督员队伍进行专业性的业务和技术操作培训，主要涉及法律法规、对城市管理的部件、事件的认知能力、手持移动终端的操作能力等，从而不断提升信息采集监督人员的综合素质和专业水平。

通过不定期对信息采集在岗人员抽考力度，加大问题漏报监察频次，引入行业数据校核机制，正面引导与考核倒逼双管齐下，不断提升信息采集监督员队伍业务能力。通过设置职业道德投诉热线、设置行业协同评价机制，定期召开采集公司负责人廉洁从业专题会议等，疏堵结合，不断提升采集员队伍廉洁度，保证信息采集的公平、公正。

实施多层网格融合的城市，监督员可按照当地要求上报网格化管理的案件信息，收集掌握基础信息，反映百姓诉求和社会舆情等。

（三）监督平台受理员队伍建设

要建立专职的平台受理员、值班长队伍。平台受理员数量应根据信息总量、工作机制合理配备。

平台受理员主要职责是负责受理信息采集员上报、监督举报的城市管理问题，并进行预立案、发送核实核查任务等工作。

平台值班长，主要负责对案件的审核立案和结案工作。

（四）指挥平台派遣员队伍建设

应结合当地需求配备派遣员。其主要职责是负责将监督中心立案后批转的案卷派遣到相应的专业部门，对专业部门的案件办理情况进行协调督办。

在派遣员的人员安排上，可以采取派驻管理方式，即从城区政府和重点协同部门选派挂职干部进驻指挥平台，从而发挥城区政府对本城区城市管理工作的牵头抓总作用，同时利用相关部门的专业优势，强化对"市与市"、"市与区"、"区与区"之间边界不清及相关疑难问题的协调力度。

（五）处置终端管理员队伍建设

要建立专业部门的处置终端管理员队伍，保证系统案件能够及时按标准受理、处置。涉及部件、事件的专业部门终端管理员要按照数字城管运行机制登录系统、接收案件、向本部门一线处置人员转派案件、督办本部门处置案件、向监督指挥中心反馈处置结果。对因特殊原因不能按标准处置需要延时的案件，管理员要通过系统向监督指挥中心申请延时处置。对不属于本部门的案件，管理员要按照规定时限和要求进行回退。要加强专业部门终端管理员队伍的业务培训，全面掌握处置标准和处置流程，提高案件处置的协调能力。

（六）专项业务管理队伍建设

在建设信息采集监督员、平台受理员、值班长、指挥中心派遣员队伍的基础上，各地可以增加相应的专项业务管理队伍，包括系统运行分析员、数据监控分析员、信息系统运维管理员等。系统运行分析员主要针对数字城管各岗位人员在运行过程中的绩效进行评价分析，如针对信息采集监督员，可以结合其行走里程、上报案卷数量、特定案卷类型等数据，对信息采集监督员的个人绩效进行分析。数据监控分析员可以针对城市管理积累的运行数据，结合空间、时间、地域等因素，进行城市管理发生、发展、变化规律相关的数据分析。信息系统运行维护管理员可以对系统日常运行存在的故障收集、解决等方面进行管理。

六、省级平台建设

（一）指导思想及基本目标

综合运用计算机、通信网络、GIS、云计算、大数据等现代信息技术，集聚和运行全省各设区城市数字城管平台基础和运行数据，建立数据分析模型，制定全省考核标准，创新省级监管模式，对全省城市管理情况开展统计分析、综合评价、在线监管、协同督办和决策支持，实现全省城市管理高位监督的标准化、制度化、规范化，全面提升各地城市管理水平。

通过搭建省级平台，建立数据分析挖掘和考核评价体系，从管理机制和管理手段上促进各地城市管理与服务的质量和效率提升。

（1）通过充分整合各地数字城管平台所形成的信息资源，建立省级城市管理数据中心。

（2）通过深入分析挖掘各地积累的城市管理海量数据，形成全面、直观的数据分析结果，辅助各级领导和主管部门开展科学管理决策。

（3）通过制定全省统一的数字城管考核评价办法，促进各地城市管理工作的高效开展。

（二）数据联网体系建设

依托省电子政务外网，省级平台通过数据交换接口，收集各市级平台数字城管基础和业务数据。

（1）省级平台在省电子政务外网发布全省统一的省级数据交换接口，可供各市级平台通过省电子政务外网进行访问。

（2）各市级平台按照数据交换规范，开发市级数据交换接口，并通过市级数据交换接口将规定传输的数字城管数据以表单形式传输至省级数据交换接口。

（3）各县级平台的基础和运行数据由市级平台负责收集、清洗、入库，与市级平台数据合并后，统一传输至省级平台，实现省、市、县三级数据互联互通。

（4）省级数据交换接口将接收到的数据存入中间库，经数据清洗，存入省级数字城管基础数据库。

（5）数据交换的内容至少包括以下基本信息：案卷号、上报时间、问题类别、问题大类、问题小类、立案条件、行政区划、所属街道、所属社区、万米单元网格、经纬度坐标、问题描述、位置描述、上报数、立案数、结案数、按期结案数、超期未结案数。

（三）数据标准建设

省级平台需要从全省各市级平台聚集基础数据和运行数据，因此，确保各市级平台数据标准统一，是有效开展全省数据分析和考核评价的基础。

1. 制定《数字化城市管理部件和事件分类及编码规范》

按照数字城管国标《数字化城市管理信息系统 第2部分：管理部件和事件》GB/T 30428.2—2013，在国标现有部、事件分类的基础上，整合增加省内各地所需的扩展类，并增加立案条件分类和编码；规范各地新增扩展类的报审流程：各地需要增加问题扩展类时，应先向省级平台报审，由省级平台统一命名和编码后，各地再按统一名称和编码进行扩展。

2. 制定《数字化城市管理信息系统数据交换技术规范》

制定数据交换技术规范时，除了要遵循现行的国家标准和行业标准，还应结合省内各地数字城管平台建设和运行情况，尽量避免已建成市级平台的重大调整。数据交换技术规范中，应统一各地开发数据交换接口的技术标准和数据标准，并建立省市数字城管系统数据对接机制。通过数据交换规范的制定，保障全省数字城管数据的统一，确保省级城市管理基础数据库的完整性和准确性，以及全省数据分析和考核评价结果的客观性、有效性。

（四）应用系统建设

根据开展城市管理省级高位监督工作需要，省级平台应用系统至少应包括数据交换、数据挖掘、考核评价、大屏幕展示、信息发布、基础数据资源管理、应用维护7个基础子系统。各省可结合实际监管需要进行个性化拓展。

1. 数据交换子系统

数据交换子系统用于收集整合各市州数字城管系统运行的业务数据，主要通过省、市两级的数据交换接口实现。县区数据由市级平台进行汇总，再由市级平台统一传输到省级平台。

2. 数据挖掘子系统

数据挖掘子系统用于多维度统计分析各市州数字城管业务数据，通过表、图等形式呈现统计分析结果。

3. 考核评价子系统

考核评价子系统用于对各市州城市管理情况进行综合打分和量化考核。

4. 大屏幕展示子系统

大屏幕展示子系统用于将数据统计、分析、挖掘、评价等结果结合大屏幕地图进行综合展示。

5. 信息发布子系统

信息发布子系统用于定期发布省级平台产生的数据分析和考核评价结果等信息，如全省数字城管运行月报、年度考评结果等。

6.基础数据资源管理子系统

基础数据资源管理子系统用于管理基础地理空间数据资源以及配置电子地图。

7.应用维护子系统

应用维护子系统用于维护其他子系统以及配置系统中的部门、人员账号和权限。

（五）考评体系建设

为保证各地数字城管平台运行效果，充分发挥数字城管作用，有效提升城市管理水平，促进全省城市管理健康、有序发展，省级平台应制定全省统一的数字城管考核评价办法，建立考核评价体系，应用省级平台自动生成的统计评价结果，结合省、市数据传输等相关工作开展情况，对各地数字城管平台运行效果进行综合考评。考核评价办法中应明确考评组织、考评对象、考评内容、考评周期、评分标准、公布方式等内容。其中，考评组织为省级住房城乡建设主管部门，考评对象为各设区城市管理主管部门。考评内容至少应包括各市级平台问题上报、立案、结案等情况，以及与省级平台的数据对接情况。考评周期可分为月度通报和年度考评，每月出台全省数字城管月度报表，对各地数字城管平台运行情况进行通报；每年年底对各地数字城管全年工作情况进行考核评价，公布考核评价结果。

第四节　项目管理

数字城管建设项目管理可分为两大部分，一是项目管理组织，二是项目实施步骤。

一、项目管理组织

1.成立数字城管建设领导小组

由地方政府成立"X市数字化城市管理建设领导小组"。负责决定项目建设重大事项，确定数字城管体制机制的建设，落实项目建设资金，协调项目各相关单位的协作关系，决定项目组成员的调整，及时听取建设过程的进展情况，对项目的执行情况进行宏观监督和指导。为便于统筹与协调，领导小组组长宜由政府主要领导或分管领导担任。如江苏常州市由市委发文，成立了以市长为组长的领导小组，高位高效地实施了数字城管的各项建设工作。

2.明确项目负责人

负责整个项目建设全过程的所有管理职责，保证项目总体进度和各组工作质量和进度，定期向领导小组汇报进展情况及需要确认的重大事项。

领导小组下设办公室。办公室设在城管局，由城管局长担任办公室主任，或兼任项目负责人，或另行明确项目负责人。随着数字城管的深入推广，一些地方领导越来越重视数字城管的建设，领导小组办公室则设立在政府办，由政府办公室副主任兼任项目负责人，加大了项目建设过程中的协调力度。

3.设立专业组

领导小组办公室下设若干专业工作小组，负责筹建的具体工作。一般分为：

（1）管理组

负责数字城管队伍建设，编制各岗位管理制度，包括监督手册、指挥手册、评价指标体系等，并组织培训。

（2）系统组

负责项目的系统运行环境和应用系统建设和协调，包括网络布置、硬件配置、数据库建设、系统软件配置和应用软件研发、信息安全系统建设等工作。

（3）数据组

负责协调、收集和整理基础地理框架数据、进行单元网格划分、部件和事件以及地址数据普查入库等工作。

当然，可以根据各地实际情况调整分组，也可以根据需要设立纪检监察组，负责招投标过程中依法依规，阳光操作。

建设实践证明，项目负责人及各专业组负责人是决定项目建设运行成败的关键因素之一，必须是专职专注，从一而终。千万不能筹备建设是一拨人，建成运行又换一拨人，把建设和运行割裂开来，贻害无穷。表 2-1 给出了各小组职责说明。

各小组职责　　　　　　　　　　　　　　　　　　　表 2-1

角色	担任的职责
项目领导小组	负责项目重大事项的决定，协调项目各相关单位的协作关系，决定项目组成员的调整。及时听取项目建设过程的进展情况，对项目的执行情况进行宏观监督和指导
项目负责人	负责整个项目建设全过程的所有管理职责，保证项目总体进度和各组工作质量和进度，定期向项目领导小组汇报项目进展情况
管理组	负责数字城管机制体制建设，包括管理机构建设、监督员队伍建设等，编写管理相关文档，包括监督手册、指挥手册、评价体系、管理制度等
系统组	负责项目的网格整合、硬件设备、数据库、系统软件、应用软件系统、安全系统等内容的建设、协调工作
数据组	负责按照行业标准要求进行数据普查，在普查工作完成后，按照行业标准和应用软件要求将普查结果进行数据入库工作

项目组织体系图，如图 2-6 所示。

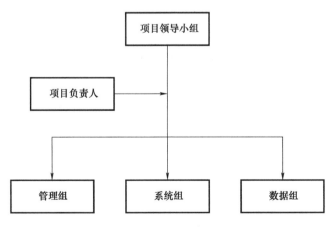

图 2-6　项目组织体系图

二、项目实施步骤

按照规范建设、有序实施、整合资源、务求实效的建设原则、数字城管建设，实施步骤主要包括七个方面见表 2-2。

实施步骤　　　　　　　　　　　　　　　　　表 2-2

阶段	序号	工作内容	主要任务	牵头部门	承办部门	时间安排
前期准备	1	组织领导	发文成立数字化城市管理建设工作领导小组及办公室	政府	政府办或城管	
	2	分工协调	召开相关部门负责人参加的项目建设协调会，明确职责分工	政府	各相关单位	
	3	组建专业组	成立管理组、系统组、数据组等专业小组，负责实施具体工作	领导小组办公室	各相关单位	
	4	前期调研	开展详细的前期调研，明确数字城管建设的具体内容等	建设单位	各相关单位	
	5	制定工作方案	编制《数字化城市管理建设工作方案》，报政府审议发文	领导小组办公室	建设单位（监督指挥中心）	
	6	项目立项	编制《数字化城市管理项目可行性方案》报批、立项	领导小组办公室	建设单位（监督指挥中心）	
	7	编制实施方案	编制《数字化城市管理建设实施方案》	领导小组办公室	建设单位（监督指挥中心）	
	8	方案评审	邀请专家评审《数字化城市管理建设实施方案》	政府	领导小组办公室	
	9	项目招标	编制各项招投标文件，招标确定项目各承建单位	建设单位（监督指挥中心）	有关单位	
	10	监理审计	招标确定监理单位，明确审计单位	建设单位（监督指挥中心）	有关单位	
组织建设	11	组建数字化城市管理监督指挥中心	确定编制级别、职能、人员	领导小组	编办	
			建立中心管理架构及内部机构，确定岗位职责	领导小组	领导小组办公室	
			中心工作人员分工及业务培训	领导小组办公室	监督指挥中心	
	12	队伍建设	中心受理员、派遣员、值班长招聘、培训	领导小组办公室	监督指挥中心	
			信息采集监督员自管式市场化管理方式的确定、培训	领导小组办公室	监督指挥中心	
制度建设	13	监督制度	编写《城市管理部件事件监管手册》	领导小组办公室	监督指挥中心	
	14	处置制度	编写《城市管理部件事件处置（指挥）手册》	领导小组办公室	监督指挥中心	
	15	考核制度	编写《数字化城市管理综合绩效考核办法》，以政府文件下发	领导小组	监督指挥中心	
	16	长效机制	明确考核成果的运用，保证考核机制长期发挥效能	领导小组	监督指挥中心	
数据建设	17	基础地理信息数据与地理编码数据	建设及入库	监督指挥中心	各承建单位	
	18	网格数据	单元网格划分	监督指挥中心	各承建单位	
	19	部事件数据	城市部件事件普查	监督指挥中心	各承建单位	

阶段	序号	工作内容	主要任务	召集牵头	承办部门	时间安排
系统建设	20	应用系统	基本子系统与扩展子系统设计开发	监督指挥中心	承建单位	
	21	系统软硬件	基础软硬件、"城管通"、大屏幕显示等设备的采购	监督指挥中心	承建单位	
	22	机房建设	自建还是租赁方式确定	监督指挥中心	承建单位	
	23	中心建设	办公用房及指挥大厅场地整体装修等	监督指挥中心	承建单位	
系统试运行	24	人员培训	编制《各岗位用户培训手册》、《监督员培训手册》、《系统管理员培训手册》	监督指挥中心	各承建单位	
	25	系统联调	上岗前现场操作与管理培训；网络、软硬件系统调试	监督指挥中心	各承建单位	
	26	系统初始化	基础数据、应用数据导入	监督指挥中心	各承建单位	
	27	系统试运行	对存在问题进行整改，出具试运行报告	监督指挥中心	各承建单位	
	28	系统上线	举行数字化城市管理系统启动仪式	领导小组	监督指挥中心	
系统验收	29	预验收	整理文档、对照标准、组织专家预验收	领导小组办公室	监督指挥中心	
	30	正式验收	按国家验收标准，组织专家进行正式验收	领导小组	监督指挥中心	

针对上述建设全过程步骤，对有关事项说明如下：

1. 工作方案

工作方案是领导小组办公室在调研的基础上，结合本地实际提出的数字化城市管理建设的总体目标、实施范围、主要内容、机构设置、投资概算、建设工期等概述性的文件，具有较强的方向性，呈报上级部门批准后以便进一步编写实施方案。《江苏省数字化城市管理系统建设与运行管理办法》（苏建城〔2011〕416 号）明确规定："市、县应在充分调研的基础上，结合本地实际科学制定数字化城市管理工作方案；工作方案应充分体现城市管理体制创新、体现监管分离原则，构建相对独立的数字化城市管理监督、指挥中心，明确数字化城市管理机构的职能、编制、资金保障以及实施范围等内容；构建管理流程，试行闭环管理。设计的数字化城市管理工作方案经上报省住房和城乡建设厅审核同意后，编制实施方案。"

编制好工作方案可以又好又快地进入下一程序。建设单位可以通过编制工作方案做到"心中有数"，不走弯路，少走弯路。

2. 可行性研究报告

可行性研究报告是从事一种经济活动之前，对经济、技术直到社会各种环境、法律等各种因素进行具体调查、研究、分析，确定有利和不利因素、项目是否可行，估计成功率大小，经济效益和社会效果程度，为决策者和主管机关审批的上报文件。《中共中央国务院关于深化投融资体制改革的意见》（中发〔2016〕18 号）明确提出要完善政府投资体制，进一步明确政府投资范围。政府投资资金只投向市场不能有效配置资源的社会公益服务、公共基础设施、社会管理等公共领域的项目，以非经营性项目为主，原则上不支持经营性项目。政府投资资金要按项目安排，以直接投资方式为主。要规范政府投资管理，改进和规范政府投资项目审批制，采用直接投资和资本金注入方式的项目，对经济社会发展、社会公众利益有重大影响或者投资规模较大的，要在咨询机构评估、公众参与、专家评议、风险评估等科学论证基础上，严格审批项目建议书，可行性研究报告，初步设计。由此可见，只要是政府财政资金投资的项目，必须要编制可行性研究报告，报送政府投资主管部门审批，而县级以上地方人民政府发展改革部门为投资主管部门。

《国家电子政务工程建设项目管理暂行办法》（国家发改委〔2007〕55号令）明确，电子政务项目原则上包括以下审批环节：项目建议书、可行性研究报告、初步设计方案和投资概算。对总投资在3000万元以下及特殊情况的，可简化为审批项目可行性研究报告、初步设计方案和投资概算。项目建设单位应依据项目建设书批复，按照《国家电子政务工程建设项目可行性研究报告编制要求》的规定，招标选定或委托具备相关专业甲级资质的工程咨询机构编制项目可行性研究报告，报送项目审批部门的，项目审批部门委托有资格的咨询机构评估后审核批复。

国家电子政务工程建设项目可行性研究报告编制提纲如下：

第一章　项目概述

1. 项目名称

2. 项目建设单位及负责人、项目责任人

3. 可行性研究报告编制单位

4. 可行性研究报告编制依据

5. 项目建设目标、规模、内容、建设期

6. 项目总投资及资金来源

7. 经济与社会效益

8. 相对项目建议书批复的调整情况

9. 主要结论与建议

第二章　项目建设单位概况

1. 项目建设单位与职能

2. 项目实施机构与职责

第三章　需求分析和项目建设的必要性

1. 与政务职能相关的社会问题和政务目标分析

2. 业务功能、业务流程和业务量分析

3. 信息量分析与预测

4. 系统功能和性能需求分析

5. 信息系统装备和应用现状与差距

6. 项目建设的必要性

第四章　总体建设方案

1. 建设原则和策略

2. 总体目标与分期目标

3. 总体建设任务与分期建设内容

4. 总体设计方案

第十一章　投资估算和资金来源

　　1. 投资估算的有关说明

　　2. 项目总投资估算

　　3. 资金来源与落实情况

　　4. 资金使用计划

　　5. 项目运行维护经费估算

第十二章　效益与评价指标分析

　　1. 经济效益分析

　　2. 社会效益分析

　　3. 项目评价指标分析

第十三章　项目风险与风险管理

　　1. 风险识别和分析

　　2. 风险对策和管理

附表：

　　1. 项目软硬件配置清单

　　2. 应用系统定制开发工作量核算表

　　3. 项目招投标范围和方式表

　　4. 项目总投资估算表

　　5. 项目资金来源和运用表

　　6. 项目运行维护费估算表

附件：

可研报告编制依据，有关的政策、技术、经济资料。

　　可行性研究报告审核批准后，可按《政务信息系统政府采购管理暂行办法》（财库〔2017〕210号）文件的要求，进行招投标工作，确定项目承建单位。

　　3. 实施方案

　　一般来说实施方案是指对某项工作，从目标要求工作内容、方式方法及工作步骤等做出全面、具体而又明确安排计划类文书，是应用写作的一种文体。它具有三个特点：

　　（1）广泛性

　　实施方案的应用很广泛。适用范围广，从实施的内容来说，涉及政治、经济、文化以及人们的生活等各个方面的内容。

　　（2）具体性

　　实施方案要求把某项工作的工作内容、目标要求、实施的方法步骤以及领导保证、督促检查等各个环节都要具体明确的安排，要落实到工作分几个阶段，什么时候开展，什么人来负责，领导及监督如何保障等，都要做出具体明确的安排。

　　（3）规定性

　　实施方案的制定有很强的规定性。实施方案的规定性表现在两个方面：一方面，实施方案要根据上级有关文件及精神来制定，要根据所要实施的工作的目的、要求、工作的内容及单位的实际情况来制定，而不能随意制定的。另一方面，实施方案一旦制定出来，制定机关及相关部门单位就要按照实施方案认真组织实施，具有强制性。

《导则》在项目实施步骤中明确提出编制实施方案，完成项目立项和招投标工作，确定项目各承建单位。

《数字化城市管理信息系统 第6部分：验收》GB/T 30428.6—2017标准中，也将系统实施方案及专家评审意见作为重要的建设过程文档，不能或缺。

4.常见的数字城管文档内容的比较见表2-3

常见的数字城管文档内容比较　　　　　　　　　　表2-3

名称	工作方案	可行性研究报告	实施方案
编写单位	领导小组办公室	领导小组办公室聘请有设计资质的第三方	办公室建设单位（监督指挥中心）聘请有咨询资质的第三方
审核单位	政府	发改委	专家组
侧重内容	总体目标、建设范围、内容、机构编制、投资总及工期	需求及可行性论证、详细概算	需求及建设的详细内容、投资概算等
页数参考	10～20页为宜	300页左右为宜	300页左右为宜
审核成果	发文批复	政府审批部门批复立项	行业专家评审意见

5.数字化城市管理实施方案内容

（1）基本情况调研

1）体制机制调研

① 明确项目建设的业主单位以及具体负责人；

② 业主需提供工作方案作为基本要求；

③ 业主需提供领导小组成立的正式文件；

④ 业主需提供已经批复的人员编制；

⑤ 现场交流：明确人员、编制、参与部门、责任分工等细节问题。

2）基本情况调研

① 编写单位提出场地的基本要求；

② 业主需明确场地的选址意见和现状；

③ 业主需提供场地的图纸或带领编写单位现场踏勘；

④ 现场交流：明确场地的相关情况，如电力、网络应可达。

3）需求调研

① 编写单位按照《城市市政综合监管信息系统技术规范》CJJ/T 106—2010的要求，向业主汇报数字城管的基本需求，应涵盖应用、数据、网络、软硬件支撑环境、安全、终端等方面；

② 业主需明确基本需求之外的特色应用需求及相关背景；

③ 对基础地理信息数据现状进行调研，宜选择现势性高、基本要素齐全，不低于1：2000的地形图数据；调研过程中应明确数据普查的四至范围和特殊要求。

④ 对网络现状进行调研，尽可能依托现有的电子政务外网；

⑤ 对现有呼叫中心资源进行调研，应充分整合现有呼叫资源；若没有，可新建呼叫中心；

⑥ 对视频监控资源进行调研，首先选择整合现有的视频资源，如果不能满足城市管理需要，可适当补充建设；

⑦ 对大屏幕设备的建设需求进行调研；

⑧ 对系统安全现状进行调研。

（2）编制实施方案总体框架

1）项目概述

① 项目建设的必要性；

② 现状及需求分析；

③ 系统总体设计；

④ 体制机制建设；

⑤ 应用系统建设；

⑥ 数据建设；

⑦ 运行环境建设；

⑧ 信息安全体系建设；

⑨ 项目实施与投资概算；

⑩ 效益分析。

（3）实施方案详细说明

1）项目概述

① 项目概述是实施方案的总体说明，明确项目建设的总体方向和概况；

② 具体应说明项目的名称、建设单位、相关背景、项目建设目标、建设周期、建设范围以及项目建设的依据。

2）项目建设的必要性

① 说明本地项目建设需要解决的问题；

② 说明项目建设对本地工作的意义及重要性；

③ 该部分应充分结合国家政策、当地工作和实际情况进行编制。

3）现状及需求分析

① 现状及需求分析是按照国家标准或行业标准的要求，结合初步调研的结果，为实施方案编写做铺垫；

② 具体应说明项目的体制机制需求（应符合行业标准要求的监管分离规定）；

③ 具体说明项目应用系统需求（应首先满足国家标准要求的九个基础应用，在此基础上可进行适度拓展）；

④ 数据建设需求，需明确相关国家标准所需要的基础地形数据、网格数据、地理编码数据、事部件数据普查及建库的需求；

⑤ 运行环境需求，需明确系统运行所必需的软硬件环境、网络及安全、大屏幕、呼叫中心等设备及系统的需求；

⑥ 现状分析，主要描述用户现有可共享资源的情况。

4）系统总体设计

① 系统建设的原则；

② 系统的总体架构；

③ 系统的性能指标；

④ 系统所采用的关键技术。

5）体制机制建设

① 宜选择标准中明确的 4 类管理模式之一；

② 业务流程建设应符合行业标准的基本流程，可适度调整，但应保持简洁高效、闭环的特征；

③ 组织机构的建设：按照监管分离的基本要求，实现监督职责和指挥职责的分离，成立相应的组织机构，明确人员数量和编制；

④ 信息采集队伍建设：宜采用市场化方式建设；

⑤ 指挥手册编制：应在符合《城市市政综合监管信息系统　第 8 部分：监管案件立案、处置与结案》GB/T 30428.8—2020 标准的基础上结合本地特色编制；

⑥ 考评体系建设：应在符合《数字化城市管理信息系统　第 4 部分：绩效评价》GB/T 30428.4—2016 的基础上强化本地化考核要求的结核和考核结果的运用；

⑦ 制度建设：政府应颁布必要的管理制度，确保筹备阶段和运行阶段的顺畅。

6）应用系统建设

① 九个基础子系统设计，应符合《数字化城市管理信息系统　第 6 部分：验收》GB/T 30428.6—2017 的要求；

② 拓展子系统的设计应按照适度实用的原则，有针对性的进行拓展。

7）数据建设

① 应首先明确对数据建设的总体要求和技术要求；

② 细化明确对基础地形数据的要求；

③ 按照《数字化城市管理信息系统　第 1 部分：单元网格》GB/T 30428.1—2013 标准确定网格划分要求；

④ 按照《数字化城市管理信息系统　第 3 部分：地理编码》GB/T 30428.3—2016 标准确定地理编码普查要求；

⑤ 按照《数字化城市管理信息系统　第 2 部分：管理部件和事件》GB/T 30428.2—2013 标准确定部件、事件数据普查和建库要求；

⑥ 其他数据如实景可量测影像数据按照相关规定执行；

⑦ 业主要求的特殊普查内容应单独说明。

（4）运行环境建设

运行环境建设应厉行节约，注重资源整合，与城市管理相关度不大的内容尽量不涉及，避免使用和维护责权不清。

1）网络环境建设；

2）主机与存储系统建设；

3）终端建设；

4）软件支撑平台建设；

5）大屏幕系统建设；

6）呼叫中心系统建设；

7）场地建设；

8）其他。

（5）信息安全体系建设

1）信息安全的基本规定；

2）信息安全策略；

3）安全防范设备；

4）安全管理规定。

（6）项目实施及投资概算

1）项目实施

① 项目总体工期要求；

② 实施总体计划；

③ 基本项目管理要求；

④ 验收要求。

2）投资概算

① 投资的基本使用说明；

② 编制依据；

③ 费用总表（建设费用和运营费用分别编制）；

④ 设备清单。

（7）效益分析

1）社会效益分析；

2）经济效益分析。

6. 实施方案编写过程中存在的问题

一些城市在编写实施方案时，往往会产生以下问题：

（1）在建设依据方面拷贝化、东拼西凑

1）不熟悉、不了解数字城管系列标准；

2）引用标准不全，丢三落四；

3）套用老标准，没有采用新标准；

4）甚至不了解《导则》的存在。

（2）未掌握数字城管的核心要义

数字城管的核心是高效监督和机制创新。有的城市在组织模式建设中，既没有"高位监督"，又不能监管分离，把监督中心作为城管局、执法局的下属机构，高位监督成为城管系统的内部监督，由"大城管"退回到"小城管"。有的城市没有建立量化的考核制度，绩效评价既未达到目标设定要求，考核结果运用也未充分发挥其激励作用。

（3）盲目扩展，不注重实效

有的城市脱离实际盲目扩展应用子系统，导致斥巨资研发的应用软件束之高阁，浪费极大；有的城市在硬件上投入过多，小而全、大而全，不注重整合资源，充分利用云计算、互联网等公共资源。

（4）不熟悉运行规律，人员配置不科学

监管面积与信息采集监督员配比或多或少；业务量与坐席人员配备不合理。未考虑全天候配置，导致系统运行后人员作业处于非正常状态。

（5）建设方案质量不高

由于有的方案设计单位前期调研不充分，参与编写人员业务和技术水平不高，项目负责人不了解新技术应用等原因，致使方案东拼西凑，空洞无物，无地方特色。同时对方案编写和审查缺乏必要的管控，也使方案质量大打折扣。

7. 关于管理内容的新要求

《城市市政综合监管信息系统技术规范》CJJ/T 106—2010 规定：各城市可根据市政监管的需要，对部件和事件类型及其属性项进行拓展和删减。《数字化城市管理信息系统第 2 部分：管理部件和事件》GB/T 40428.2—2013 规定，部件和事件小类不能满足城市特定管理需要时，可进行拓展。

随着城镇化的推进和城市管理要求的不断提高，数字城管的管理内容也不断增加和拓展。中央 37 号文件规定了城市管理的主要职责和具体实施范围，包括市政公用设施运行管理、市容环境卫生管理、园林绿化管理等方面的全部工作以及公共空间秩序管理、违法建设治理、环境保护管理、交通管理、应急管理等方面的部分工作。具体包括如下内容：

（1）市政公用设施运行管理全部工作应该包括下列内容：

1）城市道路、桥涵、隧道、广场、公园、公共绿地、城市照明设施、公共厕所、地下综合管廊，无障碍设施建设等市政公用设施管理；

2）包括城市交通、供水、排水、防涝、供热、供气以及污水、污泥、垃圾处理基础设施管理；

3）包括下列禁止性行为：禁止堵塞、占压、拆卸、移动、挖掘公共排水设施；禁止向公共排水设施倾倒垃圾、渣水、施工泥浆等废弃物；禁止在雨水、污水分离地区将污水排入雨水管网；禁止任何单位和个人擅自在城市道路范围内设置道闸、路桩、地锁、隔离墩等设施，妨碍车辆和行人通行等内容。

（2）市容环境卫生管理全部工作内容，应当依据国务院《城市市容和环境卫生管理条例》（国务院令〔1992〕100）中规定的范围。

（3）园林绿地管理全部工作内容，应当是依据国务院《城市绿化条例》中规定的范围。

（4）市、县政府依法确定的，与城市管理密切相关、需要纳入统一管理的公共空间秩序管理、违法建设治理、环境保护管理、交通管理、应急管理等方面的部分工作。

（5）应急管理工作属于城市安全管理的重要组成部分，加强城市应急管理工作应当以预防管理为主，应急处置为辅。具体来说城市安全与应急管理部分工作应当包括下列内容：

1）加强城市棚户区、城中村和危房改造过程中的安全监督管理，严格治理城市建成区违法建设；

2）加强广告牌、灯箱和楼房外墙附属物管理，严防倒塌和坠落事故；

3）加强老旧城区火灾隐患排查，督促整改自拉乱接、超负荷用电、线路短路、线路老化和影响消防通行的障碍物等问题；

4）加强城市隧道、桥梁、易积水路段等道路交通安全隐患点段排查治理、保障道路安全通行条件；

5）加强安全社区建设。推行高层建筑消防安全责任，督促使用、维保单位加强检测维护，保障电梯安全运行；

6）加强对油、气、煤等易燃易爆场所雷电灾害隐患排查，加强地震风险普查及防控，强化城市活动断层探测；

7）加强城市动物园安全管理，有效防范动物逃逸、伤人、疫情等突发事件；

8）应当建立完善城市管理应急响应机制。在举办大型群众性活动的场所、公共场所和其他人员密集场所高层建筑、易燃易爆危险品仓库、地下管廊等可能危及公共安全的建（构）筑物和设施内设立应急避难场所，保持水、电、气、交通、通信等系统的畅通，提高突发事件应急处置能力。

除了上述内容之外，城市管理还应包括与人民群众生活密切相关的如菜市场管理、住宅小区管理、城乡接合部管理等热点难点问题，以及创建文明城市等各种创建活动所提出的城市环境卫生各项指标体系。

第五节 项目验收

2017 年 12 月，国家标准委发布了《数字化城市管理信息系统 第 6 部分：验收》GB/T 30428.6—2017 国家标准，结合《导则》要求，主要做好如下工作：

一、验收的基本条件

验收基本条件是对验收具体内容的高度概括。验收标准中列出了 7 个基本条件。这 7 个基本条件都有一票否决权，也就是说只要其中有一个条件不达标就不能安排验收。

验收基本条件可清晰、直观地表述如下：

1. 组织建设：建立数字城管监督与指挥的组织模式。

2. 机构建设：建立高位、独立的数字城管监督指挥中心。

3. 机制建设：建立监督、指挥、处置、考核等长效机制。

4. 队伍建设：建立满足运行的监督员、坐席员等专业队伍。

5. 平台建设：建设包含九个标准子系统的应用平台。

6. 数据建设：建设完整、达标的地理空间数据库。

7. 试运行：系统连续、安全、稳定运行 6 个月以上。

以上 7 点加上文档建设，再加上建设概述和总结，就是一份完整的验收申请报告。

二、验收程序

（一）自查

自查必须对照系列标准和实施方案进行全面检查，参与建设的各个单位都要给出自查的报告，找出问题并加以整改。

（二）申请

自查达标后应向上级主管部门提出验收申请。申请的主要内容是汇报系统的建设与运行情况，也就是针对验收基本条件做出回应。

（三）预验收

上级主管部门收到申请后应组织专家进行预验收。预验收主要是针对验收基本条件找出问题并提出明确的整改意见，预验收专家对整改结果要予以确认。

（四）正式验收

上级主管部门组织正式验收时专家组专家不少于 7 人，专业要相应对口。

验收程序主要是：听汇报、看演示、阅文档、查数据、访终端、实地考察、专家质询等。验收专家需按验收评分标准逐项打分，综合得分 80 分以上为通过验收。专家组要按规定形成明确的验收结论。

（五）整改

整改贯穿于验收程序的全过程，每个环节中发现的问题，都要认真分析发生问题的原因，研究解决问题的方法，落实整改的责任单位和责任人。每次整改后都要有整改报告，必须整理归档。

三、验收内容

验收内容涉及范围广、专业性强，在此只作纲要性提示。

（一）系统建设

1. 技术平台：包含硬件设备、系统软件、网络与安全、存储与备份、管理与维护、呼叫中心建设等。

2. 基础数据：包含地理框架数据、地理编码数据、单元网格数据、部件与事件数据，以及系统运行数据等。包括数据的维护更新。

3. 应用系统：包含标准规定的九个基本子系统，以及根据本地需求所拓展的子系统。

4. 服务热线：接入"12319"服务热线，将市民举报纳入数字城管平台运作。

（二）体制机制

1. 机构设置：组建高位、独立的数字城管实施机构，实现城市管理与监督考核的分离。机构设置的最低要求是必须独立。

2. 队伍建设：组建能满足运行需求的管理员、坐席员、监督员等专业队伍。

3. 运行机制：建立城市管理指挥、协调、监督和评价机制；构建大城管格局。机制建设必须引起高度重视。

4. 考核体系：结合本地实际把主要运行指标作为对各职能部门的考核内容，考核结果要纳入政府考核体系。

5. 制度建设：政府要发布立案处置结案标准和考核办法；运行机构要建立各项规章制度、内部管理和考核办法。

（三）运行效果

1. 区域覆盖率：初期监控面积原则要求覆盖建成区，不要盲目扩大，但也不能小于城市的核心区域。

2. 部门参与率：涉及城市管理职能的政府部门、区（镇）政府、垂直管理部门都要纳入数字城管运行体系。

3. 运行指标：处置时间与处置质量要并重，时限和准确率要渐进，对作废、挂账、延期案件必须严格把关。

4. 评价运用：建立系统运行评价、通报机制，形成竞争态势，提高管理效率，提高公众参与率。

5. 现场效果：加强人员培训，提高系统操作的流畅性、准确性、稳定性；展现城市管理新面貌。

（四）文档资料

1. 管理模式文档。包括体制机制、监督处置制度、考核制度、管理制度等行政性文件，以及引用标准的清单。

2. 建设过程文档。包括项目立项和批复文件、实施方案和论证意见、招投标及合同文件、数据普查方案及报告、应用系统设计和系统集成方案以及测试报告、建设监理报告、系统维护手册等。

3. 总结文档。包括项目竣工报告、项目总统报告、试运行情况报告（包括运行质量评价、月度分析报告、部门考核资料等）。

文档资料详细内容见《数字化城市管理信息系统　第 6 部分：验收》GB/T 30428.6—2017 附录 B。

4. 文档资料要求：一是编写格式、质量应符合标准规定；二是内容应系统、完整；三是需提供电子文档和纸质文档。

四、验收指标与评分标准

（一）验收指标

验收指标分成两级，一级指标是纲要性指标，用于权重的分配。

表 2-4 是一级验收指标及权重。

一级验收指标及权重 　　　　　　　　　　　　　表 2-4

一级指标	权重
管理模式	35％
地理空间数据	15％
应用系统	20％
运行效率	25％
文档资料	5％

二级指标是分解性指标，是一级指标的细化。验收标准中列了 18 个二级指标。详见《数字化城市管理信息系统　第 6 部分：验收》GB/T 30428.6—2017 附录 B。

（二）评分标准

评分标准是指标的微观描述，也是验收的分值点，是得分或扣分的依据。验收标准中有 58 个评分点。详见《数字化城市管理信息系统　第 6 部分：验收》GB/T 30428.6—2017 附录 B。

五、验收结论

验收结论是对系统建设情况的最终权威评价，因此应保证其客观、公正、准确。

（1）验收结论的主要内容包括对管理模式、体制机制、队伍建设、地理空间数据、应用系统、运行效果和文档资料的评价意见。

（2）应包括综合得分。

（3）应明确给出是否通过验收的结论。对未通过验收的，应写明存在的主要问题并提出整改意见或建议。

第三章　数字化城市管理实践与经验

第一节　概　　述

北京东城区创造的"数字化城市管理新模式"，蕴含着对城市管理难题根源的深刻认识和睿智的破解路径，对全国城市管理体制的科学构建具有深远的历史意义。

创建"数字化城市管理新模式"的过程显示，在中国城市化高速进程中，城市设施和民生服务需求的急剧上升与城管制度滞后和资源供给不足，形成全国性阶段性尖锐矛盾。其中，城管制度滞后和资源供给不足是矛盾的主要方面。所以破解城管制度滞后和资源供给不足，是破解城市管理难题的根源所在。

"数字化城市管理新模式"告诉我们，城管制度滞后和资源供给不足，主要体现在城市管理责任主体、履职范围、履职标准、履职绩效、资源配置等方面。在责任主体上，存在以末端处罚替代监督管理的制度缺陷；在履职范围上，横向存在职责交叉和职责缺失并存的制度缺陷，纵向存在上游、中游和下游职责脱节的制度缺陷；在履职标准上，存在数量和质量标准粗放的制度缺陷；在履职绩效上，存在部门自定标准、自行评价的制度缺陷；在城市管理物质资源配置上，存在"重建设，轻管理"的制度缺陷。针对城市管理现实存在的主要矛盾，北京东城区启动了以根除城市管理难题根源为唯一检验标准的体制机制重大改革。

（一）创新城管体制

北京市东城区创建监督与管理分离的城市管理体制，弥补城市管理责任主体不明、缺失外部监督考核的制度缺陷。从体制上明确"大城管"范围内涉管部门和单位都是城管责任主体，同时明确监督考核机构隶属区政府，独立负责对涉管主体履职绩效的监督考核，以外部监督考核驱使区内所有涉管部门和单位必须依规依标履职。

这个体制改革的优点是在不触动涉管责任主体原有职责权限的前提下，强化我国行政体制原生优势：一是，对责任主体进一步确权确责和细化履职标准；二是，通过外部独立监督量化考核终结责任主体履职绩效自定自考的历史。十四年前，"数字化城市管理新模式"就创造了与近年环保督察基本相同的工作体制机制，迸发出旺盛的生命力。

（二）变革处置方式

通过制定《城市管理部件、事件处置（指挥）手册》，构建以处置职责重新确认、处置结果规范、处置时限精准为核心内容的城市管理问题处置制度体系，弥补现行管理体系存在的职责交叉和缺失，上游、中游和下游职责脱节的制度缺陷，保证城市管理处置责任部门和单位职责清晰、资源充实、结果规范。

（三）变革监督方式

通过制定《城市管理部件、事件监督手册》，构建以外部监督考核机构问题发现、核查结案为核心的城市管理问题监督制度体系，弥补现行管理体系存在的各个涉管责任主体自定标准、自我监督的制度缺陷，确保城市管理问题发现核查的客观性和真实性。

（四）变革考核方式

通过制定《城市管理绩效考核办法》，以第三方核查数据为依据，构建对各个涉管责任主体的外部考核制度体系，弥补现行责任主体自我监督的制度缺陷，形成外部监督考核驱动涉管部门和单位持续提升处置效率的动力制度。

（五）建立长效制度

加强城市管理效能考核，将考核结果作为城市党政领导班子和领导干部综合考核评价的重要参考，保障大城管体制的长治久安。

北京东城区启动了以根除城市管理难题为目标，创建了"数字化城市管理新模式"，并在全国迅速普及。截至 2017 年底，全部直辖市、省会城市建成数字城管，地级市建成 234 个，占地级市 80％，县级市 170 个，占县级市 48％，县城 474 个，占县城 30％。

2009 年住房和城乡建设部颁布的《数字化城市管理模式建设导则（试行）》指出："数字城管探索建立了监管分离的双轴心管理体制，创建了将城市管理对象精确定位的万米单元网格法和城市部件事件管理法，建立了科学的城市管理工作流程和绩效评价机制，构建了一个适应新体制、新方法和新机制的集成化城市管理信息平台，是对城市管理体制、机制及管理手段的重大变革和创新。"

第二节　数字城管诞生的体制背景

1997 年 5 月 23 日，经国务院法制办《关于在北京市宣武区开展城市管理综合执法试点的复函》批准，北京市宣武区城市管理监察大队成立，标志我国城市管理执法体制改革开始启动。全国从 2003 年下半年开始了城管执法体制改革，形成了长达二十年之久的三分天下：实行相对集中行政处罚权体制有 1000 多个市县区；实行城市管理领域内综合行政执法体制有 1000 多个市县区；实行传统城建监察体制有 1000 多个市县区。对这一时期城管执法体制改革的成效，行政法专家们给出了如下评价：

（1）执法体制脱离城市管理实际

"城管执法只是城市管理的一个方面。城市管理是指以城市这个开放的复杂巨系统为对象，以城市基本信息流为基础，运用决策、计划、组织、指挥等一系列机制，采用法律、经济、行政、技术等手段，通过政府、市场与社会的互动，围绕城市运行和发展进行的决策指引、规范协调、服务和经营行为。城管执法必须有机地存在于城市管理体制中，需要与行政许可、行政确认、行政检查、行政处罚、行政强制等其他行政权力密切配合，才能顺利完成城管执法任务。" 20 年后，中央 37 号文件要求"匡定管理职责。城市管理的主要职责是市政管理、环境管理、交通管理、应急管理和城市规划实施管理等。"

（2）城市政府责任主体缺失

"城市管理是一个城市政府应该做的事情，很多城管工作需要多个部门共同完成，更需要城市政府统筹协调，应当视为城市政府的职能。一定要从'小城管'理念转变为'大城管'理念，从部门职能观转变为政府职能观，要有整体筹划、高位协调，否则很多问题难以解决。"20 年后，中央 37 号文件要求"明确市、县政府在城市管理和执法中负主体责任。"

（3）末端处罚难解源头难题

"如果上游、中游环节的规划、建设部门，根本不考虑下游环节的城管执法，在规划的时候就没考虑好，建设的时候就没做好，存在大量不科学、不合理、难运行、难持续的城市规划和建设问题，把问题转移给下游环节的城管执法，那么城管执法队员将很难做好城管工作。"20 年后，中央 37 号文件要求"增强城市规划、建设、管理的科学性、系统性和协调性，综合考虑公共秩序管理和群众生产生活需要，合理安排各类公共设施和空间布局，加强对城市规划、建设实施情况的评估和反馈。变被动管理为主动服务，变末端执法为源头治理，从源头上预防和减少违法违规行为。"

2003 年，北京东城区跳出"小城管"、"末端处罚"的制度羁绊，以几十年城市管理成功实践为依据，启动以解决城管难题根源为检验标准的城市管理改革，实现了城市管理体制、机制及管理手段的重大变革和创新，形成城市管理全新的格局与面貌。

第三节　数字城管诞生的技术背景

数字城管平台主要集成通用数据库系统、应用软件开发和移动智能终端等应用技术。

（1）通用数据库系统技术状态

2000 年，甲骨文、IBM 和微软 SQLsever 在数据库市场上基本三足鼎立。2005 年，甲骨文在数据库市场的份额首次超过 IBM 和微软的总和。甲骨文和微软 SQLsever 是数字城管平台采用的最主要的数据库平台，2003 年以前，他们已经是现在依然是占据世界市场前两名的成熟通用数据库系统。

（2）应用软件开发技术状态

1978 年贝尔实验室正式发表 C 语言，也被称为经典 C。1983 年美国国家标准局（ANSI）制定 C 语言标准。1990 年国际标准化组织 ISO 接受了 ANSIC 为 ISOC 的标准。比数据库技术还要历史悠久的数字城管平台主要开发工具 C 语言，1989 年前后已在国际范围进入成熟期。

（3）移动智能终端技术状态

与前三项传统成熟的 IT 技术相比，移动智能终端技术是当时最为前沿并富有戏剧性的领域。1999 年，第一款全中文和第一部智能手机问世。2000 年，诺基亚首次把手机和互联网连接在一起。2002 年，国内出现第一款内置摄像头的诺基亚手机。2003 年，国内出现第一款支持 3G 诺基亚手机。2007 年，第一款单手操作的 PPC 手机多普达问世。2007 年，IPhone 出世，"触屏＋应用"引爆智能机新时代。由于智能手机的飞速升级，使其成为数字城管技术家族最后入围的成员。

总体上看，以 1984 年中国引入互联网为标志，数字城管平台诞生的技术环境，是先有 IT 技术 20 多年的发展积累，后有数字化城管平台的集成应用，这与后面要讨论的数字城管智慧化升级的技术环境具有本质不同。

第四节 创新城市管理体制

传统的城市管理体制、机制中存在着"监督、管理不分"的弊端，对管理部门是否尽职尽责缺乏有效监控和制约，为此，各城市在构建与数字城管相适应的城管体制改革方面进行了一些有益尝试。

一、浙江省杭州市制定《杭州市数字化城市管理实施办法》

杭州市为加强数字城市管建设，整合城市管理资源，规范城市管理行为，提高城市管理效能，根据国家有关法律、法规的规定，制定了《杭州市数字化城市管理实施办法》（以下简称《办法》），并于 2008 年 8 月 8 日由杭州市人民政府令第 244 号发布。

《办法》第五条明确了"市人民政府统一领导全市数字化城市管理工作。市城市管理行政主管部门负责全市数字化城市管理的规划建设、组织实施、指挥协调和监督考核工作。各区人民政府（含杭州经济开发区管委会、杭州西湖风景名胜区管委会，下同）负责本辖区内数字化城市管理的组织实施工作。信息化、建设、规划、公安、城管执法、民防、财政等有关行政管理部门应当按照各自职责，协同做好数字化城市管理的有关工作。"

《办法》第六条明确了"市数字化城市管理实施机构负责本市数字化城市管理的具体实施工作。其主要职责是：（一）承担本市数字化城市管理信息系统的建设管理工作；（二）负责统一受理、确认城市管理部件、事件等信息，并分类移交；（三）负责对城市管理部件、事件问题的信息采集和处置情况进行跟踪、监督；（四）负责对责任主体问题的处置情况进行分析、评价；（五）负责城建城管问题的群众投诉、举报的受理、协调、跟踪和督办。"

《办法》第七条明确了"由相关市级部门和区人民政府派员组成数字化城市管理协同工作平台，负责对分类交办的问题，依据城市管理部件、事件标准进行派遣、协调和督办。上城区、下城区、江干区、拱墅区、西湖区人民政府和杭州西湖风景名胜区管委会设立二级协同指挥机构，负责本辖区内的派遣、协调和督办工作。滨江区、余杭区、萧山区人民政府和杭州经济开发区管委会设立的数字化城市管理实施机构，履行辖区范围内数字化城市管理问题的受理派遣、处置核查及协同指挥等职责。"

杭州市数字城管在长效机制的保障下，始终保持稳定的良好运行。截至 2017 年 12 月底，杭州市数字城管共立案交办城市管理问题 1408.83 万件，解决 1404.89 万件，单件问题解决时间平均为 5.24 小时，问题及时解决率从最初的 26.7％提高到现在的 98.72％。数字城管运行 12 年来，问题发生数、及时解决率等都有了大幅度的提高。特别是杭州 G20 峰会期间，杭州市城管委将智慧城管立结案规范提升为"美丽杭州"城市长效管理标准，落实重点区域全覆盖，每日发现问题 1 万件以上，有力地保障了峰会的有序进行。杭州在世界面前的惊艳亮相，杭州智慧城管发挥了重要作用。

二、安徽省合肥市将数字城管的建设运行工作列入《合肥市城市管理条例》

合肥市为规范城市管理，提高城市公共服务水平，创建文明、和谐、宜居的城市环境，根据有关法律、法规，制定《合肥市城市管理条例》（以下简称《条例》）（2014 年 10 月 31 日合肥市第十五届人民代表大会常务委员会第十三次会议通过，2014 年 11 月 20 日安徽省第十二届人民代表大会常务委员会第十五次会议批准）。

《条例》第二条明确"本市实施城市化管理区域内的城市管理活动，适用本条例。县（市）区人民政府应当将辖区内实施城市化管理的区域向社会公布。"

《条例》第八条明确"市、县（市）区城市管理部门是城市管理的行政主管部门，负责市容环境卫生、数字化城市管理平台的建设与运行，依据有关规定行使城市管理相对集中行政处罚权；对于城市管理工作中职责不明确、涉及多个行政主管部门职能交叉等方面的事项，报请同级人民政府或者城市管理委员会确定。"

《条例》第九条明确"县（市）区人民政府应当建立城市管理责任制，明确责任主体并组织实施辖区内的城市管理工作；实行城市管理网格化，划定辖区网格区域，细化管理责任，明确责任单位和责任人，并向社会公布。乡（镇）人民政府、街道办事处负责组织落实辖区内城市管理的具体工作，督促、指导居（村）民委员会开展城市管理工作。居（村）民委员会应当组织、动员辖区内机关、企事业单位和居民参与相关城市管理工作，及时发现、报告城市管理中存在的问题，并配合有关部门进行处理。物业服务企业、业主委员会以及业主，对住宅区内出现的违反城市管理规定的行为，有权予以制止。制止无效的，物业服务企业应当及时报告有关行政主管部门，有关行政主管部门应当及时查处。"

合肥市人大立法将数字城管的建设运行工作列入《合肥市城市管理条例》，固化了数字城管的法律保障，将绩效评价等监督考核制度落到实处。自 2015 年 1 月至 2017 年 12 月底，合肥市数字城管三年共受理立案各类城市管理问题 452.25 万件，日均受理量为 4130 余件，经派遣至相关部门或单位，得到有效处置并结案 451.83 万件。

三、江苏省宿迁市联合"创文办"加强处置力度

近年来，宿迁市将创建全国文明城市作为城市治理体系的重要内容，强力推动。宿迁市数字城管监督指挥中心充分发挥网格化管理、高效化处置、严格化考核的优势，和宿迁市创文办紧密协作，相得益彰。一方面市创文办将短板、薄弱事项交给市数字城管专项排查处理；另一方面市数字城管将平时不好解决的扯皮、难点案件上报市创文办，借助创文的强劲东风，予以攻坚克难，取得了很好的效果。具体做法如下：

1. 围绕创建全国文明城市短板进行督查。宿迁在创建文明城市过程中，有些指标存在弱项、短板，比如盲道被占用、破损情况较严重，该中心对此安排专项普查，共发现各类问题 652 个，逐一提出解决方案，明确处置单位，由市创文办召开专题会议进行部署，每个单位的整改落实情况都要经宿迁数字城管验收签字。类似的还有绿地被占用、破坏，邮亭、消防栓、公交站台、果壳箱破损、脏污等专项问题。

2. 围绕公厕革命进行推进。公厕管理是创建全国文明城市的重要内容，宿迁数字城管对宿迁市区 536 座公厕进行了逐一排查，在原有城管通 APP 的基础上，标明每座公厕位置，研发了"公厕地图"，公厕管理状况可随时上传中心，对照标准对无障碍设施缺失、隔断门损坏、洗手池破损等问题逐一上报、派单、整改。在现状基础上，又会同相关部门制定"公厕革命"方案，建成街坊公厕 27 处，2A 级旅游公厕 108 个，其余 460 座全部

新、改建为二类以上公厕。

3. 围绕市民参与进行研发。宿迁市数字城管和市文明办联合开发了"一拍即核"APP，通过该 APP 市民拍照上传数字城管核实派单解决。"一拍即核"除了上报问题外，还设有"点赞"板块，市民可以对礼让斑马线、随时捡起垃圾、有序排队等文明行为拍照点赞上传。

4. 借力创文平台增强考核力度。创建文明城市开展阶段，该中心就积极主动与市创文办联系，借力创建全国文明城市平台，推动数字城管工作。同时，市创文办人手相对较少，也迫切希望通过数字城管的人员、信息优势推动工作，形成相得益彰的良好互动态势。一方面，数字城管难以解决的问题上报市创文办，以市创文办"交办单"形式下达相关单位责成整改；另一方面，市创文办需要现场调查、核查的工作，委托数字城管去承办。同时将数字城管的月度考核结果作为创建全国文明城市考核的重要组成指标。

通过各部门、全社会共同努力，2017 年，宿迁市以总分全国第一名成绩摘取全国文明城市桂冠，宿迁数字城管也被宿迁市表彰为创建全国文明城市先进单位。

第五节　变革处置方式

发现问题是基础，解决问题是目的。城市管理问题处置效率的高低，是衡量数字城管运行成效的重要依据，通过构建以处置职责重新确认、处置结果规范、处置时限精准为核心内容的城市管理问题处置执行制度体系，从而保证城市管理问题各处置责任部门的职责清晰、结果规范。

各地数字城管在运行期间，由于城市建设和扩张速度快、基础设施建设和维护部门多、城市管理部件类别广、基数大、城市管理新生事物不断出现等实际情况，导致在任务派遣和处置环节，经常会因为处置任务批转流程繁杂、处置部门推诿扯皮等原因，严重影响了案件派遣和处置效率。

为提高城市管理问题处置效率，各地都结合自身管理实际，从体制机制、业务流程、技术手段等方面探索了许多行之有效的经验做法：①以提高派遣效率为导向，创新扁平化指挥模式，通过将案件受理、立案、派遣等处置流程进行优化整合，简化派遣操作；通过细化数字城管指挥手册，实现由"职责到部门"到"职责到人"，为支撑处置任务派遣到人提供前提条件；通过升级全移动技术手段，支撑处置任务的扁平化指挥派遣、处置反馈。②以提高处置效率为导向，通过整合视频数据、气象数据、市政环卫监测数据、机动车数据等数据资源，创新"数字城管＋冬季清雪、市政公用、环卫作业、共享单车等"监管模式，服务一线处置。

本节围绕提高派遣效率、服务一线处置等方面，优选了 9 个数字城管处置问题典型案例，供读者参考借鉴。

一、提高派遣效率

为提高数字城管案件的派遣效率，深圳宝安区、眉山市、海口市、亳州市等诸多城市从简化业务流程、优化派遣操作、升级转派手段等方面积极探索了切实可行的经验做法，克服了数字城管大量案件派发用时较长问题，缩短了城管案件的处置时间，有效提高了案件处置率。

（一）广东省深圳市宝安区推行扁平化指挥管理模式

随着城市化进程的加快，流动人口数量的快速增长，数字城管受理的城市管理问题呈几何式增长，传统的人工派遣方式已经不能满足大案件量的分拨工作。为解决案件派遣效率低的问题，深圳市宝安区深入探索信息技术在城市管理中的应用，建立了符合实际的扁平化指挥管理新模式。具体操作如下：

1. 人机绑定实现责任片区到单位、案件到责任人

2016年，宝安区城管局启动新型市容环境责任主体制认定、划定责任片区的工作，把全区所有处置单位、责任人、可调度资源全部接入数字城管系统中。通过推行人机绑定机制，实现了城市管理案件处置直接到责任人的派发流程，并将479个责任单位和2265名责任人纳入评价系统，实行每月一次考核通报。城市管理案件处置时间由原先的平均6小时，缩短到约2小时，有效提高了责任人对案件的处置效率。

2. 再造扁平化管理流程实现案件自动分派

通过对数字城管运行以来案件数据的深度分析，抓住责任片区、处置单位、责任人三者之间的关系，找出城管案件分派的规律，通过对数字城管案件类别的梳理和人机绑定机制，探索出案件分派到处置单位、责任人的同时抄送到监管单位（行业监管单位和片区管理单位）的自动分拨流程，案件派遣由原先的30分钟（3～4个环节），提高到秒级，缩短了派遣时间，减少了工作人员的劳动强度。

3. 开发城管通＋，提升处置效率

以往城市管理案件由监督指挥中心派遣后，由处置单位到现场处置完成，再通过传统通信方式通知处置单位文员在电脑端回复案件，操作极不方便，工作效率低。为此，宝安区城市管理局在对处置单位走访调研后，探索"城管通＋"的应用，将案件第一时间派发到现场处置人员手机上，案件的处置情况、回复情况等直接上传到监督中心，并抄送给处置单位领导，实现了部门领导、处置单位和责任人的高效联动。在做到事过留痕、人过留迹的同时，提高了案件处置效率，月均处置案件约为6万件。

自扁平化指挥模式运行以来，宝安区数字城管的处置效率明显提升。目前数字城管案件到处置单位的时间从原来的10分钟缩短到现在的2秒，整体案件处置用时由原来的100小时缩短为现在37小时，整体效率提高了三分之二，年处置案件数已达70多万件。

（二）四川省眉山市创新"一站式"管理、"一键式"考核

眉山数字城管运行初期，案件办理过程中存在以下问题：①限于受理员、值班长、派遣员技能水平不一，导致案件立案、派遣准确率不高。②案件为人工抢占式受理、立案、派遣，操作人员主动回避疑难案件，疑难案件无法快速派出。③各处置单位采用短信、对讲、工单等方式转派处置人员，案件关键有效信息出现丢失，处置人员无法准确快速地处置案件。④从案发到处置、从处置到核查中间环节较多，时间跨度较长，导致部分案件的超时处置、返工率较高，信息采集监督员疲于应付核查。⑤数字城管工作人员与一线处置人员沟通不畅，个别处置人员因为对案件的立案、结案标准的认识存在差异，而对数字城管派遣的案件存在抵触情绪。

为解决案件准确派遣率低、派遣手段传统、派遣环节多等问题，眉山市通过精简派遣

环节，使案件快速、准确地派遣到一线处置人员，实现快速处置、快速核查结案。具体做法如下：

1. 简化操作流程，提升城市扁平化管理水平

眉山市数字城管实施一站式扁平化工作流程，①将原来需人工抢占式的案件受理改变为自动随机分配，杜绝平台受理员避重就轻，提高了案件流转效率。②将预立案、立案、派遣3个流程优化整合为立案派遣、审核两个环节，精简了数字城管的业务流程。③平台受理员通过处置人员处置案件后回传的照片核查案件，予以快速结案，大大减轻了信息采集监督员的案件核查压力。

2. 自定义单元网格，快速精准精细的派遣案件

为了案件快速精准派遣，眉山市数字城管根据各专业部门管理区域分布图，进行电子地图坐标测定，绘制卫星电子地图，同时将各专业部门的一线管理人员分部门、分层级、分职能与各种案件类别进行一一绑定，实现系统根据案件的类型和案发地址智能推荐一线管理人员，建立了责任明确的扁平化指挥方式，实现信息快速传递和业务有效沟通。自定义责任网格作业图如图3-1所示。

图3-1　自定义责任网格作业图

3. 建立"一键式"智能终端管理体系，提升城市信息化管理水平

①在研发上线应用"处置通"APP的同时，采用大众化信息传递微信软件，研发了微信处置通。②通过研发依托微信程序的城市管理执法（作业）"处置通""领导通"、"督办通"等软件，建立手机终端"一键式"信息指令接收、现场处置反馈的智能交互模式，实现信息高效、快速传递、流转和全过程留痕管理的智能操作系统。

4. 建立多维度监督考核体系，提升城市精细化管理水平

①建立数据分析与挖掘子系统，对采集的海量数据提供多维度、多条件的统计分析，以柱状图、饼状图、热力图等直观形象的图表展示，实现了业务数据的有效分析，为城市管理工作提供科学有效、直观可视的决策支持。②建立全流程督察督办监督体系，按照立体化管控、全网化覆盖、数字化监督的原则，运用信息平台形成管理、执法、作业、考核一体化"闭环化"运行模式，建立"高位监督、高位协调、高位考核"的督察督办监督体系，实现全程留痕、复盘分析和结果汇集。通过日监管、周通报，月排名，对数据进行梳理、分析、交互、共享，对城市管理工作分部门、分层级进行科学评价和日常考核。

（三）山西省太原市晋源区建立"兜底处置"机制

太原市晋源区为加强城市管理问题的处置力度，充分发挥数字城管中心与综治中心"一套人马两块牌子"合署办公的优势，主动作为，会同晋源区应急保障大队，成立快速处置小组，助力执法部门共同解决问题，对破产企业、无物业小区长期积压的城市管理问题进行兜底处理，帮专业处置部门减负。具体做法如下：

1. 挖潜数据资源，提高问题处置效率

在城市管理问题中，存在一些治理难、举报多、易反复的问题，晋源区数字城管依托全区 265 个综治网格，对信息采集监督员、监督举报案件进行快速准确定位核实，安排快处小组对井盖、沟槽盖板、雨水箅子破损及非装饰性树挂等城市高发案件进行兜底处置；对商贩搭棚占道经营等行为，主动上前教育说服、劝离取缔。并加强日常巡查监控，遏制回潮反弹。同时，对市民群众反映强烈的环境脏乱差区域，深入一线，加强协调跟踪服务，加快案件处置率，提升市民满意度。整治占道经营行为如图 3-2 所示。

图 3-2　整治占道经营行为

2. 坚持问题导向，开展专项整治

晋源区数字城管对日常工作中案件超时、办结率低的问题进行综合分析，研究制定专项整治方案，安排快处小组集中精力兜底处置。如：对违规户外广告、仿交通标识指示牌等，动用设备切割吊离，依法拆除，为市民营造良好生活环境。拆除违规户外广告如图 3-3 所示。

图 3-3　拆除违规户外广告

3. 加强昼夜值勤，加快案件办理

晋源区数字城管快速处置小组 24 小时备勤待命，加强昼夜执勤，凡夜间接到市民投诉，第一时间赶赴现场，对问题进行应急处置，确保问题"件件有着落，事事有回音"。

晋源区数字城管每周兜底 200 余件城市管理问题，兜底处置率 100％。宣传广告类、街面秩序类案件在平台中停留时间明显缩短，城市管理水平显著提高。

二、服务一线处置

为切实解决疑难案件提高城市管理问题的处置效率，宜宾市针对疑难问题探索了切实有效的处置办法。宜宾市、柳州市、长春市、潍坊市、攀枝花市、漳州市等城市结合各自管理重点，基于数字城管平台，整合多种管理资源，提高一线处置能力，促进源头治理。

（一）四川省宜宾市多措并举提高问题处置效率

宜宾市为解决处置部门积极性不高、特殊案件审批处理慢、案件超期未办结、部门推诿扯皮等疑难问题，采取行之有效、具有针对性的处置办法。具体如下：

针对各处置部门积极性不高、坐等数字城管派单办案等问题，宜宾市数字城管中心建立了处置部门一线人员自行案件上报制度和自行处置案件上报制度，通过纳入数字城管月考核，凝聚多部门齐抓共管的合力，促使一线城市管理人员主动履职。如：运渣车带泥上路污染城市道路问题，环卫工人对污染道路冲洗后，因污染源头未得到整治，很快会出现二次污染现象，问题不能得到根本解决。为解决该问题，环卫工人自行上报为安全文明施工案件，市数字城管中心受理后派遣到住建部门办理，同时上报为工地运渣车污染城市道路案件，派遣到城管部门办理，使得该问题得到有效解决。

针对需要投入资金解决的案卷，如按"一事一批"原则处理，走部门签批流程，延长了案件的标准办理时限，不能快速响应市民的期待，与数字城管现代化、信息化、高效化严重不匹配。为此，宜宾数字城管中心在处置责任单位推广设立了"数字城管案件应急处理资金"工作模式。即在办理数字化城管案件时，需要申请资金的，在一定金额范围内，一线管理人员可以免审批，先行组织处理，待处理完成后按程序补办手续。这一举措大大缩短了办案时间。

针对超期未办结案件，每周由系统筛选出，以宜宾市城管办发文函告各责任主体，由城管局机关各业务科室对函告交办问题进行督促核查，将责任主体重点案件办理整改情况纳入城市管理考核。督办案件整改未达标的，每件（次）扣 0.5 分；督办案件未整改达标的，每件（次）扣 1 分，每项督办推迟一个周期仍未整改达标的，实行累积翻番扣分。督办案件扣分从月考评总得分中直接扣减。

针对多部门推诿扯皮案件，进行现场确权。每周由系统筛选出同一问题派遣多家处置部门的案件，组织城管局机关相关业务科室及所涉部门到现场进行权属调查，根据现场调查结果，如权属属于已派遣部门未及时办理且推诿的，每件在月考核中加倍扣分；如权属不属于该部门但进行及时办理的，每件在月考核中加倍奖励。

（二）广西壮族自治区柳州市"非接触式执法"严管占道经营

柳州市北站路东一巷是广西壮族自治区柳州市的一条老街巷，由于人口密集、商业氛围浓厚，一条不足 200 米的巷子经常聚集了上百游商摊贩，导致店外经营、夜市摊占道摆卖等城市管理问题频发，"脏、乱、差"几乎成为这里的代名词。市民经常向柳州市数字城管中心投诉，中心将案件派遣至相应处置部门，但治理效果一直不理想。为有效解决这一问题，柳州市城市管理行政执法局转变治理思路，积极探索"非接触式执法"在城市管理中的应用，取得一定的成效，做法如下：

① 整合共享视频资源，将公安天网等监控探头全部接入数字城管平台，利用共享和自建的监控摄像头，实时对全市重点区域、案件高发地段的城市管理问题进行视频监控，实现秒抓、秒传、秒立案管理功能。

② 对于北站路东一巷的情况，安排专人调用巷内的监控探头，一旦发现问题立即抓拍立案，将视频作为证据保存。并通过数字城管系统派遣至城区执法局，此举不仅提高了在线/离线视频的利用率，还拓宽了发现问题的有效渠道。

柳州市数字城管的"非接触式执法"通过构建完整的证据链和加大采集力度，提升受理、派遣及督办效率，从而使城市管理从粗放转向精确、从静态转向动态、从分散转向综合。经过多手段的管理，该处违法案件发生率、市民投诉率明显下降，切实做到了为民发声，为民办实事。据统计，2017 年以来，依托柳州市数字城管"非接触式执法"在数字城管中的应用，共受理 24388 宗店外经营案件，结案 24000 件，结案率达 98.41％。

(三) 吉林省长春市"数字城管＋冬季清雪"作业模式

冬季清雪是北方城市管理的重要任务，保证交通畅通和市民出行安全是城市管理者的难题。长春市为在最短的时间内打通道路，积极探索运用现代电子信息技术指挥调度清雪工作，整合共享多种管理资源，初步建立了"数字城管＋冬季清雪"作业模式。具体做法如下：

1. 建立完善数字城管三级网络

长春市数字城管实行市、区、街三级管理，其中以区为主的二级平台共有 10 个，以街道办事处和环卫专业队为主的三级平台共有 68 个，基本实现了全覆盖。市、区、街三级平台互联互通，共享管理资源，为全市清雪工作统一指挥、协同作战奠定了基础。

2. 整合共享多种管理资源

全面共享全市公安视频监控点位 24319 个，便于监控雪情和清雪作业情况。开发了城市管理气象信息模块，接入市气象台的雷达图、气象云图、实时温度、降水量等数据。设置街路 LED 条屏 100 块，连通部分商家自设的宣传条屏，在降雪期间动员市民配合清雪。

3. 开发数字清雪作业功能模块

具体包括：利用车辆出勤统计功能监控车辆出动数量，利用轨迹覆盖功能监控作业路径和频次，利用轨迹回放功能监控作业耗时，利用视频监控系统掌握作业效果，利用考核评价系统开展监督检查。

4. 人员、设备配备必要的管理终端

全市所有清雪车辆、设备全部安装 GPS 终端，并在平台建立电子档案。管理和作业人员配备具有对讲功能和"城管通"APP 的手持终端，能够及时指挥调度清雪作业。检查车辆配备车载视频监控系统，便于监督检查作业效果。清雪车辆轨迹覆盖图如图 3-4 所示。

5. 探索建立数字化清雪的科学调度模式

①信息联动。降雪期间全程开启视频会议系统，分别连通市、区两级数字城管大厅和

图 3-4　清雪车辆轨迹覆盖

市气象台，指挥人员通过视频会议系统 24 小时通报情况、召开会议、会商方案、发布指令。②作业监控。通过各种数据分析，随时统计各区机械设备出动数量和种类、作业区域和清扫频次、运雪情况等，根据不同区域作业效果和作业要求统筹调度全市清雪工作。③视频巡查。利用 4G 车载监控检查车和公安视频监控系统，对清雪情况进行实地踏查和视频巡查，及时了解路面积雪情况，合理调整清雪安排。④信息宣传。通过街路 LED 条屏、微信公众平台、政务微博、"市民通" APP 等宣传载体发布气象信息和清雪工作动态，提醒市民降雪期间减少交通出行，主动避让清雪作业车辆。

6. 雪后评价

清雪结束后，利用 4G 车载视频监控检查车对清雪效果进行检查，同时，结合清雪作业中车辆、人员出动情况、作业效率、信息采集监督员和市民发现问题情况，对本次清雪工作进行综合评价，计入城市管理综合考评体系。

近年来，长春市在积极开展数字化清雪工作的同时，特别注重对数字化清雪过程的全记录。通过清雪日志的方式，建立每场清雪作业档案，不断补充完善清雪工作基础数据库，通过数据的积累，开展越来越多的数据分析与挖掘工作，如：降雪时温度对清雪作业的影响；早、中、晚和夜间不同时间段的作业方式和作业效率；清、运雪同步作业的机械组合和适用范围等内容，作下一步研究和解决的课题。

（四）山东省潍坊市"数字城管＋市政公用、环卫作业"监管模式

为解决城区桥涵涵洞易积水和环卫作业管理粗放的问题，潍坊市基于数字城管平台，加强与市政公用监测数据和环卫作业 GPS 监控数据的对接，实现对公用事业和环卫作业的精细化监管。

数字城管＋公用事业的创新措施：①通过传感、控制设备实现现场数据的实时采集和控制。②通过预先设定的参数监测采集数据，实现水位自动预警，并通过 LED 显示屏实时展示给过往的车辆、行人。③通过控制中心平台，将警示信息推送到市政微信公众号、政府公共服务平台，使公众能够及时获知现场状况，提前做出准备。④出现积水情况时自动生成派工单，并迅速通知维护人员进行处理。⑤与数字城管平台进行数据对接，将相关数据上传到数字城管平台，便于有关业务部门掌握实时情况，进行分析决策。⑥系统使用双通道通信，使用有线网络以及无线 NB-IOT 网络通信，确保信号传输通畅。

数字城管＋环卫作业的经验做法：一是基于数字化城市管理理念，对所有城市道路进行全面的信息普查和建档，建成完整统一的城市道路数据库系统。二是对涉及城市道路有关数据进行分析，对道路的交叉口、出入口和起止点等项目进行逻辑打断，以便更加准确地统计出所有车辆的工作量。三是建设包括数据采集、信息传输、数据统计分析为主要内容的GPS监控系统，在作业车辆上安装GPS设备，并与车辆作业开关进行关联，实现对空驶和有效作业的准确判断。四是根据车辆作业规范和签订的合同约定，将每条道路的标准工作量固化到系统当中，作为判断作业是否达标的基准。五是将GPS监控报警作为数字化城管系统案件，由系统自动立案派发到相关部门按流程处置，并将处置结果作为重要指标纳入到对相关单位城市管理工作考核。环卫车辆实时监控系统如图3-5所示。

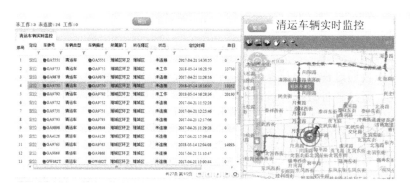

图 3-5　环卫车辆实时监控系统

（五）四川省攀枝花市"数字城管＋机动车线前礼让"管控模式

斑马线是行人的生命线，也是体现城市文明的标志线，礼让斑马线就是敬畏生命。然而在现实中，机动车在行经斑马线时不礼让的行为，已成为一种不应有的"常态"，致使这本应是行人过马路时的安全通道上乱象丛生，险象环生。攀枝花市按照"先点后面，以点促面"的原则，先抓"点"，以点的示范，促进面的改善。点，就是全市700多辆公交车、1500多辆出租车、近200辆邮政快递车等车身标识明显的机动车。基于数字城管平台，从"源头治理"的角度，通过多部门协同，加强对这些机动车的有效监督管控，利用其示范和带动效应，最终形成全市机动车辆在斑马线前主动停车避让行人的良好社会风尚。具体做法如下：

（1）由攀枝花市数字城管监督指挥中心牵头抓总，制定工作方案，组织开展"生命至上，线前礼让"斑马线秩序监督行动，如图3-6所示，整合力量，形成齐抓共管态势。

（2）组织城市管理信息采集监督员开展机动车在斑马线上不礼让行人行为的信息采集。

（3）对参与此项工作的相关责任单位在此项工作中的履职情况进行监督考核。交警支队：一是负责对中心派遣的相关案件进行立案处罚，二是指导培训信息采集监督员的抓拍业务；交通运输局：负责对全市所有公交车、出租车的宣传教育和管控；邮政管理局：负责对邮政车、快递车进行宣传教育和管控；新闻媒体：负责对推送的相关信息进行及时曝光。

该业务工作从2017年10月份正式开始。一方面通过信息采集监督员在各自所辖网格内进行现场抓拍、取证；另一方面利用监控视频进行抓拍、取证。截至2018年4月，共抓拍机动车在斑马线上不礼让行人的违法行为8000余起。攀枝花数字城管监督指挥中心将这些信息作为事件进行立案派遣，案件处置主体为公安交警支队，交警支队在接收到案

图 3-6　攀枝花"礼让斑马线"

件后，根据其标准进行立案处置。与此同时，还将此类信息同步推送至攀枝花日报、市广播电台，由攀枝花日报和汽车电台"FM910"微信公众号予以适时曝光。另外，还通过城区内主干道旁的市容监控大屏定期滚动曝光机动车违法行为。

该项行动的开展，带动斑马线前车让人的社会风气初步形成，斑马线上的安全事故大幅下降，城市文明程度进一步提升。

（六）福建省漳州市借力数字城管根治城市顽疾（"牛皮癣"、共享单车等）

漳州市为解决城市"牛皮癣"（乱涂写、乱张贴、乱悬挂等"三乱"广告宣传品，统称为城市"牛皮癣"）和共享单车乱停乱放的城市顽疾，积极探索将建筑立面保洁管理和共享单车管理纳入数字城管平台监管，创建"无癣城市"、规范共享单车停放。

针对"牛皮癣"问题，漳州数字城管采取的主要做法如下：

1. 服务外包市场化

通过公开招标选择实力较强的专业清理公司，承担承包范围内的建筑立面保洁管理和城市"牛皮癣"清理，改变了以往非法广告靠查处、执法人员组织清理或专项整治等突击管理模式，实现常态化、长效化、专业化管理。

2. 巡查管理网格化

漳州市将建筑立面保洁管理和城市"牛皮癣"清除纳入数字城管平台，实施高位监管。"牛皮癣"除覆盖区域全城化，把 22 个无物业小区也纳入服务外包范围，解决"最后一公里"难题，实现主次干道、背街小巷、城中村和无物业小区巡查覆盖率、清除保洁率

100％。数字城管信息采集监督员对责任网格内的建筑立面保洁情况进行实时监管；"牛皮癣"清理承包公司通过数字城管"处置通"，接收并处置数字城管平台派发的城市"牛皮癣"案件，实现了区域化、网格化管理。

3. 绩效评价规范化

通过信息系统平台实施绩效评价、专项考核，制定《漳州市城区牛皮癣清除保洁服务绩效评价办法》，通过组织普查、核查、随机抽查等多种方式，重点对承包范围内"牛皮癣"清除情况、人员在岗情况、大面积爆发应急情况、制度建立情况等进行了全面、系统的考评。规范和精细的考评保障了服务外包的质量和成效。

4. 堵疏结合便民化

开展摸底调查，在主城区增设便民服务栏 800 处；鼓励沿街商户通过规范设置 LED 显示屏滚动播放小广告；鼓励商家通过微信、网站等新媒体发布商业信息。多措并举，堵疏结合解决小广告发布难的问题，体现亲民服务理念。

针对共享单车管理，漳州数字城管采取了如下做法：

1. 规范管理，制度先行

漳州市人民政府颁布了《关于规范漳州市主城区共享单车管理的实施意见（试行）》，较好地规范了共享单车管理，①明确管理部门的责任分工，形成齐抓共管的良好局面。②规范了运营管理，明确运维人员配备标准。共享单车运营企业必须组建专业运营维护团队，按照单车投放量 200∶1 的比例确定维护人员数量，做好共享单车的停放管理和秩序维持。③车辆投放总量严格控制。由城管部门根据实际情况，确定投放总量，严禁运营企业私自投放。

2. 强化手段，高位监管

将运营企业纳入数字城管处置部门，充分利用数字城管平台，实行网格化、区域化管理，要求企业下载城管处置通 APP，接收并处置数字城管信息采集监督员巡查上报的共享单车案件，做到及时发现问题、解决问题。制定共享单车绩效评价办法，考核分为服务能力和信用评价两部分，考核评价作为管理单位制定单车投放量和投放比例的参考依据。通过考核，有效提升了共享单车企业的运营服务能力和调度水平，提高了服务质量。

3. 创新举措，拓展系统

在数字城管信息系统平台上拓展共享单车管理子系统，通过与运营企业后台大数据对接、数据共享，实现共享单车投放总量的动态监管，使得投放总量得以有效控制，投放量由原来 5.4 万辆降至 5 万辆。通过共享单车管理子系统，构架共享单车状态智能感知、动态交通态势研判、违章停车主动干预、案件自动派遣等管理体系，打造主管部门、处置部门、运营公司协同运作新局面。

4. 完善设施，便民利民

完善共享单车停车标识设置，施划停车线约 23255 米，设置停车指示牌 65 个。修整停车路面近万平方米。规划设置智能停车、电子围挡等智能设施，让乱停乱放的共享单车"回家"，停入规范停车点，使市民的低碳出行更加便利。如图 3-7 所示给出了闽南师范大学东门共享单车停放点情况。

漳州市行政执法局通过多年实践总结出"治癣"经验和共享单车管理经验，该经验对有效治理类似城市顽疾有较强借鉴意义。

图 3-7　闽南师范大学东门共享单车停放点

第六节　变革监督方式

积极主动地发现城市管理问题是数字城管有效运行的首要环节，是数字化城市管理平台高效运转的前提条件，有利构建以问题发现、核查结案为核心内容的城市管理问题监督制度体系，确保数字城管高位独立监督的客观性和科学性。

现阶段数字城管信息采集方式主要有两种：一种是市场化服务外包的方式采集，即将信息采集业务外包给专业化的信息采集公司，由信息采集公司负责辖区内信息采集工作；另一种是数字城管自己组建信息采集队伍进行信息采集。随着经济社会和信息产业的发展进步，一方面社会公众参与城市管理和城市治理的途径和方式越来越多样，如微信、微博、门户网站、手机 APP 以及热线电话等，另一方面新技术的应用推广也促进了城市管理问题的智能化识别。

但是在数字城管运行初期，许多城市还是会经常面临案件漏报、虚报、瞒报或者特殊疑难问题故意不报等问题，极大影响了数字城管的运行成效。为提高数字城管信息采集的效率和质量，保障信息采集区域范围和问题类型的全覆盖，提高信息采集监督员的工作效率和信息采集质量，各地都在结合自身管理实际，从完善信息采集立结案标准、优化信息采集方法、建立信息采集监督机制、加强采集员绩效考核办法、强化信息采集手段等方面进行积极创新实践，探索出了许多可借鉴可复制的经验做法。

本节围绕夯实信息采集基础、保持信息采集效率、促进源头派案、鼓励公众参与等方面，优选了 12 个关于变革监督方式的典型案例，供读者借鉴学习。

一、夯实基础

为夯实城市管理信息采集工作，保障信息采集区域范围和问题类型的全覆盖，提高信息采集监督员的工作效率和采集质量，太原市和长沙市从责任网格划分、信息采集监督员管理等方面着手进行探索实践，发挥了积极的建设成效。

（一）山西省太原市因地制宜划分责任网格提高采集效率

太原市作为一座历史古城和能源重化工城市，行政区所辖 6 个城区、3 个县，代管 1 个县级市，总面积 1460 平方公里，中心城区建成区面积 400 平方公里，总人口 437.97 万。太原市三面环山，黄河第二大支流汾河自北向南横贯全市。因受到诸多自然地理因素影响，许多城郊地区存在人口分布不均衡，工矿企业、农村农田和旅游景点纵横交叉等特点，使得街道、社区分布非常不规则；伴随着近年来城市的转型发展，大规模的城市改造带来了较大的交通压力，同时也增加了突发事件的发生概率，这些都给信息采集工作带来了很大的难度。

为了解决以上问题，太原市数字化城乡管理指挥中心（简称：太原数字城管）在信息采集招标过程中，认真测算、科学划分各城区信息采集责任网格。通过采取深入各城区实地模拟巡查的方式，收集各城区范围内所包含的重要场所、社区、重点单位的数据，确定了各城区不同区域的特点（重点区域、次重点区域、一般区域），再根据各城区不同区域的部件密度、道路等级（主次干道、街巷）、以及经过实地模拟巡查预估问题发生的数量、巡查路线花费的时间、城市和农村区域核查回复时限、巡查密度等要求，最终确定出各城区信息采集的责任网格数量。如图 3-8 所示给出了太原市万柏林区、尖草坪区责任网格分布图。

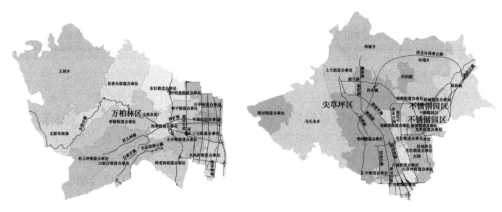

图 3-8　太原市万柏林区、尖草坪区责任网格分布图

信息采集招标完成之后，太原数字城管指导各中标企业按照以下要求划分责任网格，制定巡查路线：

（1）责任网格的边界应尽量以道路中心线为分界线，实际划分中需要考虑现有的街道、社区、广场、河道等自然地理地形特点，尽量不做拆分。这样有助于实现单个网格的巡查路线的闭环设计和两两相邻责任网格之间形成无缝衔接，有效提高巡查效率。

（2）重点区域重点考虑，比如区域范围内的车站、广场、商业区等人流量较大、市政设施较多的场所，应在区域划分和线路设计中归为巡查重点区域，满足巡查面积小、巡查频次高的需求，有助于第一时间发现安全隐患问题及时上报。

（3）责任网格的划分应保证巡查的线路一定是闭环的，设计线路时不应存在死角，同时满足太原市数字城管中心规定的及时核实时限要求，即责任网格区域内最远的两点间，信息采集监督员骑车用时不超过 30 分钟，以保证日常巡查中核实、核查任务的及时回复。

（4）巡查覆盖范围全覆盖，以万米单元网格为基础，巡查路线之间不应有漏洞，不能出现交叉重叠，要明确边界区域和边界管辖。

（5）巡查路线采用同向性右侧原则和迂回闭环原则。同向性右侧原则即信息采集监督员始终沿着道路一侧行走，走到头之后再调头沿另一侧从原路返回。信息采集监督员一方面要注意路边的部件，同时还需要兼顾道路中间（特别是绿化隔离带）的部件。迂回闭环原则即在实际采集和核查过程中首先会考虑到让信息采集监督员在一个时间周期内线路设计不重复。信息采集监督员开始巡查工作时从区域中一个点开始巡查，到巡查结束肯定是回到原点，巡查的起点即是终点。

（6）针对商业区、车站、闹市区等人流量较多且问题发生频率较高的一些区域，对内部无公共道路的封闭场所的信息采集要求沿着建筑物周边进行巡查；对内部有公共道路的开放场所要求沿着道路两侧进行巡查；对开放式广场要求以广场中心为基准出发，顺时针巡查不留死角，保证区域的全覆盖及问题的"第一时间"发现。

（7）针对主干道采用正反两个方向的循环巡查，沿着主干道的一边巡查，巡查到末端时从另一边往回进行反向巡查工作。在巡查的过程中，要求信息采集监督员注意视野范围内所发生的事、部件问题及突发问题，对符合上报标准的问题按要求及时上报。同时，信息采集监督员也必须注意道路中间（特别在绿化带内侧）的事、部件问题，避免出现死角。

（8）针对非主干道沿着道路一侧进行巡查，巡查时要求信息采集监督员根据道路人流量的实际情况变换巡查道路的侧边，发现问题及时上报。对于常规小街巷的巡查，在视线平视的范围内，可在人流和车流相对较少的情况下沿着道路的中心线巡查，及时发现道路两侧的事件、部件问题。

（9）针对社区只有一条通道时，要求沿着通道的一侧巡查，到末端再从另一侧巡查。有多条通道的社区，要求沿着入口的通道右侧巡查，到末端再从另一端巡查，直到社区内通道全部巡查完毕，以免出现采集死角。

（10）针对农村区域，重点巡查主要道路、重点街道。

太原市在多年的数字城管运行过程中，针对信息采集逐渐探索出以上10个切实可行的原则。随着城市的不断扩建改造，太原数字城管根据各城区区域内不断出现的新修道路和新增的事件、部件数量，不断调整部分责任网格的面积以及所包含万米单元网格数量，优化巡查线路，提高了信息采集工作效率。

（二）湖南省长沙市推行动态轮换采集制度

长沙市为加强信息采集队伍风纪管理，推行动态轮换采集制度，虽然可从源头杜绝信息采集监督员的自由裁量权，但面临一些问题：一是轮换频繁，网格不熟；二是交通不便，路途遥远；三是每天派工，工作量大；四是内部协调，容易抱团。

为了解决以上问题，长沙市采用以下措施，巩固和完善动态轮换采集制度：

1. 加强业务培训，解决采集责任网格不熟的问题

首先将采集网格的具体范围信息、采集本底资料提前整理成册，做到人手一份，然后加大业务培训，在每月的案卷分析会和其他业务培训中对出现的采集案例、采集的细化标准、业务要求进行培训和讲解。

2. 开发专门系统解决排班繁琐的问题（图3-9）

运用信息技术辅助，开发自动值班和信息发送的系统。排班前录入采集人员姓名，实现以区为单位自动排班，并将排班网格信息自动发送给每个信息采集监督员。

3. 定比例循序渐进跨区轮岗，解决全面落实难的问题

按照循序渐进的办法，先从小片区轮岗做起，再到大片区内轮岗，最后到跨区轮动。每个区分成几个片区（如4个），在片区内每天一轮，再设定一个周期（如6天），实现片区内人员轮动，最后每月选取一定比例的人员跨区域轮动。

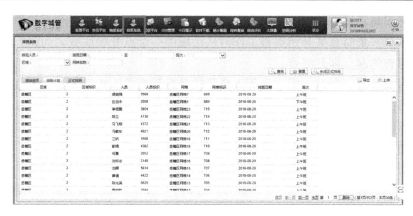

图 3-9　排班系统

4. 建立保障机制，解决经费不足的问题

人员轮区轮岗后，信息采集监督员上班距离一般会变远，会增加信息采集监督员的工作时间和交通费用，需要在项目申报时增加采集人员交通费用或单独申请该项经费，尽可能为信息采集监督员提供工作保障。

通过动态轮换采集制度的实施，从根本上杜绝了信息采集过程中区域数据、类别数据和重要个案受处置单位影响的问题，大幅提高了信息采集数据的准确性、公正性和规范性，促进了城市管理水平的提高。

二、提高效率

为进一步提高城市管理信息采集效率，有效解决漏报、瞒报、虚报等不作为现象，合肥市、兰州市城关区、重庆市沙坪坝区、许昌市、株洲市、洛阳市等结合本地实际，从强化信息采集手段、完善信息采集立结案标准、优化信息采集方法、加强采集员绩效考核办法等方面积极探索了具有本地特色的实践经验。

（一）安徽省合肥市以案件分值定网格上报任务

在信息采集实际工作中，为了督促信息采集监督员准确、全面、及时地上报城市管理问题，各地一般按照网格类型不同给信息采集监督员设定不同任务上报数量。但现实情况是，仅设定任务量会造成信息采集监督员有选择性地上报问题，如"牛皮癣"、"机动车或非机动车乱停放"等简易案件多被上报，而"店外经营"、"无照游商"等容易引发矛盾的案件少报甚至不报。虽然案件量看似很高，但部分市级所关注的案件类型以及一些重点案件并未能得到及时有效上报和解决。

为了解决以上问题，合肥市采取以案件分值定网格任务的做法，有效提高了信息采集的工作效率和质量。具体做法如下：

1. 根据案件的轻重缓急进行分类

将所有案件类型划分为重点、较重点和一般三类，其中，将信息采集中直接面对当事人采集、容易引发采集纠纷以及存有安全隐患的案件设置为重点案件，如"店外经营"、"无照游商"等；同时结合合肥市管理实际，对市容市貌影响不大的，或部分已得到较好控制的易处置问题设置为一般案件，如"牛皮癣"、"落叶"等；由于案件类型较多，暂无法对所有的小类进行细化，除了重点案件和一般案件之外的所有案件类型均设置为较重点案件。

2. 科学划定各类问题的分值权重（图 3-10）

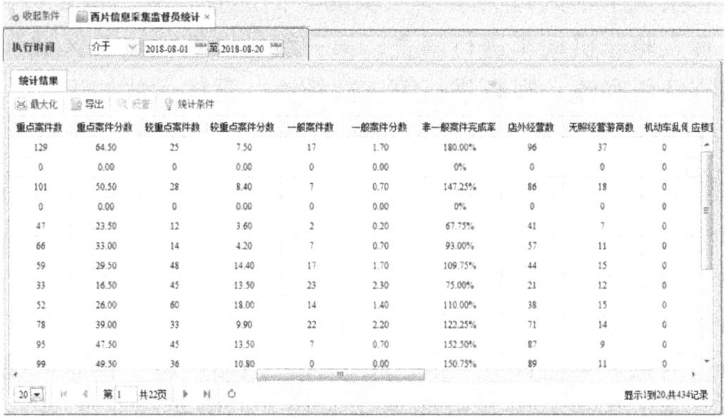

重点案件数	重点案件分数	较重点案件数	较重点案件分数	一般案件数	一般案件分数	非一般案件完成率	店外经营数	无照经营游商数	机动车乱	应核
129	64.50	25	7.50	17	1.70	180.00%	96	37	0	
0	0.00	0	0.00	0	0.00	0%	0	0	0	
101	50.50	28	8.40	7	0.70	147.25%	86	18	0	
0	0.00	0	0.00	0	0.00	0%	0	0	0	
47	23.50	12	3.60	2	0.20	67.75%	41	7	0	
66	33.00	14	4.20	7	0.70	93.00%	57	11	0	
59	29.50	48	14.40	17	1.70	109.75%	44	15	0	
33	16.50	45	13.50	23	2.30	75.00%	21	12	0	
52	26.00	60	18.00	14	1.40	110.00%	38	15	0	
78	39.00	33	9.90	22	2.20	122.25%	71	14	0	
95	47.50	45	13.50	7	0.70	152.50%	87	9	0	
99	49.50	36	10.80	0	0.00	150.75%	89	11	0	

图 3-10　依据案件类型划定分值权重

重点案件设置为每条 0.5 分，较重点案件每条 0.3 分，一般案件每条 0.1 分。按照合肥市数字城管网格划分，要求信息采集监督员每天必须完成重点网格 6 分、非重点网格 3 分的基础上报任务分值，案件类型分值可根据工作实际随时调整。

3. 信息采集员精细化考核

通过系统对信息采集监督员三类案件的分值统计，可直观显现每个采集员的工作质量，同时结合区域管理实际，依据信息采集监督员上报分值和案件类型进行月度和年度的评优工作。如图 3-11 所示给出了信息采集员精细化考核图。

序号	责任网格	工卡号	代班情况	总得分	上报数	有效上报数	有效上报率	额定有效上报分数基数	有效上报分数	有效上报分数完成率	重点案件数	重点案件分数	较重点案件数	较重点案件分数	一般案件数	一般案件分数
1	0201101	3210	本班	11.30	13	13	100.00%	2	5.70	285.00%	10	5.00	2	0.60	1	0.10
2	0201101	3269	本班	12.10	15	15	100.00%	2	6.10	305.00%	9	4.50	5	1.50	1	0.10
3	0201102	3218	本班	9.30	16	16	100.00%	2	4.80	240.00%	3	1.50	10	3.00	3	0.30
4	0201102	3331	本班	8.40	13	13	100.00%	2	4.30	215.00%	4	2.00	7	2.10	2	0.20
5	0201103	3175	本班	12.20	13	13	100.00%	2	6.10	305.00%	11	5.50	2	0.60	0	0.00
6	0201103	3205	代班	5.10	6	6	100.00%	2	2.60	130.00%	5	2.50	0	0.00	1	0.10
8	0202101	3216	本班	12.20	19	15	78.95%	2	6.10	305.00%	8	4.00	7	2.10	0	0.00
9	0202102	3124	本班	10.00	13	13	100.00%	2	5.10	255.00%	8	4.00	3	0.90	2	0.20
10	0202102	3191	本班	7.60	10	10	100.00%	2	3.80	190.00%	4	2.00	6	1.80	0	0.00
12	0202103	3119	本班	12.40	14	14	100.00%	2	6.20	310.00%	10	5.00	4	1.20	0	0.00
13	0202103	3234	本班	9.50	12	12	100.00%	2	4.80	240.00%	7	3.50	4	1.20	1	0.10
14	0203101	3161	本班	6.80	8	8	100.00%	2	3.40	170.00%	5	2.50	3	0.90	0	0.00
15	0203101	3202	本班	7.80	9	9	100.00%	2	3.90	195.00%	6	3.00	3	0.90	0	0.00
16	0203102	3295	本班	9.80	12	11	91.67%	2	4.90	245.00%	8	4.00	3	0.90	0	0.00
17	0203102	3308	本班	8.20	11	11	100.00%	2	4.10	205.00%	4	2.00	7	2.10	0	0.00
18	0204101	3170	代班	7.60	15	15	100.00%	2	4.10	205.00%	4	2.00	5	1.50	6	0.60
19	0204101	3291	本班	7.90	12	12	100.00%	2	4.00	200.00%	3	1.50	8	2.40	1	0.10
20	0204102	3145	本班	4.40	7	6	85.71%	2	2.20	110.00%	2	1.00	4	1.20	0	0.00
21	0204102	3296	本班	4.40	6	6	100.00%	2	2.20	110.00%	2	1.00	4	1.20	0	0.00
22	0205101	3290	本班	5.90	9	9	100.00%	2	3.10	155.00%	5	2.50	1	0.30	3	0.30
23	0205201	3292	本班	4.10	7	7	100.00%	2	2.10	105.00%	1	0.50	5	1.50	1	0.10
24	0206101	3159	本班	6.80	8	8	100.00%	2	3.40	170.00%	5	2.50	3	0.90	0	0.00
25	0206101	3169	本班	7.80	12	12	100.00%	2	4.00	200.00%	4	2.00	6	1.80	2	0.20

图 3-11　信息采集员精细化考核

合肥市通过设定信息采集案件分值，有效提升了信息采集效率与质量，既能解决一般案件上报过多、重点案件易漏报或不报的问题，又能就某一阶段性的重点工作灵活调节信息采集频率。对系统内部而言，便于强化对信息采集监督员和采集公司的管理。对城市管理来说，便于及时发现隐匿案件或重点案件，有利于第一时间解决群众所盼。

（二）甘肃省兰州市城关区三级巡查管理模式

兰州市城关区为保证日常巡查（信息采集、现场核查等）和派件处理（立案受理、任务派遣、核实结案）效率，建立了案件信息采集三级管理模式：第一级是将辖区划分为

150 个单元网格区域，每区域派遣一名信息采集监督员进行步行巡回检查，利用"城管通"手机 APP 进行案件信息上报，同时通过固定视频设备进行不间断监控，通过人工和视频相结合的方式，实现全辖区每天至少三次的全面巡查；第二级是以街道辖区为界限，每街道安排一名负责人骑非机动车进行巡查；第三级是以辖区核心区域和管理滞后区域为重点，安排专业稽查队伍和流动视频进行第三次核查。具体做法如下：

1. 一级网格信息采集监督员队伍和视频监控设备。兰州城关区数字城管现有专职信息采集监督员 150 余人。①人数多，确保每个网格内最少有一名固定的监督员，并实行重点区域日夜轮班，基本实现区域和时间的全覆盖，城关区城管网格及网格员分布如图 3-12 所示；②人员专职，固定的网格信息采集监督员对城市管理的业务熟悉，能更准确地采集到群众关心的热点、难点问题，而且可以现场处理一些简单的城市问题，提高效率；③定期监督员轮换，通过信息采集监督员互换网格巡查，主动规避了信息采集监督员与辖区摊贩"熟面孔"现象，避免与被采集对象的矛盾激化，保障采集员人身安全，解除后顾之忧，激发监督员的工作积极性，同时也提高了监督员对其他网格区域的熟悉程度，为重点区域巡查、临时顶岗奠定基础，保障案件信息采集工作质量；④固定视频监控设备，1619 个数字城管高清视频监控摄像头和共享接入的 8199 个公安视频监控摄像头对全区重点人群集聚区、道路交通、社会治安、校园安全、施工工地等方面进行全天候、立体化、无缝隙、全覆盖监管。城关区数字城管视频调度系统如图 3-13 所示。

图 3-12　城关区城管网格及网格员分布

图 3-13　城关区数字城管视频调度系统

2. 二级街道负责人队伍

案件信息采集工作在单元网格的基础上，以街道行政区域为基础分片包干，24 个街道各设立一名对辖区情况熟悉的信息采集监督员负责人，直接联系街道办事处，直接收集意见和建议，利于畅通民意表达渠道，充分发挥城市管理的外部监督作用。同时负责人可实现 30 分钟内骑自行车巡查辖区一遍，对辖区监督员进行有效管理，并对漏报案件进行补充上报。

3. 三级稽查队伍

城关区数字城管辖区面积大，城市管理问题复杂，日常业务和队伍管理难度较大。因此，要加大监管力度，又要调动信息采集监督员的工作积极性，提高信息采集效率和质量，就必须落实岗位责任制、考核和奖惩机制。针对上述问题，城关区数字城管建立三级稽查队伍，设立稽查科，共 20 余名稽查人员，对信息采集监督员上报的案件的数量、质量、案件核查等工作进行考核。本着客观公正的态度，实事求是地对漏报、瞒报、处置结果进行反馈，充分发挥信息采集监督作用，杜绝反馈不实信息的情况发生，切实保证稽查作用得到准确体现。

城关区的三级巡查模式，均以案件报送数量为主体，辅以相对应的考核处罚办法，加大互补力度，缩短报送间隔，最大程度减少漏报瞒报现象，实现了对全区 14 大类 147 小类事部件的全覆盖、无缝隙采集。

（三）重庆市沙坪坝区五级责任倒查管理模式

重庆市沙坪坝区覆盖面积 132.4 平方公里，划分单元网格 4207 个、责任网格 108 个，目前共有信息采集监督人员 72 名。采集任务重，人员力量少是沙坪坝区数字城管信息采集面临的主要问题。为全力提升信息采集工作效能，沙坪坝区信息采集工作实行五级责任倒查机制，严格执行考核办法。具体做法如下：

1. 每日科室巡查、督查

巡查、督查组人员每日对责任网格进行全路段巡查，结合现场实际情况，抽查案件。抽查数据由科室人员汇总，并送达至各片区小组长处，由片区小组长负责通知各自的组员对照查找，再将查找结果反馈至科室，最后由科室汇总统计，纳入信息采集监督员月度考核。

2. 每周领导随机抽查

成立以党政主要领导为组长，各科室负责人为成员的随机巡查小组，各巡查小组每周对辖区责任网格内的漏报案件进行抽查并做好各类台账登记，纳入信息采集监督员月度考核。

3. 每月片区交叉抽查

信息采集小组共 6 组，每月进行一次片区小组交叉抽查工作。由 6 名组长交叉抽取对方小组内两名组员，对组员责任网格进行全路段巡查、抽查。抽查组长将抽查数据汇总送达至对方组长处，由对方组长通知组员对照查找，再将查找结果汇总至科室，最后由科室人员做好台账登记，纳入信息采集监督员月度考核。

4. 每月区城管局考核倒查

沙坪坝区城管局精细化考核小组按照《沙坪坝区城市管理局 2018 年基层单位精细化城市管理考核办法》对辖区内路段进行随机抽查，再将发现问题进行系统比对倒查，对系统未上报案件纳入信息采集监督员月度考核扣分。

5. 每月市级考核漏报倒查

重庆市城管委按照《2018年主城区数字化城市管理考核标准信息采集漏报抽查工作细则》对辖区内主、次、支干道及背街小巷可视范围的路段进行随机抽查。沙坪坝区数字城管将抽查问题纳入系统对比，将系统漏报纳入信息采集监督员月度考核，倒查责任到人，对信息采集监督员实行追责。

沙坪坝数字城管推行的五级倒查机制，有效提升了信息采集全域的能力，加大了疑难问题的解决力度，实现了对信息采集人员动态监管，提高了城市管理精细化水平。

（四）河南省许昌市全面信息采集助力文明城市创建

许昌市针对文明城市创建任务繁重，创建督查工作覆盖面广、人员不足等问题，将创建工作纳入数字化城市管理，充分利用数字城管信息采集全覆盖、高效率的优势，全面采集、派遣、督办各类城市管理问题，助力文明城市创建工作。具体做法如下：

1. 修订采集标准

参照全国文明城市测评体系，修订完善《信息采集立案和核查结案标准》，增加责任单位，拓展原有责任单位管理内容，将金融、通信、电力、医院、车站、景区、酒店、网吧、餐饮门店等服务行业的文明标识标牌、公益广告、消防设施、志愿服务、投诉处理、行业许可证件等问题纳入信息采集范畴，实现常态监管。

2. 全面采集信息

发挥信息采集监督员、采集车、视频监控、"12319"热线等各类采集渠道作用，全覆盖、高效率采集问题。开展公益广告设置、窗口秩序、市民不文明行为、基础设施、城中村、城乡接合部市容环境、交通秩序、集贸市场、老旧庭院等专项采集，督促责任单位解决，改善人居环境。

3. 强化督查考评

建立督查台账，通过下发限期整改通知单，联合创建指挥部督查、通报，新闻媒体曝光等形式，对整改不力的责任单位进行督查。每月开展责任单位考评，结果上报市委、市政府，以30％权重纳入文明城市创建考核，在全市创文推进会上通报点评，督查力度有效增强。

文明城市创建工作纳入数字城管以来，构建起高位监督指挥体系，有力调动了全市数字城管责任单位和承担创建任务部门的管理资源，发现问题更全面，派遣问题更及时，处理问题更高效。2017年，许昌数字城管共受理各类问题43.3万件，其中文明城市创建相关问题10.1万件。市容秩序更加有序，环境卫生更加整洁，公共设施更加完善，城市景观更加靓丽，市民行为更加文明。为许昌市成功创建全国文明城市发挥了重要作用，被许昌市委、市政府授予"创建全国文明城市重要贡献奖"。

（五）湖南省株洲市多举措规范协管员信息采集工作

株洲市在信息采集大队成立之初，一些问题严重影响信息采集工作。一是队伍素质参差不齐，采集标准不一，队员对城市管理采集范围和采集方式掌握不全面，业务不精细，经常性地出现漏报的问题。二是由于管理办法、绩效考核办法不全面，不适用新的信息采集管理模式，瞒报、虚报等不作为现象时有发生。三是信息采集工作需要经常与处置部门接触，某些处置人员对采集队员上报的难处理的问题不理解、不支持，甚至出现谩骂、威胁、殴打采集队员的情况，对信息采集工作造成了阻碍。

为了解决以上问题，株洲市从多角度出发，采取了一系列措施，经过磨合，信息采集人员的认知水平和业务能力逐步提升，信息采集工作运行平稳有效。

1. 在采集方法上突出重点

突出重点时间，根据每个网格的实际情况设置不同上班时间段；突出重点区域，将株洲 130 个责任网格分为 A、B、C、D 四类。要求信息采集人员对系统中的热点、民众感兴趣点重点巡查；突出重点类别，如网格内市容问题较多，则采集以市容问题为主；网格内环卫问题较多，则重点采集环卫问题。

2. 在人员奖惩上突出绩效

设立案卷积分成绩，将信息采集人员上报案卷的平均积分数设为合格线，对高于或低于合格线的人员分别进行加减分，综合各类网格成绩。根据网格市容环卫管理效果综合网格成绩，依托公众对信息采集人员上报的案卷进行监督，若发现瞒报、漏报、虚报等现象，则对信息采集人员进行积分扣分并记入当月绩效。通过积分和网格成绩的综合考核，激励信息采集人员积极发现城市管理中的问题。

3. 在考评上突出问题导向

实行超时倍增扣分制，对超时处置或多次派遣的案卷按超时程度，进行倍增叠加扣分，提高按期结案率；实行频发案卷倍增扣分制，对同一地区反复发生同类问题的情况实行频发案卷倍增扣分。

4. 在队伍管理上强化制度建设

通过完善《株洲市信息采集协管员管理办法》、《信息采集协管员绩效考核办法》，约束和规范信息采集人员的采集工作行为，提升信息采集人员履职能力。

（六）河南省洛阳市多种信息采集手段与专业采集队伍并存

洛阳市充分利用各种社会力量，拓展了多条城管问题信息采集渠道，包括：城管"千里眼"、专职的信息采集监督员、兼职信息采集员以及普通群众，他们有的充当"天线"，有的担任"地线"，让洛阳的城市管理信息采集永远"不断电"。

1. 城管"千里眼"

目前，洛阳数字城管可查阅到该市 2000 余个可视监控，其中 360°球形摄像头能根据需要随意调整。洛阳数字城管视频共享系统如图 3-14 所示。

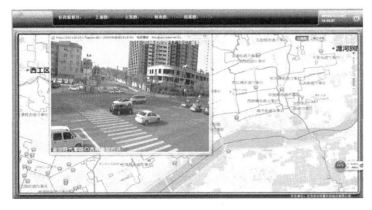

图 3-14 洛阳数字城管视频共享系统

在城管执法车上，安装有类似于望远镜的摄像头，并配有照明设备，方便夜间执法。同时，这些车也是一台台移动摄像头，能随时调配到洛阳市摄像头覆盖不到的区域，实时传输拍摄画面，为城市管理提供信息支持。

2. 专职信息采集监督员

洛阳城市建成区 260 平方公里被划分为 19635 个万米单元网格和 203 个责任网格，336 名专职信息采集监督员，发现城市管理问题后，通过"城管通"上报到数字城管平台。

3. 兼职信息采集员

洛阳市数字城管兼职信息采集员由城管志愿者、老干部督导团、普通群众等组成。目前洛阳市有城市管理志愿者近 3000 名、老干部督导团 80 余人。他们不计报酬、不图名利，以解决城市管理热点、难点问题为己任，奔波在大街小巷，成为参与城市管理、促进市容提升的重要力量。

4. 普通群众

通过"12319"城建热线 24 小时人工接听，受理群众各类诉求，还通过便民服务 APP 接收城市管理志愿者反映的各类问题及建议，如图 3-15 所示，所有市民群众都是信息采集监督员。

图 3-15　便民服务 APP 主界面

此外，洛阳市还建立了四级监督机制，所有信息采集监督员相互助力，形成合力。①要求各城区严格信息采集监督员管理，奖优惩劣，能进能出，加强履职能力监督；②成立了市级督察大队，负责问题漏报督查，强化对监督的监管；③市纪委、老干部督导团、民评代表、媒体记者利用"暗访、曝光、问责"的三把利剑，强化监督检查，使管理的深度和广度不断延伸，管理者的紧迫感和责任意识不断增强；④动态化招募城管志愿者，强化社会监督。

三、源头派案

为从源头上提高信息采集质量，破解信息采集质量监督、案件采集不均衡性的问题，解决同时段、同地点、同事件的反复发生难题，徐州市、宜宾市、昆明市等城市结合实际，探索了信息采集交叉巡查机制、信息采集考核体系、处置部门自主核查结案机制、特殊事件同时段核查机制等经验做法，不仅推进城市管理信息采集的源头派案，还有效促进处置部门转变案件办理观念，变"以结案而办案"为"以源头治理而办案"。

（一）江苏省徐州市交叉巡查采集模式

徐州市为破解信息采集监督员难管理、信息难采集等突出矛盾，坚持问题导向、考核导向，优化数字城管系统案件处置、核查流程，将原来数字城管案件全部由信息采集监督员核查通过的结案方法，调整为处置部门自主处置核查结案，同时采取两家信息采集公司在同一管理网格内交叉巡查、共同采集、定期轮换的采集模式。具体做法如下：

1. 取消每个案件都要信息采集监督员核查通过才能结案的方法，改为"谁处置谁核查"

即由处置部门通过处置终端将处置照片按照采集照片的同一点位、同一角度拍照上传至指挥中心，如图 3-16 所示，市数字城管中心根据上传的处置照片对照结案标准，对符合结案标准的进行结案，不符合结案标准的重新派遣处置。对部分易反复、易回潮问题和群众反映强烈的难点、热点问题的处置情况进行抽查，将处置单位已经处置完成的案件发至监督员进行重新核查，根据采集核查的情况进行结案或重新派遣处置，确保问题得到真正处理。

图 3-16　徐州数字城管监督指挥大厅

2. 改变以前按区域划分管理网格格局

两家采集公司管理网格相互交叉，管理网格按责任网格重新组合分别交给不同的采集公司，每个办事处区域内都有两家公司的人员共同采集，并不定期轮换，解决了因公司管理制度不同导致的采集数量质量不均衡问题，同时两家公司人员相互监督，互派机动人员至对方网格内进行采集，所采集案件列入对方公司的漏报考核，并对人员的工作情况进行监督。

3. 成立监督巡查机动队（图 3-17）

机动队人员实行 7×24 小时工作制，人员从两家采集公司和中心抽调，由徐州市数字

图 3-17 徐州监督巡查机动队

城管中心直接管理：①对两家采集公司的监督员的日常工作进行监督；②对部分反复出现的高发、频发、易反复问题的"自行核查"情况进行抽检；③在夜间重点采集、上报占道经营、店外经营、露天烧烤、扬尘污染等问题。

4. 增加诚信考核指标

对处置部门以及采集人员的考核指标中均增加诚信考核项目，对于处置部门可能造假问题，调整考核指标的方式，提高反复、返工案件权重，对抽查案件中的返工案件提高扣分率。同样发现采集人员有案件作弊行为，则直接予以辞退，并纳入对所属公司的考核。

交叉巡查采集模式既提高了案件核查效率，降低了案件采集受阻的可能性，同时两家公司可以互相监督，提高了采集效率，又避免了单一固定片区案件采集的不均衡性，达到了精细化城市管理目的。

（二）四川省宜宾市设立多样核查工作制度

宜宾市为解决事件类案件结案率和按时结案率较高，但同地点、同事件反复发生的难题，通过分析各事部件案件的特征，建立了具体问题具体分析、科学多样的核查工作制度。通常数字化城管案件信息采集监督员核查时限是 1.5 小时，信息采集监督员在收到核查指令时必须在规定时限内核查反馈，否则会影响个人绩效考核。宜宾市通过对事件类案件分析发现，①如早餐、夜宵摊点占道经营问题，处置部门往往为提高考核成绩，上午批转处理，监督员核查时夜宵店还未经营，案件自然结案；②针对采集员 1.5 小时内完成核查的工作特点，处置部门往往要求一线管理人员在现场只需守住"2 小时"，过了核查时限任由问题反弹，使案件核查失去应有的效果。

为解决以上问题，宜宾市数字城管中心对核查工作进行了以下创新：

1. 按事部件特征修改核查时限

宜宾数字城管根据事部件问题特征，将一般事件类案件的核查时限修改为 24 小时，部件类案件时限仍为 1.5 小时，同时车辆乱停放和道路积水等一些紧急事件复核时限调整为 30 分钟，提高了信息采集监督员核查的灵活性。

2. 定时间、区间复核

一是对时间规律性强的事件类问题，规定信息采集监督员必须在案件上报时间的前、后 30 分钟进行核查。如某早餐店店外经营案件，上报时间为早上 8：00，专业部门回复处置后，监督员必须在次日 7：30～8：30 之间核查反馈情况。二是对于一般事件类案件，信息采集监督员根据上报案件的实际情况，在 24 小时内灵活选择核查时间，即要求专业部门要快速处置问题，关键还要做好巩固处置结果，有效杜绝守住"2 小时"的现象。

此外，宜宾市翠屏区为提高案件办理力度，将数字化城管案件与行政执法并轨处理，对符合法律法规处罚条款的案件，坚决依法处罚，使占道经营、无照游商、乱倒垃圾等城市管理顽疾的违法成本显著提高。

宜宾数字城管通过建立多样核查工作制度，进一步优化了处置部门案件办理思路，促使各处置部门不为结案而办案，真正提高了案件处置水平。

四、公众参与

为积极引导公众参与城市管理，合肥市、成都市温江区、徐州、沈阳等许多城市都通过微信、微博、门户网站、手机 APP 以及热线电话等方式，扩宽市民参与渠道，建立市民有奖上报机制，鼓励市民上报城市管理问题，督促各相关部门高效响应市民关注问题，构建"共治共管、共建共享"的城市治理新局面。

（一）安徽省合肥市鼓励市民有奖举报城管问题

合肥市城管局为方便广大市民参与城市管理，开通了微信、APP 城市管理问题举报平台，市民只需要关注市城管局官方微信"文明合肥（ID：hefeichengguan）"或者下载"合肥市民通"APP 软件，就能通过手机举报各类城市管理问题。通过微信公众号，针对市民热点关注的 9 类城市问题实现了一键"爆料"。其中，问题类型包括市容环境类、街面秩序类、宣传广告类三大类，基本覆盖了市民最为关心的城市问题。市民可通过平台查看问题的处理流程与进度，若相关单位处理不到位、超时处置等，都将被通报扣分，甚至影响年终考核成绩。

此外，为鼓励更多的市民参与城市管理工作，市城管局还推出了话费奖励办法。以自然月为周期，以上报问题的手机号码为唯一统计口径，根据举报问题的多少，给予 50～300 元不等的话费奖励。在每月中旬通过手机话费形式充值至获奖市民手机资费账户，具体奖励发放情况通过市城管局网站、微信公众号和市民通软件推送。市民在举报时要遵循以下规则：

1. 举报城市管理问题不能超过 1 小时

举报范围仅限瑶海区、庐阳区、蜀山区、包河区、高新区、经开区、新站城区范围的公共区域。考虑到管理责任主体的不同，居民生活小区及单位内部区域不在举报范围内。市民发现城市管理问题，在拍照取证后需要在一个小时内及时通过微信或者手机 APP 上传数字城管平台。

2. 违法建设、大型户外广告不在举报事项范围

部分需要专业认定和法律认定的事项没有纳入其中，比如，对违法建设和大型户外广告。此类事件需要专业部门进行违法违规认定，不适合通过手机端实现立案和办案流程，市民可以通过 12319 热线举报。

3. 市民举报问题，信息必须真实准确

必须注明问题发生地的详细地址，包括所在道路路名。例如：××路与××路交口向东××米北侧，××商店东侧等，利用 GPS 进行定位，描述位置和 GPS 定位位置须相符；同时需要上传两张（问题的近景和确认位置的远景）或多张能清晰显示所举报问题的照片或视频。

4. 举报越多，奖励越多

举报奖励将根据市民举报的有效案件数量，进行统一排名后决定。其中，一等奖 5

名：排名 1～5 位，每人奖励 300 元话费；二等奖 10 名：排名 6～15 位，每人奖励 200 元话费；三等奖 15 名：排名 16～30 位，每人奖励 100 元话费；参与奖 20 名：在当月其他所有参与并举报有效问题的市民中随机抽取（已获得排名奖励的不再参与），每人奖励 50 元话费。市民有奖举报统计如图 3-18 所示。

图 3-18　市民有奖举报统计

（二）四川省成都市温江区打造"众治温江"公众参与互动平台

成都市温江区为了拓宽市民参与城市治理方式，积极引导市民共建美好温江，建设了"众治温江"公众参与互动平台，整合"随手拍"问题上报、"看风采"便民服务、"来参与"上报问题点评、"行走温江"领导带头发现问题等多个信息来源的渠道，通过公众举报、在线交流、群众评议等公众服务，开辟温江区市民"共建、共治、共享"温江优美城乡环境的重要窗口。

市民可通过城市治理热线平台拨打投诉电话，举报反映问题，也可以拿出手机，通过"众治温江"微信公众号，如图 3-19 所示，随时随地拍摄照片，将发现的问题编辑成文

图 3-19　"众治温江"公众参与平台

字，一并上传至平台，形成投诉件。每一位参与者可在微信公众号中"我的贡献"模块查询案件办理状态及进度，也可查看自己的贡献值，并通过积分兑换微信红包奖励。案件处置完毕后，或点赞或吐槽，全由市民的满意度决定，形成实时监督，互动点评的良性循环。市民可通过微信公众号发送消息、提出诉求，为"众治温江"集思广益，也可在公众号推文中查看攻略、了解政策，在便民服务栏查询公厕点位、办事指南等。公众参与从娃娃抓起，"城市小管家"活动通过组织中学生代表参与城管工作中，令其亲身体会城市管理工作者的辛勤，了解工作流程及内容，重塑民众心中城管的形象。

随着"众治温江"的不断推广、运行，有效提高了城市管理问题信息采集效率，"众治温江"已然成为数字城管问题来源的重要组成部分。

第七节　变革考核方式

考核办法创新是源头治理的重要途径，有利于数字化城市管理的长期发展和工作实施。数字化城市管理绩效评价核心作用在于调动城市管理各部门的工作积极性和主动性，让城市管理事部件问题的处置效率、质量得到有效提升。有的城市以"体制、机制、领导、人员、考核"为目标，制定了城市管理网格化考核体系；有的城市根据评价对象和范围的不同，创新评价指标，实现了区域评价的差异化；有的城市发挥数字城管平台优势，将创建文明城市的目标、任务纳入城市管理的日常监督和考核内容，一定程度上推进文明城市创建的常态化和长效化；有的城市强化考评问责手段，并通过设置案件发生量指标、反复发生案件指标、案件专项督办指标，从源头上保证了案件的处置率。通过推动城市管理考核工作，使得大量的城市管理重难点问题，反复问题、历史遗留问题得到了解决。

本节重点讲述北京市海淀区、广东省佛山市、河南省郑州市等5个城市数字城管在考核方面的经验做法，以期为读者提供借鉴和参考。

一、北京市海淀区"五统一"的城市管理综合考评体系

从2016年9月以来，北京市海淀区创新城市管理工作机制，通过理清城市管理相关部门和各街镇的工作职责、工作范围，明晰责任清单，统筹全区的城市管理考核工作，实现城市管理综合考核工作的统一领导、统一组织、统一指标、统一平台和统一结果运用，建立起"五统一"的城市管理综合考核评价工作体系。旨在科学高效地发挥监督考核作用，减轻基层迎检负担，破解"拿钱多，干活少"的现状，进一步提高城市管理精细化、科学化和法治化水平，同时在实践中建立了以信息流为核心，以监督考核为牵引，以协同联动为抓手的"大城管"工作体系。

具体做法如下：

1. 科学制定唯一的城市管理责任清单

通过梳理123部城市管理相关法律法规，制定了《海淀区城市管理综合考核评价体系》，明晰了全区29个部门和29个街镇的责任清单，形成了三级架构的城市管理综合考核评价指标体系。具体包括4个一级指标、111个二级指标和208个三级指标，对每个指标，依据严重性和所处地理位置不同，分别给予扣分权重。

2. 引入多维度考核，实现共治共享

海淀区的城市管理综合考核评价内容包括现场检查考核、执法过程考核、专项考核、网格化工作考核、区委区政府重点工作和社会评价六部分内容，既体现了依据责任清单发现的表相问题，又突出区委区政府重点工作的保障，同时引入公众测评和人大代表、政协委员参与，保障考核结果的客观、公正和公平。现场检查考核通过引入第三方现场检查机构，以全区 29 个街镇的 642 个社区（村）为被检查单元，每月开展滚动式检查三轮。检查时间全覆盖，每天从 6：00～22：30，同时根据季节特点调整；每年 365 天无间隙，包括节假日、春节等城市管理重点时间；公众满意度测评采取街头拦访的方式，运用"互联网＋"的模式；对人大代表、政协委员反映的问题按照"一事一机制"的原则办理，通过多维度考核，实现区域环境共治共享。

3. 建立高位督导机制和高位指挥调度机制，快速解决城市管理疑难问题

组建海淀区城市综合管理联合督导组，负责城市管理疑难问题的督促解决。联合督导组共分四组，每组由海淀区数字城管指挥中心、海淀区城管执法监察局、区交通支队和公安海淀分局各一名干部组成，组长由区城管执法监察局干部担任；副组长由区指挥中心干部担任。同时，搭建了各个层面的城市管理工作指挥调度工作平台，用于一般性城市管理问题、综合性和专项城市管理问题的解决，城市管理工作的部署调度、重大活动等环境保障任务。其中，一般性城市管理问题解决的指挥调度平台有考核系统调度平台、网格化系统指挥调度平台和视频系统调度平台等；城市管理工作的部署调度平台有全区城市管理工作周例会平台、城市管理工作月调度会平台、城市管理工作半年调度会平台等；综合性和专项城市管理问题的解决、重大活动环境保障构建了多个微信群指挥调度平台，通过微信进行扁平化指挥调度，具体包括城市管理领导群平台、城市管理分中心主任群平台、城市管理城管科长群平台、海淀区环境保障群平台、暴露垃圾专项工作调度群平台、小广告专项工作调度群平台等。海淀区的高位督导机制和高位指挥调度机制，统筹全区的城市管理力量协同开展工作，对综合性等城市管理疑难问题高位协调、督导，推动区域环境秩序水平稳定提升。

4. 开发建设自动生成考核成绩的支撑系统

为客观、公正、公平开展城市管理综合考核评价工作，海淀区建设了自动生成考核成绩的支撑系统，自动生成两部分内容：一是自动生成每个城市管理问题的扣分值；二是按月生成海淀区每个考核对象的城市管理综合考核评价成绩，如图 3-20 所示。

专业部门	当月扣分	总得分	综合排名	上月扣分	当月累计扣分	问题发现得分	挂账问题扣分	
区环保局	0.1	98.9839	1	0.045	2.685	15	0	
区城管执法监察局	0.8	98.9657	2	0.43	21.7	15	0	
区水务局	0.155	98.4267	3	0.025	8.785	15	0	
区工商分局	0.08	98.3989	4	0.035	35.34	15	0	
区公安分局	0.305	98.33	5	0.42	9.75	15	0	
区市政市容委	6.17	98.2789	6	6.165	148.925	14.2407	0	
国土规划局	0	98.1358	7	0	0	15	0	
区住建委	0	97.9724	8	0	4.215	15	0	
区环卫中心	2.08	97.6021	9	1.425	48.34	13.8974	0	
区园林局	18.085	95.0683	10	13.695	320.52	11.7851	0	
海淀交通支队	0.65	94.6259	11	1.015	48.57	15	0	
区国资委	1.475	94.379	12	1.71	26.775	11.9496	0	
海淀消防支队	6.225	92.7909	13	7.485	169.54	15	0	
区房管局	46.795	92.1944	14	57.545	466.295	8.8049	0	

图 3-20　系统自动生成对各委办局的考核成绩

海淀区数字城管通过纵向顺逆、横向聚散的城市管理交互式信息流，再造"发现即处理、处理即考核"的城市管理运行机制和工作流程，实现城市管理综合统筹和协同联动，为构建创新生态体系和新型城市形态奠定了基础。

二、广东省佛山市构建以考促干的精细考评体系

2012年5月，佛山市委、市政府直面城市管理短板，明确提出"一年有明显成效，三年有重大改变"的城市管理工作目标，佛山市数字化城市管理指挥中心（以下简称：佛山数字城管）考评工作正式启动。通过多年来的探索优化，该中心考评标准就像一根指挥棒，指引着城市管理深化改革，助推城市管理精细化发展，形成了具有佛山特色的数字城管考评体系。

具体做法如下：

1. 推行数字城管高位考评

佛山市政府办公室印发了《佛山市城市管理考核评比暂行办法》、《佛山市数字化城市管理实施办法》等考评制度，将数字城管纳入城市管理考评体系。佛山市城市管理考评采用"月考评、季通报、年总结"的考评方式，由佛山市城管委办公室对禅城、南海、顺德、高明、三水区政府进行考评，设置新闻媒体作反思、约谈等处罚制度。考评设立城市管理奖励资金，对数字城管考评年度总分第一的区奖励50万元。

2. 建立精细化考评标准

佛山数字城管考评内容分为案件总体处置、信息采集、公众投诉、市级派遣、规范性、机构及队伍建设、督办事项7个考评大项，49个考核指标。案件总体处置、公众投诉、规范性共设置31个考核指标，倒逼各区提高案件办理质量，形成标准化、规范化的案件办理体系，从而提升服务水平，提高部门工作效率。信息采集设置采集上报情况、普发案件信息采集覆盖率、特定案件信息采集情况等12个考评指标，推行数字城管事件、部件普遍性采集制度，引导各区充分采集各类城市管理问题，确保"多劳多得"。机构及队伍建设明确规定了各区机构设置、专职信息采集监督员、坐席员的要求，确保各级数字城管有效运行。

3. 实行"三级考核"模式

佛山数字城管考评采用"三级考核"的模式，即由市考核区，区考核镇（街），镇（街）考核村居（社区）。数字城管"三级考核"模式由市级层面把握全市数字城管考评的方向，最大限度地将自主权下放到区、镇（街），由其根据属地实际情况，制定科学合理的考评标准。通过分层级考核，实现各属地因地制宜、因地施策，打造佛山市数字城管层级式精细化考评模式。

4. 实行案件抽查考核制度

佛山数字城管考评实行严格的案件抽查考核制度，通过对人工案件的基本信息、办理意见、热线接入、话务服务、附件（包括现场照片、法律文书等）、适用情形等方式，进行严格抽查，狠抓案件办理质量，避免出现案件造假、案件处置不规范、话务服务不佳等问题。月均人工抽查案件约1.5万宗，有效提高了数字城管案件办理的规范性，提升了服务质量。

佛山数字城管通过多年以来的考评，以考促干、以考促管，有效倒逼各部门及相关人员履职，提高了人民群众的获得感和幸福感。

三、河南省郑州市区域评价的创新与应用

河南省郑州市数字化城市管理监督中心（以下简称：郑州数字城管）自 2008 年运行以来，区域评价、部门评价以及岗位评价的体系随之建立，经过近十年的探索、实践，评价体系日趋成熟、完善，区域评价具有科学性与创新性，在实际应用中效果显著。郑州数字城管的区域评价不仅按照国家标准进行考核，还创新评价指标，使用"单位路段案件量"进行考核。同时实现了城乡一体化，评价区域全覆盖，直接考核区（管委会）以及乡（镇、街办），在实践中充分考虑评价对象的差异性，评价范围分区域、评价对象分组、创新管理难度系数，实现了差异化考核。

郑州数字城管在区域评价中做了许多创新，主要包括：

1. 城乡一体化考核，区域评价全覆盖

郑州数字城管基础地理覆盖的区域为 609 平方公里，共划分万米单元网格 25152 个，责任网格 742 个，数字城管考核做到城乡一体化，区域全覆盖，对基础地理未覆盖的区域，划定行政区域边界，新增 115 个责任网格，按照 GPS 定位进行案件统计，包括市内 5 个区、4 个管委会。

2. 既考核区（管委会），又考核乡（镇、办）

乡镇、街办作为城市管理的主体之一，是落实城市管理工作的重要抓手。郑州数字城管为了强化落实案件的处置，不仅考核 9 个区（管委会），还同时把全市 103 个乡镇、街办全部纳入区域评价，进行直接考核。

3. "整改＋发现"双重考核

（1）按照国家标准，进行整改考核

郑州市根据日常采集的 11 大类 214 小类数字化城管案件，按照国家标准《数字化城市管理信息系统　第 4 部分：绩效评价》GB/T 30428.4—2016 对区（管委会）以及乡镇、街办进行案件结案后的整改考核。

1）对区（管委会）的整改考核，评价指标全覆盖

在对区（管委会）的整改考核中，把案件的派遣、结案、返工、延期都纳入考核，实现评价指标的全覆盖。每个评价指标都有不同的权重系数，该系数会根据实际需要进行动态调控。区（管委会）整改考核计分公式

$$E_{区整改考核} = \sum_{i=1}^{5} 按期结案率 \times p_1 + 超期结案率 \times p_2$$
$$+ 返工率 \times p_3 + 延期率 \times p_4 + 未派遣数 \times p_5 \qquad (3\text{-}1)$$

注：$E_{区整改考核}$ 为区（管委会）整改考核得分，$p_1 \sim p_5$ 为权重系数，可为正值，也可为负值。

2）对乡（镇、办）的整改考核，发挥区级指挥中心的作用

在对乡镇、街办的整改考核中，郑州市充分发挥区级指挥中心的作用，由区级指挥中心对所属的乡镇、街办进行整改考核，并把考核结果上报给郑州数字城管。该中心为了避免各区级指挥中心考核分值的不均衡，仅使用考核结果的排名，并根据排名生成"整改考核系数"。

每个乡镇、街办的整改考核得分是所在区的整改考核得分乘以自身的"整改考核系数"。"整改考核系数"是 0.60～1.00 之间等差递减的数列，第一名为 1.00，最后一名为 0.60，中间等差递减，等差的差值由各区（管委会）所辖的乡镇、街办的个数决定。乡

镇、街办整改考核计分公式：

$$E_{乡(镇、办)整改考核} = E_{区整改考核} \times \left[1 - \frac{(1-0.6)}{n+1} \times (M_{排名} - 1)\right] \quad (3\text{-}2)$$

注：$E_{乡(镇、办)整改考核}$ 为乡镇、街办的整改考核得分，$E_{区整改考核}$ 为区（管委会）整改考核得分（参考公式 3-1），$M_{排名}$ 为乡镇、街办在本区的排名，n 为所在区乡镇、街办的个数。

（2）创新评价指标，进行"发现考核"

郑州市在整改考核之外，还对高发性及反复性强的案件进行"发现考核"，一旦发现问题即纳入案件量考核。"发现考核"能有效地督促区域评价的对象在案件发生前改进管理手段，加强管理措施，从而达到降低案件总量，实现"事前"控制的目的。

1）创新单位路段日均案件量作为评价指标

在大数据比对中发现，评价区域的路段数量和繁华程度存在线性关系，因此使用单位路段（河段）日均案件量作为"发现考核"的评价指标。

路段是指两个自然路口之间的一段道路，河段是指河道两桥之间的一段河道。路段数量是单侧路段（河段）的个数。路段长度小于或等于 50 米的并入相邻路段；路段长度大于 50 米小于或等于 100 米的，按 0.5 个路段计；路段长度大于 100 米的，按 1 个路段计。按照上述标准统计，郑州市纳入数字化城市管理的路段数为 9110.5 个，如图 3-21 所示。

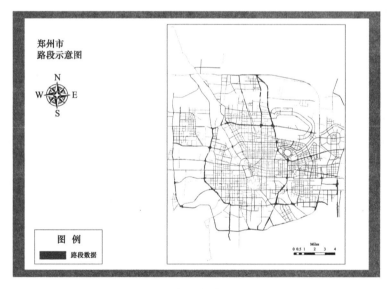

图 3-21　郑州市路段示意图

2）创新使用数量考核、同比考核、环比考核三者相结合

在"发现考核"中使用数量考核、同比考核、环比考核三者相结合，目的是为整体上调控总量，空间上横向比较、时间上纵向比较，三者的权重为 50％、40％以及 10％。其中同比考核是用本期的单位路段日均案件量和某个固定的基准值进行比较。环比考核是用本考核周期的单位路段日均案件量和上一考核周期进行比较。发现考核计分公式：

发现考核计分公式

$$E_{发现考核} = \sum_{i=1}^{3} Q_{数量} \times 50\% + Q_{同比} \times 40\% + Q_{环比} \times 10\% \quad (3\text{-}3)$$

注：其中 $E_{发现考核}$ 为案件量考核中某类别案件的得分，$Q_{数量}$ 为数量考核得分，$Q_{环比}$ 为环比考核得分，$Q_{同比}$ 为同比考核得分。

4．实施差异化考核

（1）评价范围分区域

按照管理难度与治理目标的差异把全市分为重点区域、一般区域和外围区域。在对区（管委会）的考核中，不同区域的考核成绩有不同的权重，重点区域为70％，一般区域为20％，外围区域为10％。

（2）评价对象分组

103个乡镇、街办在考核中根据所在的区域分为四大类。分别为重点区域类49个；一般区域类22个；外围区域类22个；其中管辖区域既有重点区域，也有一般区域的，称为双重区域类，共10个。

（3）创新区域管理难度系数

路段管理难度系数是根据路段单侧的沿街门店等业态制定的单侧路段综合治理的难易系数。根据沿街门店等业态类别将路段的管理难度系数分为六个等级，在0.90～2.00之间。

根据单个路段的管理难度系数进行加权平均后可得出该考核区域的区域管理难度系数。郑州市9个区（管委会）以及103个乡镇、街办的区域管理难度系数都在0.900～1.100之间，超出1.100按1.100计。目的是使管理难度加权的幅度在±10％以内，管理难度加权计分公式：

$$E_{管理难度加权} = E \times p_{区域管理难度系数} \tag{3-4}$$

注：其中 E 为某项考核的初始得分，$p_{区域管理难度系数}$ 为该区域的管理难度系数，$E_{管理难度加权}$ 为加权后的得分。

5．工作成效

（1）郑州数字城管区域评价的城乡一体化，增强了外围区域乡镇、街办的城市管理意识，提高了外围区域的城市管理水平。

（2）从2015年"上海合作组织成员国政府首脑理事会"第十四次会议在郑州举办开始，郑州数字城管区域评价开始考核到乡镇、街办，城市管理一直维持着良好的水平，城市管理面貌有了改观。

（3）郑州数字城管高发案件明显降低，区（管委会）数字城管机构对乡镇、街办的指挥、协调力度加大。

（4）郑州数字城管区域评价得到区（管委会）和乡镇、街办的认可，科学、客观、公平、公正的评价结果既鼓励了成绩好的区域，也鞭策成绩差的区域。

四、河南省汝州市构建科学考评体系打造高效服务平台

河南省汝州市数字化城市管理监督指挥中心（以下简称：汝州数字城管）试运行初期，各责任单位对数字化城管所派遣的案件存在走过场、运动式、突击补救现象；对案件的处置一拖再拖、推诿扯皮、各自为政，导致同一案件、同一区域重复采集、多次处置；尤其是顽固性、多发性问题反复出现，使得城市管理问题既不能得到根本治理，又导致数字化城管案件处置效率低下、结案率和按期结案率不能得到有效提升。同时，暴露出各责任单位对数字化城管不够重视，部门职责不清、综合效能不高、信息不对称、缺乏有效的

监督评价机制等深层次问题。

为了解决以上问题，汝州市数字城管坚持"具体任务指标化、管理区域精细化、监督考评科学化"，通过强化考核，数字城管运行效果逐渐显现，其主要做法如下：

1.制度先行，不断完善运行体系

为构建科学考评体系，打造高效便民的数字城管服务平台，使考核结果更加科学、公正、透明，汝州市委、市政府两办先后印发了《汝州市数字化城市管理实施办法（试行）》和《汝州市数字化城市管理工作考核办法（试行）》，并根据在运行过程中总结的经验，多次发文对考核办法进行补充、诠释，不断完善数字城管运行体系。

2.建立"一查二信三通报"长效考核机制

在日常监督考评中，汝州市数字城管采取了"一查二信三通报"的考核机制，一查即一周一检查；二信即每个案件及处理结果通过短信和微信形式通知到各处置部门责任人和单位正职；三通报指实行周通报、市四大班子联席会每月通报和季度讲评会季度通报的监督考评机制，考核评价体系不断得到完善。

3.高位监督，加大奖惩力度

为科学运用考评结果，汝州市政府把数字城管年度考评结果纳入全市年度绩效目标考核指标体系中，占各责任单位年度工作考核目标得分的4分。市财政每年还拿出1000万资金奖励工作成绩优异的责任单位，月考评前三名的市直委局、街道办事处、企业单位各奖励1～3万元；年度评比前三名的各奖励5～10万元；年终考核排名最后的将扣除相应经费。

在年度绩效考评中，对全年数字城管工作中表现突出的责任单位，由市城管委授予"城市管理优秀单位"称号，对表现突出的先进个人，由城管委授予"城市管理先进工作者"称号，作为个人干部选拔任用的考核依据之一。

在月、季度、半年、年度考评中，连续2个月排名倒数后三名的责任单位，由城管委约谈单位一把手；季度分组排名最后一名的单位在市城管委组织召开的全市城市管理工作全体会议上做表态发言；全年连续两个季度排名最后的街道和全年出现两个季度排名最后的市直局委，由市纪检监察部门依据相关规定对主管领导进行诚勉谈话。

4.公开考评结果，提高考评说服力。汝州市城管委定期对数字城管系统月、季度、半年、年度运行情况期进行通报，并依据绩效考评结果严格落实奖惩措施，考评结果在市级新闻媒体、数字城管门户网站、市政府门户网站上进行公布，使考评结果公开、透明，接受社会群众监督。

汝州数字城管科学考评体系的应用解决了多头管理、配合"迟""散"的难题，打破了以往问题信息发现渠道窄、问题处置缓慢的问题，使得城市管理实现由被动到主动、由滞后到实时的转变，达到了资源整合、协同共享、联动处置、快速高效的目的。

为建立数字城管的长效机制，常州市、郑州市、开封市、昆明市等结合各自管理实际，从考核内容、考核指标、考核办法、考核结果运用等方面进行了积极的创新实践，构建对各执行部门和监督机构的考核制度体系。

五、云南省昆明市强化网格化考评机制

为进一步提高城市网格化管理效率和质量，建立健全管理体制机制，加快建立城市管理长效机制，实现城市管理标准化、精细化和常态化。昆明市网格化综合监督指挥中心

（以下简称：昆明数字城管）从优化网格化管理考核体系、强化考核结果运用方面不断完善考核评价机制，建立了市、区两级网格化考核评价体系。

新的考核体系以建立健全网格化管理体制机制为核心，具有以下特点：

1. 市、区考核内容各有侧重

市级主要考核各区网格化管理体制机制建设运行情况、网格巡查监督情况和案件处置情况，分为管理体制、监督机制、考核机制、城市运行体系和重点案件督办机制五个方面；区级以考核街道和部门案件处置情况为重点，主要指标由结案率、按期结案率、返工率、媒体曝光数等指标。

2. 采用"基本案件数"进行考核

根据问题影响范围、处置难易程度等不同，设置不同的基本案件数，引导各区优先上报和处置重点、难点问题。

3. 将阻挠信息采集纳入考核范围

将监督员在网格巡查中受到阻挠的处置情况纳入考核，充分保障信息采集监督员的权益。

4. 考核结果向社会公众实时公开

各级各部门可通过"网格昆明"微信公众号实时查看本区和其他区得分情况，确保考核的公平公正。

5. 强化网格化综合考核结果运用

制定印发《昆明市城市网格化管理综合考核办法》，将城市管理网格化考核结果和第三方考核评估结果汇总形成昆明市城市网格化管理综合考核结果，并与目标考核、责任追究、奖惩激励、干部个人实绩有机结合起来，以强有力的激励约束推动工作落实到位。

昆明数字城管建立的考核评价体系以国家相关标准为基础，充分挖掘网格化考评的优势，对促进昆明数字城管有效运行起到了关键作用。

第八节 建立长效制度

在建立完善的考核机制体制方面，国内多地数字城管均出台了一系列具有自己城市特色的考评办法和问责制度，建立起数字化城管点评会、现场协调会、案件分析会、工作联席会等工作机制，逐步形成日催办、周报告、月评比、季考核、年分析的考核评价制度，考评内容也扩大到信息采集、公众投诉、任务派遣、问题处置、协调督办、队伍建设等数字城管的方方面面。

一、江苏省常州市城市长效综合管理点评会制度

江苏省常州市启动城市长效综合管理和考核工作以来，常州市的城市管理水平显著提升，先后获得了"国家卫生城市"、"国家生态城市"等称号。如果说数字城管的建成运行和城市长效综合管理考核工作的开展是为常州市的城市管理"画龙"，那么点评会制度的实行就是"点睛"。

常州市城市长效综合管理点评会制度的特色做法如下：

1. 会议规格高且重坚持

会议由常州市市长、分管副市长出席，市政府秘书长主持。增加文明城市创建点评

后，常州市领导增加了市委分管副书记和宣传部长，由市委副书记支持。参加人员有各市辖区主要领导、分管领导，数字区级城管中心主要领导，市相关职能部门主要领导等。十多年来，市长换了四任，但市长坚持参加点评会，一期不落，如图 3-22 所示。

王伟成市长出席点评会

姚晓东市长出席点评会

费高云市长出席点评会

丁纯成市长出席点评会

图 3-22　市领导参加点评会

2. 点评形式注重内容

点评会形式多样，会议议程主要有：现场播放城市长效管理问题点评片；通报本季度的工作、考核结果、存在问题和下一步工作建议；考核排在末位的区域、部门主要领导表态发言；市领导点评。对城市管理中出现的群众反映强烈的问题，采取现场督办的方式，实地解决问题。

3. 会后有落实重监督

高度重视点评会精神的落实，每次点评会过后，《常州日报》都会头版宣传会议精神。在本地电视台开通《宜居常州 你我共建》栏目，跟踪报道点评会曝光问题的解决情况，对于处置不力的问题，在下一次点评继续曝光，如图 3-23 所示。

图 3-23　常州市城市综合考评成绩公示

二、江苏省南通市长效考核机制助推违法建设治理

《南通市市区城市长效管理考核办法》中将南通市城管办与南通市文明办两套考核体

系合二为一，考核由单一的城市管理领域拓宽到文明城市建设与城市综合管理领域。遵循一套考核体系、一个考核标准、一支考核队伍、一个考核结果、一个结果运用的"五个一"原则，强化抓基础基层、抓重点难点、抓常态长效的"三抓"考核导向，形成城市管理领域科学、全面、合理的标准化考核体系。

南通市区人民中路以及东方菜市场周边的违建搭建、占道经营、车辆乱停放等多年顽疾久治不愈。为了解决这一难题，南通市城市管理监督指挥中心（以下简称：南通数字城管）强化考核，结合"五个一"原则，落实"三抓"考核导向，倒逼属地部门履职。具体做法如下：

1. 纳入城市长效综合管理考核体系

南通数字城管明确了各区政府和街道办事处是违法建设治理的责任主体，对历史违建和新增违建的防控和处置情况列入月度数字城管系统考核。对涉及国土、环保、建设、规划、房管、交通、水利等其他职能部门以及供电、供水、通信等单位的违建进行系统交办和联合执法。

2. 建立快速处置机制

南通数字城管明确市区各街道办事处建立违法建设快速处置机制，执法队伍应在接报后 60 分钟内到达现场责令停工，24 小时内提出处理意见，防止发生继续抢建行为。街道办事处、社区应组织力量督促当事人 3 天内自行拆除；当事人自行拆除有困难的，经当事人同意后由街道组织人员在 7 天内帮拆；如确实不属于街道办事处城管综合执法职责范围的违法建设，南通数字城管"12319"热线在 1 个工作日内移交其他相关责任部门处置。

3. 建立监督考核机制

违法建设治理工作纳入市区城市长效综合管理考核体系，在系统考核中权重为一般案件的 5 倍；在现场考核中，每发现 1 例，扣除所在街道办事处、城区当月总成绩 0.5 分；历史违建和新增违建拆除情况列入月度系统考核，根据完成情况予以加分。南通市环境综合整治领导小组办公室将违建治理情况列入对县（市）、区环境综合整治考核，分值为 0.6 分。

4. 建立举报和反馈机制

鼓励物业服务企业和市民群众及时发现违法建设行为并拨打"12319"城市管理服务热线举报。南通数字城管 24 小时全天候值守，对涉及违法建设的举报及时进行登记、核实、派遣，为举报人保密其联系方式，将处置情况向举报人进行反馈。违法建设经查属实的，按照相关规定对每例正在搭建的违法建设的首个举报人予以奖励。

南通市依托数字城管平台实施城市长效综合管理，将违法建设治理工作纳入市区城市长效综合管理考核体系，合理利用考核和奖惩杠杆，有效降低了违法建设率。

三、江苏省徐州市基于"大城管"的综合监督考评机制

新的城市长效管理考核办法出台之前，徐州市数字化城市管理监督指挥中心（以下简称：徐州数字城管）作为全市"大城管"工作综合监督考评机构，仅作为市城管局组织考核的项目之一，分值仅占市政府对各区城市管理工作考核总分 20 分中的 0.4 分，数字城管监督考核作用未能得到真正发挥，案件积压、超期处置、反复回潮问题突出，城市长效管理考评机制没有很好地建立起来。为了解决这一问题，徐州数字城管采取了以下策略：

1. 以数字城管考核为主导，建立城市长效管理考评机制

自 2016 年 7 月新的城市长效管理考核办法实施以来，先后两次对数字城管考核分值占比进行调整，由 2016 年百分制考核的 60%、2017 年 85% 调整至当前 100%，并针对城市长效管理中的突出问题，设定了结案率、按期结案率、返工案件、督办案件、反复案件等 5 项考核指标，通过提升问题整改时效、扼制问题反复回潮、增加重大案件计分权重、强化重点问题督办等，不断健全城市长效管理考核机制。

2. 实行考核全覆盖、无盲区

①范围全覆盖，按照管理无缝隙、责任全覆盖的"大城管"工作格局，将城市建成区全部纳入考核范围；②部门全覆盖，考核覆盖 7 个区、54 家街道办事处（镇、管理处）以及 41 家市有关职能部门及省属责任单位。③时段全覆盖，通过全天候的信息采集上报、12319 热线等途径，实现 24 小时无缝对接。④类型全覆盖，全面采集《徐州市数字化城市管理监督指挥手册》规定 5 大类 90 小类部件和 6 大类 81 小类事件的城市管理问题。

3. 拓宽多元化问题上报渠道

①健全市民参与城市管理的便捷渠道，市民通过下载安装"市民城管通"软件，对身边发生的环卫保洁、市容秩序、违法建设、车窗抛物等不文明行为进行监督举报，培养大批"城市啄木鸟"。②完善信息采集市场化机制，按照应采尽采的工作要求，不断加大信息采集力度。③实现 12319 热线系统与数字城管系统无缝对接，问题信息进入系统派遣处置。④加大视频监控建设，利用建成覆盖全市的 2800 余处视频监控，实施城市管理问题实时抓拍、立案。

4. 强化考核结果运用

①实行通报公示制度。定期编发《徐州市城市长效管理考核通报》公布各单位考核结果，在徐州日报、网站上公示评析。②建立例会点评制度。定期召开专题点评会议，通报城市长效管理措施落实情况，研究解决城市管理工作中的重大问题，分析点评突出问题，协调会办疑难问题。③严格奖惩措施落实。市、区两级财政共设 5800 万元奖励资金用于对各区年度兑现奖惩和对各街道办事处（镇、管理处）月度兑现奖惩，对市相关职能部门考核情况，纳入市级机关绩效考评成绩。每月对排名靠后的街道办事处（镇、管理处）负责人进行约谈、诫勉谈话。

实施城市长效管理考核办法以来，徐州数字城管长效管理考核的"指挥棒"变成了"杠杆"，产生了很大的"鲇鱼效应"，改变了以前托词不断、挂空挡、踩油门不跑路的状况，使城市市容市貌向更整洁、更有序的方向快速发展。实现了"以考核促整改、促规范、促精细、促长效"的目标，形成了全市上下共同推进城市管理工作的良好态势，开创了城市管理工作精细化、长效化的新路子。

四、河南省开封市强化奖惩、考评、问责

开封市城市数字化管理监督指挥中心（以下简称：开封数字城管），如图 3-24 所示，目前已覆盖了全市 182.73 平方公里，涉及 3 个县、6 个区、28 个市直局委和 37 个相关企业。开封市数字化城市管理信息系统在学习兄弟城市成功经验的基础上，立足市情，大胆创新，形成了"考评、奖惩、问责"为基础，"市、区、办事处、社区、网格"作为基本单元，以 2100 万数字化奖励资金为驱动力，市城管委为监督的具有开封特色的数字化城

管工作模式。

图 3-24　开封数字城管指挥大厅

1. 不断创新，完善考评指标

为了保证考评工作更科学、更客观，数字化城市管理的每月的考评成绩由计算机自动生成。为了保证案件真实的处置效率和效果，系统对每个案件返工、超期、督办等状态进行严格考核。为将案件进行标准化、量化，杜绝在案件处理中利用规则漏洞，也为了尽可能让街面秩序与考评结果保持一致，近几年，数字城管中心根据实际，不断调整考评指标，设置了反复发生案件指标。在统计周期内，同一地点同一个案件，核实结案后，第二次又出现的，由信息采集监督员作为新案件重新采集上报为反复发生案件，每个案件扣 0.1 分，反复发生案件最多扣 10 分。为了应对各责任单位案件的居高不下，还增加了案件发生量指标，在统计周期内，各处置单位案件量与上年同期案件量相比为标准考评，各处置单位案件量指标得分为：每月案件量比上年同期案件量每超过 1％扣 0.1 分，不足 1％按照 1％算，最高扣 5 分。针对重点疑难问题和群众关心的问题，实施了案件专项督办指标，对按时完成交办的督办案件，每起加 0.5 分。督办案件得分＝专项督办案件数量×（－0.5）＋专项督办案件按时结案数量×0.5，此项指标对专项督办案件的数量和按时结案率为依据进行双重考评，无专项督办案件得 10 分，最低得分为 0 分。为了提高城市管理的效果，把工作时间定为 7∶00～21∶00，实行不间断计时。

2. 高位监督，确保硬性考核到位。为了保证考评结果真正发挥作用，开封市出台了《开封市城市数字化管理奖惩办法》，《办法》规定每月考评结果通过《开封日报》、《汴梁晚报》等媒体对外发布，接受社会各界监督，如图 3-25 所示。对考评成绩靠前的单位进行资金奖励，全年共设置城市数字化管理考评奖励基金 2100 万，对排名末位的责任单位进行扣罚，对连续出现不及格的单位要在主要新闻媒体进行检讨和承诺表态。按年度数字表彰数字城管先进单位和先进个人，并将年度成绩与文明单位和市政府目标考核挂钩。针对单个问题反复发生、久拖不决等现象，开封市出台《开封市城市数字化管理问责办法》对责任单位主要领导、分管领导进行效能问责。

开封数字城管通过奖惩、考评、问责的结合，形成了以奖励资金作为推动，以考评作为杠杆，以问责作为激励的开封市城市数字管评价体系。

五、重庆市沙坪坝区全面考核发挥"指挥棒"作用

重庆市沙坪坝区数字化城市管理中心（以下简称：沙坪坝数字城管）不断学习先进城

开封市 2017 年 9 月份各区数字化城市管理考评成绩通报

名次	单位	常规考评得分	奖惩	第一责任人	直接责任人
第一名	鼓楼区	88.47	奖 50 万元	区长：程 柳	副区长：朱永辉
第二名	顺河回族区	87.35	奖 35 万元	区长：钱忠宝	副区长：倪 凯
第三名	市城乡一体化示范区	86.81	奖 25 万元	主任：徐 强	正县级干部：张国启
第四名	祥符区	84.04	不予奖励	区长：李军	党组成员：张国华
第五名	禹王台区	79.86	不予奖励	区长：柳成	副区长：程睿
第六名	龙亭区	77.28	扣 15 万元	区长：张正濂	副区长：王晋

图 3-25　开封市数字城管考评通报

市数字城管发展成果，结合沙坪坝区实际情况，逐步形成较为完善的考核评价机制，通过全面考核，有效调动各单位工作主动性，发挥了数字城管"指挥棒"的作用。具体做法如下：

1. 制度形文，考核有据

沙坪坝区数字城管先后出台多项考核评价方案，以做到考评结合，有理有据。沙坪坝区城市管理联席会议办公室每年制定《年度经济社会发展（城市管理）实绩及"两城同创"考核方案》，客观公正评价各镇街城市管理工作；区城管局出台了《基层单位及业务科室精细化城市管理考核办法》和《沙坪坝区城市日常管理工作考评实施方案》，通过精细化考核，将全区 30 个镇街（管委会）、35 个区级部门和驻区单位列为数字城管分级分类考核对象，实行月评比、季考核制度。

2. 深入推进"日催办、周报告、月评比、季考核"通报考核模式

严格按照考核文件要求，对沙坪坝区各单位数字城管工作严格打分。每月对各处置单位的数字城管系统运行情况、"12319"网络舆情办理情况、媒体曝光及全民城管微信投诉案件整治情况等严格考核，并汇总报区城管局，区城管局每季度将考核成绩报送区四大班子主要领导，并由区政府督查室予以全区通报，督促各单位及时处置城市管理问题。在创国家卫生城市期间，针对各处置部门案件处置情况实行日催办、周报告制度，取得良好效果。

3. 形成半年、全年度点对点总结分析报告，为领导决策提供依据

以半年、全年为时间节点形成数字城管案件处置情况分析报告。一方面形成全区范围内的数字城管数据分析报告，报各处置单位、区级领导掌握半年工作情况；另一方面针对各个处置单位的数据进行点对点的数据分析，深入剖析处置单位工作情况及存在的问题，进行客观公正的评价分析，方便处置单位掌握情况及时调整工作方式，为领导决策提供有力数据支撑。

4. 不定期通报，加大曝光力度，有效提升数字城管处置效能

为强化处置力度，确保市级考核指标，区政府不定期对数字城管案件处置情况进行全区通报，并在沙坪坝报、沙坪坝电视台等区级媒体上予以曝光，督促责任单位及时整改。

近年来，沙坪坝区数字城管工作初显成效，精细长效的科学考核评价体制不仅仅是城市管理问题及时处置的催化剂，更是提升城市管理水平的奠基石。

第四章　展望智慧化城市管理

第一节　概　　述

当前城管行业面临着矛盾的处境。一方面是，城市决策者基于智慧城市的概念，要求城管部门人员推进智慧化城市管理；另一方面是，城管事业决策者与实践者对智慧城管内涵及外延认识上的缺失与迷茫。

智慧技术概念的缘起与模拟技术概念、数字技术概念截然不同，十年过去了，智慧技术概念的演化依然是处在持续变化的混沌状态。与模拟技术一词源于模拟信号，数字技术一词源于数字信号的情况不同，智慧技术概念一诞生就与地球与城市的管理体系密不可分，经过九年又衍生出几十个智慧行业管理概念。因此，我们对数字城管的智慧升级探讨，不能套用技术名词的形式主义方法，必须采用从实践中来再到实践中去的科学方法。

智慧化技术是年轻的技术领域，限于行业研究文献和实践案例的稀缺，回答数字城管智慧化升级的问题，绝不是几个名词概念的堆砌罗列所能解决的简单问题。为此，在本教材中我们借助专家学者的研究成果、省市主管部门的文件、智慧技术的国家规划、一定数量的实践案例等尽可能丰富的原始资料，试图从基础理论和基层实践两个维度，找到数字城管智慧升级的基本内涵和实践经验。留有遗憾的是到目前为止，智慧城管仍然处在不断探索的过程中，最终达成效果的定性定量指标，尚需经受实践和时间的考验，过高或过低的估计都会授人以脱离实际的笑柄。

基于上述事实，我们可以推测智慧城管内涵和效果的形成是一个动态过程，随着时间推移，随着实践的积累，才可能一步一步地形成标准规范，一步一步地形成复制的样本，任何揠苗助长都会有害无益。

本章主要通过专家学者对基础理论和基层实践的研究分析，从原理和实践两个方面，提出数字城管智慧升级的两个基本内涵：第一是城市管理体制改革的升级；第二是智慧化技术的升级，体现在三个方面，城管行业应用智慧化改造升级；数字城管平台智慧化功能升级，省级平台联网建设和监督体系完善。同时，介绍城管行业应用智慧化改造升级方面的实践案例，以及数字城管平台智慧化功能升级的实践案例。

我们希望通过理论与实践相结合介绍的方式，对全行业科学推进数字城管智慧化升级工作提供一点帮助。

第二节　新时代体改新要求

中央 37 号文件开启了城市管理体制改革的新时代，新时代对"数字化城市管理新模式"赖以存活的管理体制设计是什么？对考核制度的设计是什么？对监督考核机制的设计是什么？这是需要认真学习研究的现实问题。

一、对城市管理体制的要求

城市管理实行大城管体制：中央 37 号文件指出，"城市管理的主要职责是市政管理、环境管理、交通管理、应急管理和城市规划实施管理等。"并指出，城市管理由城市党委、政府负总责，所有涉及城市管理的城区、部门和单位都是城市管理的责任主体。城管部门不负城市管理的总责，仅是责任主体之一。

城管部门实行大部制体制：中央 37 号文件要求"推进市县两级政府城市管理领域大部门制改革，整合市政公用、市容环卫、园林绿化、城市管理执法等城市管理相关职能，实现管理执法机构综合设置。"并指出，城市管理部门由三个行业管理和一个执法机构综合设置，实施大部制管理体制，以及大部制内城管执法体制。

两种理解，第一种，大城管与大部制同步。城市政府负责构建大城管体制，城管部门负责构建大部制，如南京、武汉、合肥、德阳、上饶等城市。第二种，分阶段改革。近期落实城管部门大部制体制改革，远期再推进大城管体制改革。

二、对城市管理考核制度的要求

大城管范围的考核：加强城市管理效能考核，将考核结果作为城市党政领导班子和领导干部综合考核评价的重要参考。大城管范围应强调对人的考核，考核对象是城市党政领导干部。

大部制范围的考核：推广绩效管理和服务承诺制度，加快建立城市管理行政问责制度，健全社会公众满意度评价及第三方考评机制，形成公开、公平、公正的城市管理和综合执法工作考核奖惩制度体系。大部制范围应强调对工作考核，奖惩对象是城管部门的工作绩效。

三、对城市管理监督考核机制的要求

"市、县政府应当建立主要负责同志牵头的城市管理协调机制，加强对城市管理工作的组织协调、监督检查和考核奖惩。建立健全市、县相关部门之间信息互通、资源共享、协调联动的工作机制，形成管理和执法工作合力。"市县政府负责建立两个机制，一是大城管口径的协调机制，旨在保障大城管范围监督考核的权威性；二是大部制口径的工作机制，意在涉及大部制以外的部门之间信息互通、资源共享、协调联动。

第三节　新技术升级新机遇

"数字化城市管理新模式"在迎来中央开启城市管理体制改革新时代的同时，以"云、物、移、大、智"技术为代表的智慧城市大潮涌动，泥沙俱下，一时间智慧城管呼之欲出。但是，九年智慧城市繁华褪尽，智慧城管落地的时间表和路线图愈发扑朔迷离。数字城管成功发展的实践启示我们，要解决中央 37 号文件提出了方向，而没有答案的智慧化升级问题，我们要端正基本的研究态度，坚持从实践中来再到实践中去的认识论，摒弃从技术概念出发主观臆断应用需求的认识论，即从顶层设计看，应该老老实实理解国家技术政策，从基层实践看，应该老老实实地学习行业内外实践案例，从政策和实践的结合中找到客观可行的升级途径，在科学的探索上没有捷径可走，几分耕耘几分收获，种瓜得瓜种豆得豆。

一、云计算的发展

《国务院关于促进云计算创新发展培育信息产业新业态的意见》（国发〔2015〕5号）指出：云计算是推动信息技术能力实现按需供给、促进信息技术和数据资源充分利用的全新业态，是信息化发展的重大变革和必然趋势。发展云计算，有利于分享信息知识和创新资源，降低全社会创业成本，培育形成新产业和新消费热点，对稳增长、调结构、惠民生和建设创新型国家具有重要意义。

意见在主要任务中提到与城市管理有关任务：探索电子政务云计算发展新模式。鼓励应用云计算技术整合改造现有电子政务信息系统，实现各领域政务信息系统整体部署和共建共用，大幅减少政府自建数据中心的数量。意见在保障措施中提到：创新政府信息系统建设和运营经费管理方式，完善政府采购云计算服务的配套政策，发展基于云计算的政府信息技术服务、外包业务。

国务院文件确定了两个将要改变数字城管平台建设和运维方式的新政策。第一，大幅减少政府自建数据中心的数量。第二，发展基于云计算的政府信息技术服务外包业务。

二、物联网的发展

《国务院关于推进物联网有序健康发展的指导意见》（国发〔2013〕7号）指出：物联网是新一代信息技术的高度集成和综合运用，具有渗透性强、带动作用大、综合效益好的特点，推进物联网的应用和发展，有利于促进生产生活和社会管理方式向智能化、精细化、网络化方向转变，对于提高国民经济和社会生活信息化水平，提升社会管理和公共服务水平，带动相关学科发展和技术创新能力增强，推动产业结构调整和发展方式转变具有重要意义。近期目标，到2015年，实现物联网在经济社会重要领域的规模示范应用，突破一批核心技术，初步形成物联网产业体系，安全保障能力明显提高。

主要任务中与城市管理有关的任务：在公共安全、社会保障、医疗卫生、城市管理、民生服务等领域，围绕管理模式和服务模式创新，实施物联网典型应用示范工程，构建更加便捷高效和安全可靠的智能化社会管理和公共服务体系。

三、移动互联网的发展

2017年中办、国办《关于促进移动互联网健康有序发展的意见》指出：随着信息网络技术迅猛发展和移动智能终端广泛普及，移动互联网以其泛在、连接、智能、普惠等突出优势，有力推动了互联网和实体经济深度融合，已经成为创新发展新领域、公共服务新平台、信息分享新渠道。

在意见中提到与城市管理有关的任务：加快实施信息惠民工程，构建一体化在线服务平台，分级分类推进新型智慧城市建设，促进移动互联网与公共服务深度融合，重点推动基于移动互联网的交通、旅游、教育、医疗、就业、社保、养老、公安、司法等便民服务，依托移动互联网广泛覆盖和精准定位等优势加快向街道、社区、农村等延伸，促进基本公共服务均等化。推动各级党政机关积极运用移动新媒体发布政务信息，提高信息公开、公共服务和社会治理水平。

四、大数据的发展

《国务院关于印发促进大数据发展行动纲要的通知》（国发〔2015〕50号）指出：信息技术与经济社会的交汇融合引发了数据迅猛增长，数据已成为国家基础性战略资源，大数据正日益对全球生产、流通、分配、消费活动以及经济运行机制、社会生活方式和国家治理能力产生重要影响。目前，我国在大数据发展中存在政府数据开放共享不足、产业基础薄弱、缺乏顶层设计和统筹规划、法律法规建设滞后、创新应用领域不广等问题，亟待解决。

意见在总体目标中与城市管理有关的任务：围绕服务型政府建设，在公用事业、市政管理、城乡环境、农村生活、健康医疗、减灾救灾、社会救助、养老服务、劳动就业、社会保障、文化教育、交通旅游、质量安全、消费维权、社区服务等领域全面推广大数据应用，利用大数据洞察民生需求，优化资源配置，丰富服务内容。

五、人工智能的发展

国务院关于印发《新一代人工智能发展规划的通知》（国发〔2017〕35号）文阐述人工智能的战略态势：人工智能发展进入新阶段经过60多年的演进，特别是在移动互联网、大数据、超级计算、传感网、脑科学等新理论新技术以及经济社会发展强烈需求的共同驱动下，人工智能加速发展，呈现出深度学习、跨界融合、人机协同、群智开放、自主操控等新特征。大数据驱动知识学习、跨媒体协同处理、人机协同增强智能、群体集成智能、自主智能系统成为人工智能的发展重点，受脑科学研究成果启发的类脑智能蓄势待发，芯片化硬件化平台化趋势更加明显，人工智能发展进入新阶段。当前，新一代人工智能相关学科发展、理论建模、技术创新、软硬件升级等整体推进，正在引发链式突破，推动经济社会各领域从数字化、网络化向智能化加速跃升。

战略目标分三步走：第一步，到2020年人工智能总体技术和应用与世界先进水平同步，人工智能产业成为新的重要经济增长点，人工智能技术应用成为改善民生的新途径，有力支撑进入创新型国家行列和实现全面建成小康社会的奋斗目标。第二步，到2025年人工智能基础理论实现重大突破，部分技术与应用达到世界领先水平，人工智能成为带动我国产业升级和经济转型的主要动力，智能社会建设取得积极进展。第三步，到2030年人工智能理论、技术与应用总体达到世界领先水平，成为世界主要人工智能创新中心，智能经济、智能社会取得明显成效，为跻身创新型国家前列和经济强国奠定重要基础。

国务院人工智能规划明确与城市管理相关的重点任务最多最具体：构建城市智能化基础设施，发展智能建筑，推动地下管廊等市政基础设施智能化改造升级；建设城市大数据平台，构建多元异构数据融合的城市运行管理体系，实现对城市基础设施和城市绿地、湿地等重要生态要素的全面感知以及对城市复杂系统运行的深度认知；研发构建社区公共服务信息系统，促进社区服务系统与居民智能家庭系统协同；推进城市规划、建设、管理、运营全生命周期智能化。

第四节　智慧化升级遇到的智慧问题

数字城管智慧化升级建设的过程中普遍面临以下障碍：

一、升级效果对管理体制的依赖性

大城管体制决定的城市管理效果。如《合肥市城市管理条例》中明确，合肥市实行大城管的管理体制，其监督考核机构和职责隶属于市政府，监督考核对象范围是规划、建设、环境保护、水务、园林绿化、公安机关、房产、工商、卫生、食品药品监督、民政、交通运输、体育、文化广电新闻出版、商务等行政主管部门，以及其他有关部门和单位。监督考核收到的实际效果是，城市管理不再是城管执法局一个部门的责任，而是城市所有涉管部门和单位的履职义务。

大部制体制决定的城市管理效果。相当一部分城市实行中央37号文件提倡的大部制城管体制，其管理职责范围是市政公用、市政环卫、园林绿化和城管执法，其监督考核机构设在城管委内，监督考核实际效果是将市政公用、市政环卫、园林绿化和城管执法等四个行业纳入监督考核范围。

单独城管执法体制的城市管理效果。还有不少城市监督考核机构设在城管执法局内，管理范围只有城管执法一个行业，其监督考核效果局限在一个行业内。

在城管体制既定的前提下，城市管理监督考核效果取决于管理体制设置，任何技术手段无力改变管理体制设置的优劣，更无力改变体制优劣导致的监督效果优劣。显然，管理体制的智慧对智慧升级的决定作用昭然若揭。

二、升级技术对实践检验的依赖性

依据五个专项规划判断：第一，智慧化技术列入国策实施时间长的五年，短的一年，时间表明智慧技术起步晚，发展短，距离技术和应用成熟还有很长的路要走。第二，国家五个专项规划中，都不同程度地提到我国新技术整体发展水平不高，与发达国家相比仍存在差距，缺少重大原创成果，在基础理论、核心算法以及关键设备、高端芯片、重大产品与系统、基础材料、元器件、软件与接口等方面差距较大；科研机构和企业尚未形成具有国际影响力的生态圈和产业链，缺乏系统的超前研发布局；尖端人才远远不能满足需求；适应技术发展的基础设施、政策法规、标准体系亟待完善等。以上两点与数字城管诞生在有几十年成熟技术沉淀的历史情况截然不同，所以智慧化升级不可能照搬数字城管技术集成的老经验，需要面对新技术诞生晚、核心弱、待攻关、商用少等现实情况，摸着石头过河，边探索，边实践，边总结，成熟应用始终要排在研发和商用之后的信息技术普及规律，我们无法逾越。

第五节　制度智慧的实践

在中央37号文件发布实施三年多，一批城市牢牢抓住党中央、国务院给予的体制改革的历史机遇，紧密结合城市管理实际需要，通过地方立法、大部制改革和改进数字城管标准等多种渠道，努力向中央 37 号文件指引的城市管理从末端处罚向依法治理、源头治理转移的战略目标挺进。

南京、武汉、合肥、德阳和上饶等城市，通过地方立法固化大城管体制改革的成果。2015 年 3 月全国人大十二届三次会议通过的"全国人民代表大会关于修改《中华人民共和国立法法》的决定"，这一修改使得全国 289 个设区城市、30 个自治州和 4 个不设区城市享有了地方立法权，对城市管理行业来说是获得了对城市管理事项制定地方性法规的立法权。在中央 37 号文件改革精神指引下，武汉、合肥、德阳、上饶通过地方立法，以法律形式固化大城管体制改革的成果，为城市管理步入法制化轨道树立了典范。在立法中他们突出解决城管体制改革两个共性的核心内涵，对推进全国城管体改具有普遍意义：即以法律固化大城管管理体制和以法律固化源头治理的保障措施。

一、以法律固化大城管管理体制

如《武汉市城市综合管理条例》通过地方性法规对武汉"大城管"工作格局加以规范，形成城市综合管理长效机制。该条例用了 8 个条款从四个方面固定武汉大部制体制改革的成果。

澄清城市管理的基本概念。第 3 条［概念界定］本条例所称城市综合管理，是指各级人民政府及相关部门依法对城市公共基础设施、公共客运交通、道路交通安全、市容环境、环境保护、园林绿化、公共水域（湖泊）等公共事务和秩序进行服务和管理的活动。

明确城市管理的基本原则是为市民服务。第 4 条［基本原则］城市综合管理应当遵循以人为本、服务为先、依法管理、公众参与的原则。

规定大城管体制下城市政府、市属部门、区级政府、街乡政府、专业机构和市区城市综合管理委员会等各个城市管理主体的权力责任，形成"纵到底、横到边，管理无缝隙、责任全覆盖"的"大城管"职责法定的地方法规。第 5 条［管理体制］（略）。第 6 条［市级职责］市人民政府应当加强对城市综合管理工作的领导，建立城市综合管理机制，制定城市综合管理工作目标，监督管理全市城市管理工作。市城市管理（执法）、城乡规划、城乡建设、交通运输、水务、房屋管理、工商、环境保护、质量技术监督、食品药品监督、民政、商务、文化、教育、旅游、信息产业、卫生、农业、园林、广播影视、公安等部门应当在各自职责范围内履行城市管理职责，进一步向各区下放城市管理职权，加强对区级部门城市综合管理工作的指导、监督。第 7 条［区级职责］（略）。第 8 条［街、乡镇、居委会职责］（略）。第 9 条［单位职责］供水、供电、供气、供热、邮政、通信、公共交通和物业服务等单位，应当配合相关部门做好城市管理相关工作。

明确大城管体制框架下监督考核机构职责法定，以及监督考核机构隶属城市政府。第 10 条［城市综合管理委员会职责］市、区城市综合管理委员会，对与城市管理有关的重大事项进行统筹协调，履行下列职责：1）组织编制城市综合管理工作计划、实施方案和考核标准，经本级人民政府批准后组织实施；2）指挥、调度、协调成员单位开展城市管理工作；3）组织开展城市管理监督考核工作；4）完成本级人民政府和上级交办的其他工作。城市综合管理委员会的日常工作由其下设的办公室承担。

二、以法律固化源头治理保障措施

如《武汉市城市管理条例》在城市规划、城市建设、设施养护等城市管理上游、中游等城管源头环节，为城市管理提供法制化的长效保障。第 13 条［规划要求］（略）。第 14 条［建设投入］（略）。第 15 条［保障机制］（略）。第 16 条［作业市场化］（略）。

南京、海口、合肥、上海、沈阳等上百个城市，充分发挥大部制优势，形成城市设施管理、环卫养护和城管执法的城市源头治理的行政资源和物质资源的合力，以物质资源合力填平补齐城市规划和建设遗留的短板，以管理资源合力提升管理效率和水平。城市管理主体可以看作两类：一类主体是包括部分城市管理职责，如文化、食药、交通等部门；另外一类主体的全部职责都是城市管理范畴，如市政、环卫、园林，以及供水、供气、供热等专业单位。中央 37 号文件推进的城市管理大部制改革的实质是将第二种管理主体的机构综合设置，消除管理主体间体制性内耗，以及物质资源分散降效，从体制上保障城管中游管理、养护和下游处罚，各个职责和资源顺畅衔接，权责一体，维持城管基本效率。根据对全国 100 个地级以上城市的调查，80％以上的城市实行管理与执法相结合的城市管理体制。如下案例体现了城市管理和执法综合设置的体制优势。

1. 南京市城管局 2017 年完成 573 条街巷的精细化整治。清理违规户外广告 2687 处，整治店招店牌 12470 处，清理乱贴乱画 39.2 万处，新建亮化设施 43 处、修复 2006 处，清理卫生死角 6826 处、清除油污 7087 处，新增果皮箱 435 只、新装垃圾桶 510 只，施划非机动车停放绿色区域 1326 块等。2018 年，将继续开展 600 条背街小巷整治，其中主城六区 410 条，郊区 190 条。治理的成效相当于从源头上根除了 42 万宗城市管理案件。

2. 海口市城管委对农贸市场升级改造，2016 年以来，对全市 42 家农贸市场进行改造，新增面积约 3 万平方米，增加服务辐射人口 35 万。城市基础设施不断完善。市政道路、文化科普、市容环卫、农贸市场改造等项目 281 个，总投资 137.2 亿元。启动背街小巷的改造，2400 多条小巷面貌焕然一新。完成对 192 条道路和 12 个小游园绿化美化工程，市民的获得感和幸福感不断增加。相当于从源头上每年减少发生城管案件 24 万件。

3. 合肥市城管委制度先行。制定完善 10 多项规章及规范性文件，出台了 36 项城市管理规范标准，确保提升行动所有标准。2017 年合肥新增、改造公园游园 62 个，建设绿道 94 公里；全年新建公厕 21 座，改造公厕 64 座；实施天鹅湖景区及周边区域、高铁南站片区、包河大道高架、包公园、南艳湖公园、北一环沿线、南淝河及跨河桥梁、楼体亮化提升等 23 项工程；梳理出交通拥堵点 32 处并落实治堵措施。针对全市尚未完成整治的 607 个老旧小区，制定了三年整治计划等。

4. 上海市人民政府办公厅关于印发《上海市住宅小区建设"美丽家园"三年行动计划（2018～2020）》。全市完成各类旧住房修缮改造 3000 万平方米；完成 4000 台使用满 15 年的住宅电梯安全评估工作、修理、改造、更新任务，实现满 15 年以上的老旧住宅电梯运行安全远程监测全覆盖；新建 2000 个既有住宅小区电动自行车充电设施。全市"无违建小区"创建完成率达到 90％；完成 5000 个住宅小区出入口门岗规范化建设；培育 30 家品牌物业服务企业，建立 1 万名具备专业素养的住宅小区项目经理队伍；业主委员会组建率达 95％，规范运作达标率达 75％以上；小区业主委员会党的工作小组组建率达 100％；住宅小区党建联建示范点达到 700 个。基本实现住宅小区垃圾分类和绿色账户全覆盖，住宅小区生活垃圾、装修垃圾实现规范投放、及时清运；完成 2400 个住宅小区雨污分流整治工程；重点整治楼宇门栋广告乱张贴、楼道乱堆物，全面推行住宅小区公共区域清洁维护标准，净化小区环境。

5.《沈阳市居民小区改造提质三年行动计划（2018～2020 年)》。使全市小区的硬件设施、配套设备、居住环境、服务功能、文化氛围有一个明显提升，达到"路要平整、水要畅通、灯要明亮、绿要美观、线要规整、车要有序、房要保暖、设施要齐全、电梯要安全、违章建筑要拆除、市容要整洁清爽"的标准。沈阳将在 2018～2020 年的三年时间内，对尚未改造过的 796 个老旧小区进行改造提质。届时，沈阳 2381 个老旧小区将实现改造全覆盖。

上述城市实施大部制的实践证明，大部制能够最大限度地避免城市管理中下游部门间职能交叉、政出多门、内耗严重的体制痼疾，有效维持行政效率，促进 1600 多万市政、环卫、园林和执法职工，依法依规地为城市管理、养护和执法履职尽责。几十年城市管理的实践证明，以市政公用、市容环卫、园林绿化管理和养护的行政、物资、人力和财政资源的协力投入，是大幅减少城管执法案件的数量，逐步减轻城管末端执法单打独斗压力的可行路径，能够较快提升城市管理能力和取得较好的根治式城管效果。

6. 珠海市在全国首推污染类案件源头分类法，城市管理指挥（应急）中心标本兼治污染"老大难"。2015 年，珠海市数字城管指挥中心（即珠海市城市管理指挥（应急）中心）经过大量深入调研后，改变了以前"案件围绕执法转"的一贯做法，解放思想，转变思路，根据"标本兼治，重在治本"的原则，将城市管理的关口前移，要求审批单位加强事后监管，对城市污染类案件的派遣和处理流程进行了全面梳理，按照问题来源性质划分，派遣至责任单位，明确关于六大污染类数字城管案件（大气污染、噪声污染、固体废弃物污染和水污染、振动污染、泥土车污染）的派遣和处置流程。

例如泥头车乱抛洒污染环境的问题，如从建筑工地出来的泥头车乱抛洒，将以施工管理类的案件派遣至建筑工地的行政主管部门即建设局处理；从取土场所出来的泥头车乱抛洒，将由取土审批的行政主管部门即国土局处理；交警、城管和交通等三家执法单位和环卫部门配合即可。在珠海市，香洲主城区房地产建设工地由市住房和城乡规划建设局管辖。根据珠海市住房和城乡规划建设局提供的数据，2016 年，市住房和城乡规划建设局对香洲主城区违规工地发出《停工通知》二百零二份，执行信用扣分一千多分，有力地打击了施工车辆污染路面、施工工地夜间施工等行为，使其管辖的香洲主城区工地泥头车道路遗撒、夜间施工扰民等问题的发案率大幅下降。以泥头车道路遗撒为例，香洲主城区 2016 年 12345 转办投诉为 71 宗，而 2017 年只有 36 宗；巡查员上报 2016年为 194 宗，2017 年下降为 136 宗。而高新区、金湾区、横琴新区的房地产工地由各区建设局管辖，由于对数字城管源头治理的理解程度不同，有些区仍以行政执法、交警、环卫处理为主。与主城区相比，同期案发数据甚至出现了上升，例如金湾区巡查员上报 2016 年为 155 宗，而 2017 年上升为 241 宗；高新区同期巡查员上报数由 72 宗上升为 102 宗。

三、以文件指导和规范智慧城管建设

安徽省建设厅 2018 年 11 月出台了《安徽省智慧城管建设导则》，这是全国首个升级"智慧城管导则"问世，一扫智慧城管建设假大空之风，导则紧密结合科学城管体制和适用智慧技术的实际需求，在全国具有重要的指导意义。本书为此专门将安徽省智慧城管建设导则作为附录全文刊发，以为其他城市借鉴。

第六节 技术智慧的探索

城市管理行业信息化与智慧化技术同步发展，省、直辖市和市县陆续在不同领域开展技术升级和方向探索，取得了初步的实践经验，值得全行业学习和借鉴。

2016～2018年，依据部分省市发布的推进智慧城管建设的指导意见、建设方案和部分城市涌现出一定数量应用成果的实践，结合国家五个专业规划的理解，数字城管智慧化升级的大致方向可以聚焦在三个推进：第一，推进城管行业应用智慧化改造升级；第二，推进数字城管平台智慧化功能升级；第三，推进省级平台联网建设和监督体系完善。

一、关于推进城管行业应用智慧化改造升级

结合城市管理部门机构综合设置的主要职责，建设智慧市政设施管理系统、智慧市容环卫管理系统、智慧园林绿化管理系统、智慧水务监督管理系统、智慧城市照明管理系统以及户外广告、渣土运输、违法建设、智能停车、智慧管线等专项业务应用系统。建设城建档案数字化系统，实现市政公用设施建设档案信息共享。建设城管执法数字化系统，提升城管执法信息化水平，同时加强城管执法案件协作联动信息共享建设，打通规划、建设、国土、环保、公安、水利、工商、食药监等行政管理与行政执法信息衔接的瓶颈，维持城管执法工作秩序。

二、关于推进数字城管平台智慧化功能升级

基于物联感知技术，对井盖、广告牌、公交站台、桥梁、河道、城市照明、环卫车辆、施工工地管理等城市管理部件对象，探索升级数字城管平台数据获取物联感知功能。基于视频人工智能分析技术，对店外经营、无照游商、占道经营、乱堆物料、非机动车乱停、违规户外广告、打包垃圾、违规撑伞、垃圾箱满溢、沿街晾晒等事件对象，探索升级数字城管平台监督数据获取、任务派遣、结果核查、绩效考核分析和平台运转的智能化功能。基于大数据技术，以城市公共基础设施、公共客运交通、道路交通安全、市容环境、环境保护、园林绿化、公共水域（湖泊）等公共事务和秩序的管理难点问题为导向，逐步升级数字城管规律发现、源头治理的辅助决策功能。基于移动互联网技术，通过APP服务、微信和微博自媒体形式，畅通群众参与城市管理、政府宣传的渠道，整合市政公用、市容环卫、园林绿化和城管执法等便于服务市民的窗口服务事项，探索升级数字城管平台便民服务功能。基于信息共享技术，加快城市管理应急风险普查和数据库建设，建设共享的信息资源服务体系，探索数字城管平台在城管紧急事件处置功能的升级方法。

三、关于推进省级平台联网建设和监督体系完善

开展省级平台建设，加强城市信息基础设施统筹规划布局，整合城市管理基础数据资源，形成系统运行稳定、信息数据安全的省级平台和省级数据中心。开发省级应用系统，逐步实现省市县三级平台互联互通。加强体制机制建设，在总结试点城市建设运行经验的基础上，探索建立创新规范的投资、建设、运营、管理、服务标准模式，形成切实可行的组织领导、指导推进、评价考核、政策促进和制度标准体系。加强对市县平台的运行监

管，制定全省智慧（数字）城管系统运行情况考核办法，实现对各地系统平台运行情况的有效监管与监督考核，形成全省城市管理监督到位、协调到位、指挥到位的信息化监管体系。

第七节　城市管理行业智慧化改造升级进展

一、市政公用行业

市政公用设施，俗称城市家具，数字城管则把市政公用设施统称为城市管理部件。一般来说，市政公用设施是指由政府、法人或公民出资建造的为企业生产和居民生活提供基本条件、保障城市存在和发展的一系列工程、公共设施及其服务的总称。

广义的市政公用设施既包括由城市管理部门管理的城市基础设施，又包括交通运输、通信、电力管理部门管理的城市基础设施，可分为：市政工程设施、环卫设施、园林设施、交通设施、城市安全设施、能源设施、通信设施等，是城市赖以生存的物质基础，是社会主义的公共财产，是广义城市管理的物化对象。

狭义的市政公用设施。只包括城市管理部门管理的城市基础设施中市政公用设施。从实际来看，由城市管理主管部门管理的狭义的市政公用设施是指规划区内的城市道路、城市桥梁、城市照明、园林绿化、环境卫生、供水、供气、供暖、排水、污水处理、垃圾处理等设施及附属设施。

推进市政公用行业智慧化改造升级，建设智慧市政设施管理系统，通过安装传感器，借助物联网技术实现对重要市政设施的实时监测，通过监测预警及早发现问题隐患，及时有效处置。通过一张图可以直观的综合展示市政设施的类别、在线监测数据、视频监控等重点设施及其分析结果。借助大数据分析技术发现设施管养、维修、故障原因及内在规律，从而有效开展源头治理。通过网格化管理模式，强化考核评价，实现市政设施的主动、常态化巡检管养，促进市政设施管养维修精细化，提升设施的管养水平和运行效率。

（一）合肥市包河区、高新区市政监管信息系统

合肥包河区、高新区综合运用移动互联、物联感知等新技术实现对城市排水、城市照明等市政公用设施的在线监测、巡查养护、考核评价等全过程智能化监管。

1. 合肥市包河区排水管线信息管理系统

合肥市包河区为查清包河区十五里河流域排水管网运行状况，掌握排水管网混接的基本数据，同时改善十五里河排水口水环境，为下一步雨污混接管网维护整改提供基础数据和依据，合肥市包河区住房和城乡建设局决定对包河区十五里河流域上游、中游排水管网进行 CCTV 检测，并建立排水管线信息管理系统，如图 4-1 所示。系统采用 GIS 技术、计算机技术、网络技术和数据库技术等先进技术，将排水管线检测数据、排水管线普查数据、排水业务数据建立排水信息数据库，将数据与系统集成形成排水管线信息管理平台。

合肥市包河区排水管线信息管理系统包括排水设备设施维护、排水设施决策支持、排水管网评估、排水设施巡检、排水设施维修养护等功能模块，系统总体框架如图 4-2 所示。

（1）排水设备设施维护：主要满足对管网数据的基础管理、查询统计、数据维护、动态更新及系统管理等。如图 4-3 所示，给出了管线设施的多媒体信息。

图 4-1　包河区市政设施信息化系统

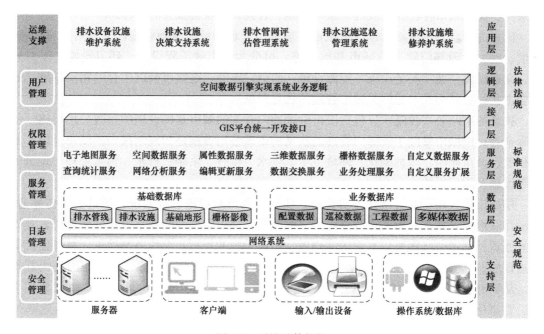

图 4-2　系统总体架构

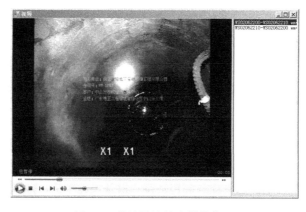

图 4-3　管线设施的多媒体信息

（2）排水设施决策管理：主要实现对管网数据的专题图展示、地图浏览、查询分析、健康度评估、设备设施的档案、备件、多媒体资料管理等。如图 4-4 所示给出了排水设施专题图。

图 4-4 排水设施专题图

（3）排水管网评估管理：主要依据 CCTV 管网检测成果数据生成缺陷库，建立排水管网评估管理系统，实现排水管网的疏浚、养护、维修、视频检测、声呐检测中发现的安全隐患信息进行存储、浏览、查询、统计、分析、输出及应急抢修等功能。管网检测设备如图 4-5 所示。

CCTV检测　　　　　　声呐检测　　　　　潜望镜检测

图 4-5 管网检测设备

（4）排水设施巡检管理：分为管理端和移动端，实现对管网、井室、泵站及站内设施的日常巡检管理。管理端制定及下发巡检监察计划，监察人员通过手持设备根据计划开展工作，实时上传轨迹，并通过手持设备及时上传监察问题信息。管理端及时安排处理，处理完成后监察人员进行复核确认。

（5）排水设施维修养护：主要实现对管网、泵站的维修和养护管理，如图 4-6 所示。用户可以制定周期性的维护计划并安排实施，能够对巡检中发现的事件及时安排处理。系统可对维修养护工作进行绩效统计管理。

2. 合肥市高新区市政综合监管系统

作为住建部公布的 2013 年度"智慧城市"试点，合肥市高新区积极开展数字城管的智慧化升级，将智慧市政建设作为智慧城管的重要内容，建设了智慧市政综合监管平台，安装部署了 30 个摄像机、34 个液位感应器、1 个雨量计、1 个流量计等监测监控设备，融合在线监测、智能分析等智能感知技术，建设了在线监测、巡查养护、考核评价、智慧路灯等功能模块，实现对全区 34 个水位监测点、26112 个井盖、6929 个路灯、10 座桥梁的智能化监管。

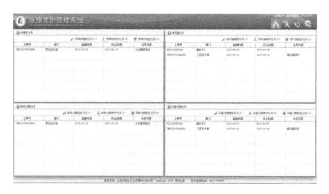

图 4-6　维修养护

（1）通过液位感应器实时监测水位变化趋势：在低洼点、易涝点和重点监控区域污水井、雨水井、水库等地分别安装了液位感应器，旨在实时监测水位变化信息，从而提前预警、提前响应，全面提升城市防汛应急能力。排水设施一张图如图 4-7 所示；实时监测和历史数据如图 4-8 所示。

图 4-7　排水设施一张图

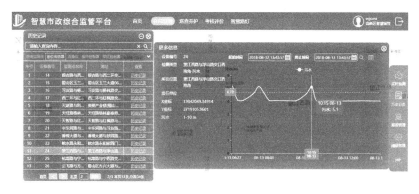

图 4-8　实时监测和历史数据

（2）通过单灯控制器监控路灯故障：随着对路灯精细化管理需求的提升，传统的集中控制策略已经无法满足管理需求，同时无法达到节能目的。高新区通过对路灯的智慧化升级，通过单灯控制器，精细到每个灯头的开关状态的控制，从而丰富路灯管控策略，如单边亮、隔一亮一、主道亮辅道不亮等，大大提升节能效率；同时，单灯控制器还可以实时检测路灯状态，如关灯、意外灭灯、灯泡闪烁、补偿电容故障等多种常见路灯故障，为路灯维护人员提供了精准养护的依据，提高了养护效率。路灯监控一张图如图4-9所示。

图4-9　路灯监控一张图

此外，还安装了箱门报警器，如图4-10所示，对所有路灯控制柜箱门开关状态进行监管，有效防止设备被盗、偷电漏电等安全隐患事故发生。

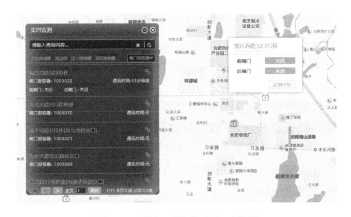

图4-10　箱门开关状态实时检测

（二）北京市顺义区市政综合监管系统

顺义区为打造智慧顺义，先期以智慧市政为引领，选择裕龙三区，小区内部面积约26万平方米作为试点，建设市政综合监管系统，将小区内的换热站、调压场、891个井盖（其中，控股井盖220个，物业井盖508个）全部纳入，建设市政设施综合监管、智能井盖监管、巡线管理、应急管理、三维综合展示等业务系统，并对接自来水、供热、燃气等专业化系统，提高市政综合监管能力和水平。

1. 市政设施综合监管

旨在为市政设施管理单位提供统一的地上地下一体化的监测管理平台，主要解决市政设施分布情况和统计信息、日常巡查发现问题、监测预警提供实时的运行数据情况、制定相应的养护计划，进而为市政管理单位更好的运行市政设施提供科学的依据和行之有效的管理手段，如图4-11所示。

图 4-11　市政设施综合监管平台

2. 智能井盖监管

小区共安装 382 个井盖传感器，一部分在社区周边主干道路上安装，剩余装在小区主干道路。智能井盖由传感器、安全网、警示牌等硬件构成，打开井盖后开口处会自动弹出一个红色危险警示牌，井盖里还安装着防跌落的安全网。一旦井盖发生倾角位移、丢失或损毁，系统会实时报警，报警工单及时发送至呼叫中心，由呼叫中心派单至相关工作人员手机 APP，及时解决问题，避免"井盖吃人"事件。

3. 巡线管理

巡线管理系统主要用于大市政管线的巡检工作，包括手机 APP 和 Web 端管理两部分。系统可制定巡检任务，安排管网的日常巡检。巡检员按照系统显示的管网走向进行数据采集、巡查，填写巡查内容表格，发现问题可进行拍照记录，配合位置信息上传到巡线后台管理系统。

对巡线人员进行位置定位，并将位置信息展示到地图上，从而实现了对巡线人员日常巡检工作的实时监管，根据这些记录可以对巡线员进行准确的绩效考核，从而保证各巡线员的巡线到位率达 100%。同时巡线人员可通过手持巡线终端将巡检中发现的异常情况以文字、图片、语音的方式实时上报到系统中，方便管理者及时接收到隐患信息，及时做出决策，最大限度地降低隐患风险。

4. 应急管理

根据相关职能部门应急管理需求建设应急管理系统，通过该系统的建设，为建立和健全统一指挥、功能完善、反应灵敏、协调有序、运转高效的应急机制提供基础支撑，全面提高应急管理能力，预防和妥善应对突发事件造成的经济损失和人民生命财产的损失。应急管理系统可对各单位日常和应急所涉及到的各项工作提供全过程综合管理功能。

5. 三维展示

以顺义区地图为底图，将全区的管线数据（水、气、热、雨污水、中水）导入地图中，以三维的形式展示。地图上显示市政控股所有二级公司标记，三维地图显示小的三维模型（示意模型），二维地图以符号展示。包括二级公司下属的生产单位，例如水源地、水厂、调压站、调压箱，热源厂，换热站等，如图 4-12 所示。

（三）杭州市桥梁在线安全监测管理信息系统

杭州市为实现对交通干道的大型桥梁、高架道路和大型立交的结构安全进行长期远程在线监测、实时安全评估、维护管理和突发事故处理，建设了桥梁在线安全监测管理信息系统。该系统由信号采集、网络传输、安全评估与决策支持等系统组成。该系统的设计方法和关键技术可为针对监测内容多、测点分布广、传感器类型多的大型复杂在线监测系统的设计提供借鉴和参考。如图 4-13 所示给出了桥梁在线安全监测管理信息系统功能结构图。

图 4-12　三维综合展示

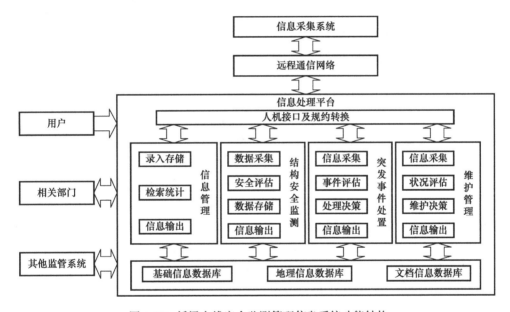

图 4-13　桥梁在线安全监测管理信息系统功能结构

1. 信息采集系统

通过安装在桥梁、高架快速路和大型立交上的传感器，系统自动检测桥梁、高架快速路、大型立交和隧道的沉降、振动、挠度、应力、裂缝、渗漏等有关结构和构件的安全信息，通过信号采集、数据通信和网络传输系统把数据传送到监管中心，再由桥梁隧道安全评估分析模块进行运营状态分析和结构安全状态评估。

2. 信息处理平台

体现了对桥梁集成化的监控与管理信息处理。交通干道桥梁信息管理、桥梁结构安全监测预报、桥梁突发事件监测处置、桥梁维护管理等子系统与监管人员之间的人机交互在同一个远程监管网络信息处理平台上进行。这使得监管人员可以灵活地在统一平台上查询各子系统的工作状况和有关监管对象的各方面信息从而做出综合决策。

3. 交通干道桥梁信息管理

主要管理城市交通干道沿线桥梁的地理信息和结构信息。包括对桥梁、高架快速路、大型立交的地理位置、结构形式、附属设施及其他管理信息的输入输出、电子图形显示和各种快速信息查询。主要信息包括地理信息资料桥梁的名称、照片、地理位置等；结构信息资料桥梁基础结构图纸、附属设备清单及其分布位置图纸等；监管信息资料桥梁基础结构及附属设备的历次损毁及修复情况等。

4. 桥梁结构安全监测预报

通过安装在城市桥梁上的传感器系统自动检测桥梁的沉降、振动、挠度、应力和裂缝等有关结构和构件的安全信息，通过信号采集、数据通信和网络传输系统把数据传送到监管中心，再由桥梁安全评估分析模块进行运营状态分析和结构安全状态评估。

5. 桥梁突发事件监测处置

通过安装在城市桥梁上的视频监视系统和其他传感器自动检测各种影响桥梁结构安全、附属设施安全和交通安全的突发性事件。如由桥梁上车辆严重超载或交通流量过大造成的危险荷载，由交通事故引起的桥梁设施损坏等等。在对以上突发性事件进行实时监测和报警的基础上，该系统通过内建的道桥交通模型进行交通疏导和交通封闭决策，并将决策信息传输到事故现场交通疏导信息显示系统和相关交通指挥部门。

6. 桥梁维护管理

对上述桥梁结构安全监测预报子系统和突发事件监测处置子系统提供的实施监测数据进行抽取、整理和转换以建立桥梁的历史档案。在此基础上，根据桥梁信息管理子系统提供的结构信息和技术标准参照给定的桥梁运行维护规程做出桥对桥梁各主要构件的耐久性、潜在损坏和构件疲劳状况进行自动寿命评估和报警、高架快速路、大型立交桥的维护管理决策和应急维修决策使管理部门能全面掌握和了解桥梁交通、环境和设备运行状态提高桥梁营运的科学管理水平。该子系统的功能包括对在常规监视时所设立的桥梁病害观测点进行定期观测、内容登记并评定维护需求等级，对桥梁因受交通事故等的影响而对结构设施的损害情况进行登记，并评定修复需求等级对桥梁病害种类及其处治与修理方法进行设定以供维修决策时参考根据日常的桥梁常规检查、定期检查及特殊检查的记录与桥梁养护标准对比给出维修方案供决策者们参考决策，决定后的维修方案经执行后把有关维修信息登录在桥梁基础资料数据库中，对每次桥梁维修的各项费用进行成本核算以控制维修费用。

二、市容环卫行业

城市市容即城市容貌，是城市外观的综合反映，是与城市环境密切相关的城市建（构）筑物、道路、桥梁、园林绿化、公共设施、广告标志、照明、公共场所、城市水域、居住区等构成的城市局部或整体景观。包括静态市容和动态市容。静态市容是指不包括或较少包含人及由人的因素而产生的城市外观反映，主要指城市在深夜的体现状态；动态市容则是主要由人与城市其他事物交互作用而产生的城市外观综合反映，主要是指城市的日间状态。

环境卫生是指城市空间环境的卫生。主要包括城市街巷、道路、公共场所、水域等区域的环境整洁，城市垃圾、粪便等生活废弃物收集、清除、运输、中转、处理、处置、综合利用，城市环境卫生设施规划、建设与管护等。

推进市容环卫行业智慧化改造升级，建设智慧市容环卫管理系统，实现对各类环卫设施、环卫作业车辆、环卫作业人员、环卫作业事件等精细化管理。通过综合利用各类专业化监测监控手段，实现对道路、公共场所等的卫生状况和垃圾清扫、收集、运输、处理等过程的全面监管，实现对餐厨垃圾（厨余垃圾）产生、收集、运输、处置全过程精细化管理，以及对生活垃圾清运、中转、末端处理的全过程监控。通过对所辖区域环卫企业的考核监管，为环卫应急处置、设施规划等提供辅助决策。

（一）苏州市餐厨垃圾全过程监管系统

苏州市从 2007 年开始餐厨废弃物的规范管理，2009 年苏州市餐厨垃圾管理办法实施，2010 年苏州市餐厨废弃物一期项目建成投运，2011 年成为全国首批餐厨废弃物资源化利用和无害化处理试点城市。苏州市运用云计算和物联网技术定制开发一套完整的信息交流网络系统，对餐厨企业废弃物产生、运输、处置情况进行实时数据采集和监管。在产生方面，实现对产生点数据、产生点收运数据的精确管理；在运输方面，实现对运输车辆全过程作业的实时化监管，异常情况预警等；在终端处置监管方面，采用监控视频，对大门、地沟油卸料口、地沟油残渣车间、计量地磅、投料口，污水处置设施、除臭设施等重要节点进行视频监控。

苏州市餐厨垃圾全过程监管系统包括产生监管、收运监管、处置监管、产物监管、决策支持、监管考核、公众服务及后台管理等 8 个子系统。

1. 垃圾收集监管

建立餐厨垃圾专用桶数据库，将具有防水功能的 RFID 标签嵌在餐厨垃圾桶上，RFID 电子标签选用防拆卸标签。通过餐厨垃圾收集车安装车载称重系统以及固定式 RFID 终端，可读取标签中的相关信息，对产生单位进行"身份标识"，称重数据实时回传。

2. 运输过程监管

采用餐厨垃圾密闭式专用车、便捷小车结合的方式进行餐厨垃圾的收运工作，餐厨车具有作业面大，作业地点不定等特点，加强餐厨车的运行管理是餐厨车运行过程管理的重点内容。餐厨垃圾车辆管理基于 GPS 定位系统，可实时查看车辆当前的位置和走向。通过车辆与餐饮企业的信息绑定，可实时查看该车辆所负责收集的餐饮企业，包括名称、地址、上次收集时间、桶数、重量、履行情况等详细信息。

3. 垃圾处置监管

收集量与进场量的核实、比较是衡量收集、运输工作是否达标的重要指标，除在车辆上安装车载称重设备外，在苏州市洁净餐厨厂建立无人值守称重系统，进场餐厨垃圾车辆 IC 卡识别、自动称重、上报模式，保证监管单位实时、精确地掌控进场量和处置量数据。各产生单位收运量总和与抵达处置点称重数量不匹配时自动报警，有效防止收运过程掺水。

建立餐厨处置场关键点位视频监控系统，包括进出场口、核心工艺、污染物排放口等，实现处置过程关键点的在线实时监控，保证操作的规范性。

对餐厨处置废弃物如废水、废气、废渣、COD 等指标进行监测并自动采集，确保处置过程中排放不当造成二次污染，系统自动生成各种报表，支持决策。对于餐厨垃圾处置后的二次能源物质如生物柴油、沼气等产量数据自动录入，并记录产率、去向的相关信息。

4. GIS 管理

结合产生单位的详细信息和 GIS 地图，将餐饮企业直观的展示给操作者，操作者可以一目了然的知道产生单位的分布信息，并可以通过地理位置快速找到想要查看的产生单位并查看相应信息。对全市餐饮企业地理位置进行采集和在线标注，对餐饮企业主要信息进行地图显示，例如餐饮企业名称、地址、收集车辆、图片等。

5. 决策支持管理

提供餐厨垃圾收集量、处置量、二次产物产量、产率等过程数据等实时汇总和二次分析，对餐厨垃圾收运数据的快速汇总，通过柱状图、饼状图、曲线图等方式直观展现餐厨垃圾整体收运的情况，实现智能化统计汇总功能。

6. 公众服务管理

主要通过建立公众参与的统一渠道，便于公众实时掌握全市餐厨垃圾收集、运输和处置现状，同时可以在线举报身边违法行为，如非法倒卖地沟油等违规行为，建立餐厨垃圾投诉举报机制，从而让公众更多了解和参与到餐厨垃圾管理工作当中。

（二）厦门市填埋场智能监管系统

厦门填埋场信息化监管系统通过对填埋场的信息化管理覆盖，以东部基地监管为核心，基本实现对填埋场管理全覆盖，实现厦门市环卫"心脏业务"的高效监管。采用先进的废弃物排放自动监测系统，对填埋场渗滤液等各项环保指标进行 24 小时监控，超标直接报警并启动应急预案进行处理，避免废弃物的排放以及二次污染的发生，有效保障各主体安全稳定的运行。在提升管理效率的同时，通过现场化、动态化监管，对生活垃圾处置环节安全隐患第一时间发现、预警并处理解决，大大提高安全作业指数。厦门市填埋场信息化监管系统主要包括计量监管、作业监管和环保监管三大部分。

1. 计量监管

建立数据看板，实时查看填埋场的日度及月度垃圾进场量、进场车次，查看进场量及进场车次的走向情况，和进场垃圾的种类及数量，如图 4-14 所示。

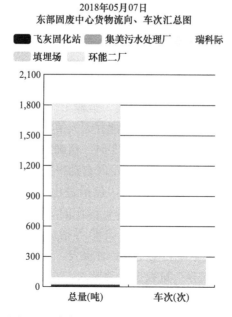

图 4-14　东部固废中心进场垃圾分布（一）

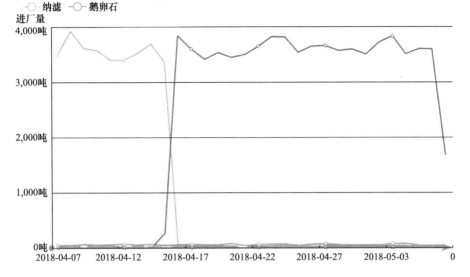

图 4-14　东部固废中心进场垃圾分布（二）

2. 作业监管

作业面管理：基于三维激光扫描技术采集到的暴露面表面积、体积，结合日常垃圾进厂计量数据，自动核算出实时暴露面的面量比指标。通过定义各个填埋阶段、填埋高度的合理面量比阈值，对暴露面的面积进行有效控制，同时支持实时采集的面量比超出阈值自动报警的功能。三维激光扫描仪如图 4-15 所示。

堆体管理：堆体体形与库容管理通过采集地磅房日常垃圾进场计量数据，对填埋堆体垃圾总量数据精确掌控。结合三维定期测量和在线测量作业地形变化数据，可判断

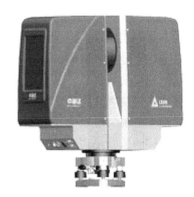

图 4-15　三维激光扫描仪

填埋场填埋量趋势、评估填埋密度、预测堆体库容。如图 4-16 所示，给出了垃圾入场量走势。

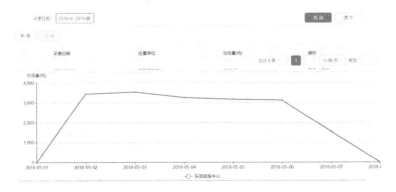

图 4-16　垃圾入场量走势

3．环保监管

实现了厦门东部填埋场渗滤液池运行状况的在线监管，主要包括水质、水量及关键点视频监控。通过水量在线监控，实现对渗滤液水量情况的实时监管，包括对液位高度、当前污水量两个参数实现在线监控，通过对处理过的水量数据监测，为与渗滤液处置厂运营单位的经费核算提供精确的数据支撑。如图4-17所示，给出了渗滤液厂实时库容量。

	点位	日期	液位高度(m)	当前污水量(m³)	总库容量(m³)	剩余库容量(m³)
1	A	2018-05-07 02:24:30	2.16	7387.00	39192.00	31805.00
2	B	2018-05-07 02:24:30	2.29	13834.27	32507.00	18672.73
3	C	2018-05-07 02:24:30	0.74	4272.34	34927.00	30654.66

合计：当前库容量（m³）25493.61；总库容量（m³）106626.00；剩余库容量（m³）81132.39。

图 4-17　渗滤液厂实时库容量

（三）昆山市垃圾焚烧厂监管系统

昆山市为实现对焚烧厂各项环保指标进行24小时监控，对昆山全市生活垃圾处置工作的有效监管，建设了垃圾焚烧电厂信息化监管平台，平台综合应用IOT、大数据、移动互联等技术手段，建设焚烧厂实时监管平台，包括垃圾处理量监管、入炉焚烧量监管、运行工况监管、环保数据监管、环保耗材监管、排放物监管，实现对垃圾焚烧全运行过程在线、立体式监管；建设综合调度指挥平台，实现发生异常情况，及时处理；根据实时监测数据智能分析，生成辅助规划决策建议，实现垃圾焚烧的智能化管理，后续规划建设基于互联网端的焚烧厂、公众服务平台和基于大数据的焚烧厂舆情管理平台，构建全方位、智慧化现代垃圾焚烧厂监管体系。该系统包括昆山市焚烧电厂监管驾驶舱、焚烧计量精细化管理子系统、垃圾焚烧实时监控子系统、运营单位实时监控子系统、辅助决策管理子系统、移动监管APP和运行支撑平台等7个功能模块。

1．昆山焚烧电厂监管驾驶舱

主要展示焚烧电厂运营项目公司的基本信息、日常运行状况，满足主管部门对项目公司的实时监管的需求、对外展示演示说明需求等，仿真模拟焚烧厂环境，展示垃圾焚烧环节的关键指标数据，驾驶舱按照焚烧环节主题进行多窗格展示，包括计量溯源、运行工况、烟气排放、产物、环保、发电量、告警展示、视频监控等主题，如图4-18所示。

图 4-18　焚烧发电厂驾驶舱

2. 焚烧计量精细化管理

进厂量监管系统实现焚烧厂地磅数据的远程对接，保障底层数据的实时性。入炉焚烧的垃圾量是后续环保耗材、运行工况、烟气排放、固废生成的准确相关量，实现垃圾入炉量数据的采集与分析。在固体废弃物产生并转运出厂的时候会通过计量系统进行称重，系统自动采集固废的转运量，并实时记录到数据库中，用于后期的炉渣及飞灰的计量分析，计量实时数据界面如图4-19所示。

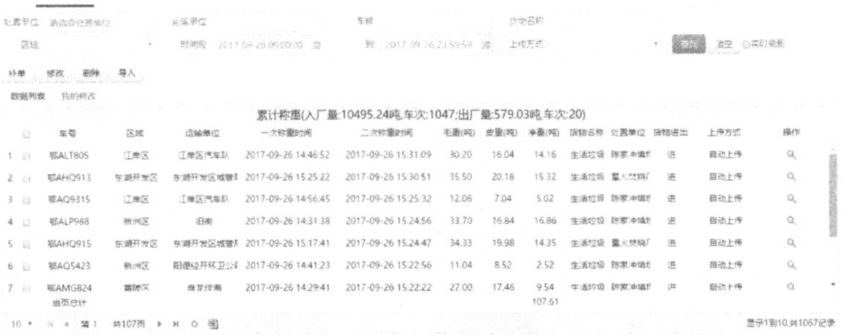

图 4-19　计量实时数据界面

3. 垃圾焚烧实时监控

垃圾焚烧实时监控子系统实现了垃圾焚烧厂在焚烧过程中设备运行情况、污染排放影响因子等在线监控，并结合焚烧监管标准对各项工况数据设定阈值，系统自动将实时采集数据与阈值进行对比，出现异常情况时，进行预警，监管人员可以对现场人员进行及时的告知，现场管理人员可以及时采取相应措施进行调节。

4. 运营单位数据上报

运营单位数据上报子系统主要针对焚烧厂无法实时采集的数据，这些非结构化数据主要由焚烧厂各类操作人员进行及时的登记并上报，上报内容主要根据焚烧厂实际的信息化情况设定，包括焚烧运行数据、设备维修养护计划、设备故障、停炉登记、整改记录等，系统支持手工填报及数据文件上报，运行数据填报界面如图4-20所示。

图 4-20　运行数据填报

5. 辅助决策管理

就是经验数据收集、分析、结论得出、预警提示等一系列功能的集成体，系统在收集到大量的焚烧相关数据后，包括计量数据、环保排放、焚烧耗材、异常告警、发电量等数据，通过各种数据关联性分析得出各类分析模型，通过各类事件的预判，为用户提供辅助决策服务。环保排放（烟气）统计分析如图 4-21 所示。

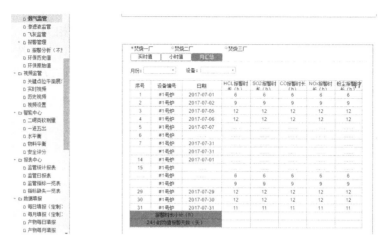

图 4-21 环保排放（烟气）统计分析

6. 移动监管 APP

移动监管 APP 主要针对管理部门进行数据的推送，功能包括关键实时监管数据查看、告警数据查看、运营报表查看、指标分析、视频监控等功能。

三、园林绿化行业

城市园林绿化管理是城市园林绿化行政主管部门依靠其他部门的配合和社会参与，依法对城市的各种绿地、林地、公园、风景游览区和苗圃等的建设、养护和管理。

城市园林绿化管理工作的基本内容有下列方面：①园林绿化系统规划管理；②园林绿化项目建设管理；③园林绿化养护管理；④园林绿化的监督管理；⑤城市公园绿地的管理；⑥城市古树名木的管理。

推进园林绿化行业智慧化改造升级，建设智慧园林绿化管理系统，针对城市绿地、林地、公园、风景游览区和苗圃等监管对象，综合运用智能视频分析、卫星遥感、RFID、二维码等技术手段，建立集网格化巡查、常态化管养、考核评价等于一体的园林绿化精细化管理模式，通过摸清城市园林绿化家底和信息化管理手段，实现城市园林绿化量化评估和动态监管，使城市园林绿化管理逐步走上精细化、规范化、常规化管理的轨道。

园林绿化管理部门需要对乔木、绿地、公园广场的分布等园林资源信息进行及时更新，通过信息系统数据资源的共享和智能化决策支持来提高园林维护和管理的效率、妥善进行园林的建设。

（一）广东省阳江市城市园林绿化信息管理与辅助决策系统

针对当前我国城市园林绿化信息系统建设实际，2012 年，阳江市被列为全国"城市园林绿化管理信息技术应用"首批试点城市，并开展"数字园林"平台试运行。

1. 建立了城市园林绿化数据库，明晰家底与科学归档

通过实地调查和卫星遥感影像的分析，全面收集了试点城市的绿地数据，清晰反映了城市园林绿化现状信息，摸清了城市园林绿化家底。在此基础上对绿化资料建档归类，为实现园林绿化科学化、精细化、量化管理提供了数据基础。

2. 实现量化评估

快速准确地计算出阳江市建成区各类绿地覆盖面积、绿地面积，可以快速查看建成区古树名木的数据、地址、树种、树龄、受保护情况，各公园的面积等信息，直观地反映公园服务半径覆盖的范围。如图 4-22 所示给出了城市园林绿化辅助决策平台示意图。

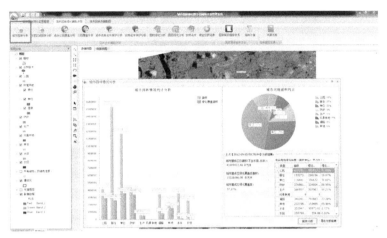

图 4-22　城市园林绿化辅助决策平台

3. 实现园林绿化的动态监管

通过"数字园林"系统，对前后时期的卫星遥感图片的绿量数据，直观地反映在系统地图上，并与实地的监控设施相结合，就可以知道各类绿地变化的具体情况，及时发现制止破坏绿地、侵占绿地的行为。

（二）深圳市园林绿地信息管理系统

深圳市以信息化技术为支撑，按照"一库、一图和多应用"管理思路整合各类园林绿化信息资源，构建出一套科学规范的、以城市地理信息共享服务为载体的、跨部门综合信息的、全方位立体化的园林绿化信息化服务体系。

"一库"即统一的园林绿化数据库，按照园林绿化的管理对象和要求搭建管理基础支撑数据库、多媒体数据库、地理信息数据库、业务数据库、园林绿化管理大数据分析辅助决策库、园林绿化管理智能引擎模型库和园林绿化管理知识库等各类数据库的建设。

"一图"是指以 GIS 地图为中心，实现一张图的城市园林绿化管理空间地理信息服务的统一管理，通过地图将与园林绿化管理有关的资源（绿地信息、园林信息、古树名木等）进行整合，实现资源的动态监管和一体化展示，如图 4-23 所示。

对整个城市建成区各类用地的绿化覆盖情况进行统计分析，从宏观层面上了解城市建成区的绿化覆盖整体水平，如图 4-24 所示。

四、城管执法行业

近年来，随着我国城镇化快速发展，城市规模不断扩大，为深化政府行政执法体制改革，解决城管执法长期面临的城管执法办案难（缺少执法信息化保障手段）、执法监督难（缺乏有效执法监督方式）、执法管理难（队员、车辆资源管理协调难）、执法考核难（工作质量无法精细化评估）、执法公示难（公众参与执法难）等执法难题，国家层面积极出台相关政策文件，推行城管执法全过程记录，加强城管执法信息化建设，提升执法办案工作信息化水平。

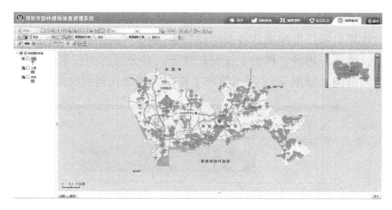

图 4-23　城市园林绿化一张图

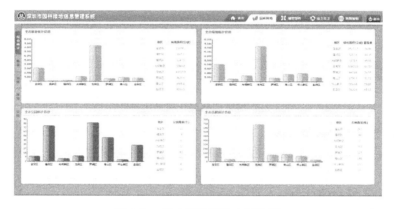

图 4-24　城市园林绿化专题分析

　　2015 年 12 月，《中共中央国务院关于深入推进城市执法体制改革改进城市管理工作的指导意见》明确提到"规范执法制度。各地城市管理部门应当切实履行城市管理执法职责，完善执法程序，规范办案流程，明确办案时限，提高办案效率。积极推行执法办案评议考核制度和执法公示制度。健全行政处罚适用规则和裁量基准制度、执法全过程记录制度。严格执行重大执法决定法制审核制度。杜绝粗暴执法和选择性执法，确保执法公信力，维护公共利益、人民权益和社会秩序"。

　　为贯彻落实中央城市执法体制改革精神，促进严格规范公正文明执法，2016 年 11 月 8 日，住房和城乡建设部城市管理监督局发布 1 号文件《推行执法全过程记录》，决定在县级以上城市管理部门推行城市管理执法全过程记录工作，要求"各地城市管理部门要通过文字、音像等记录方式，对执法活动全过程进行记录，客观、公正、完整地记录执法工作情况和相关证据，实现全过程留痕和可回溯管理。规范执法文书的制作和使用，确保执法文书和案卷完整准确、合法规范。合理配备并使用执法记录仪等现场执法记录设备和视音频资料传输、存储等设备。对现场执法活动中容易引发争议和纠纷的，应当实行全过程音像记录。"还强调"积极利用大数据、云计算、物联网等信息技术，结合数字化城市管理平台建设和办公自动化系统建设等，探索成本低、效果好、易保存、不能删改的音像记录方式，提高执法记录的信息化水平。做好执法文书和视音频资料的管理和存储，逐步实现与数字化城市管理信息系统关联共享"。

2017年1月，住房和城乡建设部颁发《城市管理执法办法》（中华人民共和国住房和城乡建设部令第34号），明确"城市管理执法主管部门应当运用执法记录仪、视频监控等技术，实现执法活动全过程记录。"和"城市管理执法主管部门应当按照规定配置执法执勤用车以及调查取证设施、通信设施等装备配备，并规范管理。"

推进城管执法行业智慧化改造升级，建设城市管理综合执法监督管理系统，一方面，应强化执法记录仪、移动智能执法终端、穿戴式智能执法终端、无人机、执法车、车载视频监控等各种执法技术装备建设，对执法活动全过程进行记录，实现全过程留痕和可回溯管理。另一方面，要打造集移动执法、执法办案、执法监督、勤务管理、绩效考核等一体的城管执法信息系统，规范执法行为，提升执法办案效率。

（一）天津市滨海新区执法监督系统

滨海新区政府坚持深化行政执法体制改革，加快行政执法信息化建设，加强行政执法监督工作，提高行政执法效率和规范化水平。进一步强化事中、事后监管，加快行政执法监督平台建设，建立统一的区级行政执法监督平台和各部门、各街镇行政执法指挥应用平台，如图4-25所示，同时建设各功能区行政执法分中心，确保每一个执法人员的行为、每一个执法案件的处理都纳入监督平台，实现对全区行政执法工作的实时监督和科学考核，形成科学权威的权力制约和监督体系，从而推动美丽滨海和法治政府建设。

图4-25　天津市滨海新区行政执法监督监督中心

滨海新区行政执法监督平台是在智慧滨海"三个一"（即：一张政务网、一张基础地形图和一个政务云中心）的基础上，依托原城市管理信息化系统，分步提升建设的集执法办案与执法监督为一体的综合性业务平台。滨海新区执法监督体系如图4-26所示。

项目于2015年4月成功启动建设，11月投入试运行。项目全部建成后于2016年10月投入正式运行。2016年11月通过专家验收，并获得一致好评。滨海新区行政执法监督平台自2015年11月上线试运行至今，已实现全区18个街镇、所有委局执法平台全部正式运行。共梳理法律法规规章975部、归纳整理行政处罚事项（案由）14109个，归集行政处罚信息10172条，行政检查信息137097条，对全区各执法部门的4180名执法人员基本信息进行逐一核对，强化对行政执法人员的动态管理，为全面落实"三项制度"打下了坚实基础。

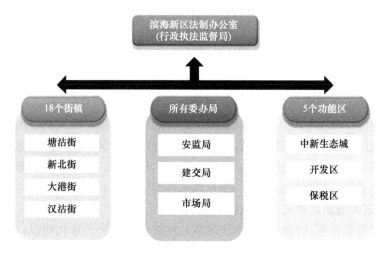

图 4-26　滨海新区执法监督体系

平台建设以"两个六"为目标，即实现"执法监督、执法协作、执法协调、执法动态、执法投诉、执法考核"六大功能，重点监督"行政处罚、行政许可、行政收费、行政强制、行政征收、行政检查"六类执法行为，如图 4-27 所示。

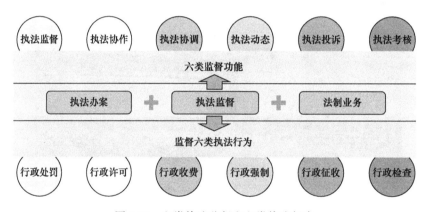

图 4-27　六类执法监督和六类执法行为

根据滨海新区行政执法体制实际，平台可以概括为"一二三四"的系统架构。①一套系统，按照"互联网＋"的思路，依托超算中心、电子政务网，借助 GIS、云计算等技术，建成全区统一的行政执法监督信息系统；②两级平台，建成区级行政执法监督平台与各管委会、各委局、各街镇执法和监督分平台，并实现实时互通；③三类监督对象，监督各管委会及其执法部门、各委局、各街镇全部行政执法行为、执法主体和执法人员；④四大数据库，即法律法规、执法主体、执法人员和权力清单四大数据库。

平台涵盖执法监督、执法办案、法制业务等多个系统。

1. 执法监督

（1）业务数据分类汇总

统一监管行政处罚、行政许可、行政收费、行政征收、行政强制、行政检查等六类执法行为。实现对每一个执法主体、每一个执法人员、每一个执法案件的实时监督。依托平台的数据统计功能，分析每部法律法规的适用情况，每项执法职权的履职情况，从而为做出决策奠定基础，如图 4-28 所示。

图 4-28　执法监督综合展示

（2）执法现场实时监督

基于 4G 专网以及手持视频记录仪、"动中通"取证等硬件设备，如图 4-29 所示，可实时查看执法队员现场执法情况和车辆巡查情况。统一监督指挥执法现场活动，保障队员安全执法。

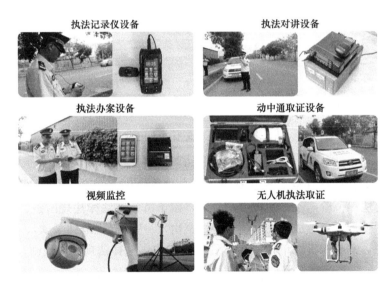

图 4-29　执法取证设备

（3）执法主体、人员实时监督

通过平台可实现对执法主体的执法队伍、执法案件、履行职权等基本情况进行监督，对执法人员每天巡查的轨迹、检查记录的上传、执法案件的办理等情况进行监督。实现监督到每个执法人员、每个执法主体，督促每个主体、每个人员依法履职、规范办案。

（4）基于 GIS 地图宏观展示

结合滨海新区自然资源管理部门提供的基础地形图，实现对每日在岗人员、每日上报案卷、每日在线视频等数据实时监控。按照执法程序对案件进行分类查询，并形成热区分析图，统计辖区内的高发问题，为解决重点违法现象提供参考依据。

（5）移动智能监管

借助移动互联网的技术，结合滨海新区依法行政、执法监督的管理要求，实现在移动终端通过登录软件，实时监控每个执法主体的履职情况，查看每个案件的执法过程以及执法文书。

2. 执法办案

（1）执法文书电子化

平台开发建设了11套执法办案业务系统：1套全市通用的街镇综合执法办案业务系统；1套发改委等多部门通用的执法办案业务系统；为业务部门"量身定做"安全生产、环境保护、市场监督管理、劳动保障、规划国土、房屋管理、建设交通、水务管理和文化市场综合执法等9套专用执法办案业务系统。并将所有涉及的纸质文书配置生成电子文书，如图4-30所示，队员在办案过程中，只需填写案件的基本信息，就能实现执法文书信息的自动关联，提升执法办案工作的效率。

图4-30　执法文书电子化

（2）法律法规自动关联

平台制定标准化的法律法规编码体系，按照法律、行政法规、地方性法规、部门规章、政府规章等法律位阶对法律法规进行分类，赋予每一部法律法规的条、款、项、目一个唯一的代码，整理拆分形成执法事项（处罚案由）、违则（规范性条款）、罚则（处罚依据）等基本信息，并与权责清单相关联。图4-31给出了法律法规编码规则。

案由编码			违则(立案依据)编码				罚则编码			
4	163	001	4163	006	02	00	4163	032	00	00
法律位阶编码	法律法规流水号	案由流水号	法律法规编码	条编码	款编码	项编码	法律法规编码	条编码	款编码	项编码

■ 法律位阶按照法律、行政法规、政府规章、部门规章、地方性法规分别编码1、2、3、4、5

■ 法律文本按照条、款、项、目划分

图4-31　法律法规编码规则

（3）执法全过程记录

结合滨海新区各执法主体日常的执法办案流程，平台定制化开发各业务审批流程体系，实现队员通过系统办案，可对执法全过程的文字信息、音频信息、视频信息进行留存，结案后可通过平台查看案件的办理过程，实现对案件的回溯管理，如图4-32所示。

图4-32　执法全过程记录

（4）执法办案移动化

通过平台可实现在移动终端上报执法检查、宣传教育、简易程序、一般程序等案件信息，并可通过连接蓝牙打印机，现场打印简易处罚决定书、调查询问通知书等执法文书，全面提升执法效率。

3. 法制业务

（1）行政复议在线办理

建立行政复议电子化的执法文书，设计开发行政复议的业务审批流程，实现复议案件的在线办理、打印、归档等功能。并获取复议案件的统计事项，统一汇总到监督平台中，实现对行政复议案件办理全过程的记录。

（2）行政应诉录入管理

建立行政应诉案件填报表单，通过填写行政应诉案件的基本信息，扫描相关的附件材料，实现对我区行政应诉案件的归档、分类、统计等功能。

（二）上海虹口区城管执法信息系统

2016年以来，上海市虹口区城管执法局紧密围绕上海市城管执法局信息化建设工作要求，在"互联网＋"制度、大数据背景下，充分利用信息化手段提高执法实效，积极开发建设上海市虹口区城管执法信息平台。一方面，规范了执法行为，通过执法APP，实现了每个执法人员GPS定位、网上办案、网上督察督办、网上勤务指挥、网上诉求办理、网上绩效考核等信息化流转和应用，同时也实现了区局、基层中队、执法人员三级之间信息的扁平化互联互通。另一方面，提高了执法效能，减少了很多中间环节和不必要的人为行为，促进新的勤务执法机制建立，提高执法的整体效率。

上海市虹口区城管执法系统建立了10个基础数据库，配套了手持执法终端、执法记录仪、无人机、执法车等各种执法装备，研发了6个子系统。

1. 建立了10个基础数据库

10个基础数据库包括：一店一档数据库、违法户外广告数据库、各类经营性非经营性违法建筑数据库、在建建筑工地数据库、渣土专营车辆数据库、法律法规库、人员装备数据库、餐饮企业名录数据库、餐厨垃圾及废弃油脂数据库、占道亭棚数据库。

2. 配备了先进的执法技术装备

为全体执法队员（327人）配备一部手持执法终端和执法记录仪，并设立信息采集站13台用以记录执法过程相关的音视频数据；为中队每个班组配备了一台便捷式热敏打印机，共60台；为每个中队和勤务科各配备一架无人机共10台，用于大型执法活动保障、屋顶违章、大面积违建、违法户外广告设施等现场的视频拍摄取证；为37辆执法车辆配备了北斗定位系统，13辆执法车配备视频监控系统，指挥中心已于去年建成使用并接入固定视频300路，移动视频13路，成功对接市局视频会议系统。

3. 研发了6个专业子系统

（1）诉件处置管理子系统（网上诉处）：对诉件整个办理流程实施过程管控，从接单、派单、处置、评价、回复、督办，全部经执法终端实现线上操作并留下痕迹，提高投诉处置效率。已新增重复件管理功能，诉件在登记时，系统根据关键字，判断诉件库中是否有重复投诉件，人工确认无误后可进行重复件关联。同时根据处置回复要求，超时未回复案件系统自动进行预警。

（2）个人绩效智能考核系统（网上考核）：通过系统实时生成的队员上班考勤、巡查签到、任务发现登记和处理、诉件办理、联系居委等一天的工作量，以"时间轴"的形式自动生成队员当天勤务工作日志，通过系统预设"积分制"模块，对勤务任务的完成情况自动打分。考核已于2018年1月试运行，并于3月正式实施。个人绩效考核分为勤务督察、法制办案、队伍建设管理、装备管理及组织评价五部分。局考核领导小组每月就"智慧城管"系统自动算出的队员得分和排名情况进行汇总、整理、分析，形成多角度的综合智能化考核评价系统，实现人尽其才、事得其人、人事相宜。

（3）网上办案子系统（网上办案）：在处理简易程序案件环节中，已开发当场处罚管理功能，当执法队员在街面发现违法行为后，通过移动终端责令整改功能，对当事人进行责令整改办理；也可通过移动终端APP当场处罚功能，对违法证据进行取证，通过蓝牙连接传输给随身携带的蓝牙移动热敏打印机，当场打印处罚决定书。

在处理一般程序案件环节中，开发了五乱小广告停机管理功能，执法队员可通过移动终端小广告案件办理功能进行办理。

（4）督察督办管理子系统（网上督察）：由区局登记专项督办事项下发中队处理，中队处理完成后由区局安排督察人员复查，并记录现场情况；并根据不同人员角色新增区局督察日志和中队督察日志功能，提升日常督察工作。实现PC端督察管理功能与移动督察应用功能的实时数据互联互通，新增督察目标管理功能，实现区局督察工作目标设定。同时，完成与市局平台对接，一起建立三级督察网络，整合资源、信息共享。

（5）勤务指挥子系统升级（网上勤务）：在勤务数据管理方面，已针对队员、中队干部、局机关等不同的角色，开发不同版面的勤务工作日志来体现每天的工作成效。系统实时生成队员的上班考勤、巡查签到、任务发现登记和处理、诉件办理、联系居委等一天的工作量，以"时间轴"的形式自动生成队员当天勤务工作日志，本人可随时查看一天工作成果；中队干部可查看本中队队员的相关工作情况。开发地图应用子系统。地图应用子系统将基于区科委会现有GIS基础平台，通过整合车辆、人员、视频监控点定位及城管案件、勤务、投诉、督察等各类业务数据，实现城市管理全方位可视化的管理。

（6）分析研判子系统初步建成（信息研判）：结合队员日常巡查执法中在"智慧城管"系统中更新录入的数据和诉件处置系统中积累的投诉案件信息，通过移动端开发的"工作统计"板块，能结合每日、每周、每月等不同时间段的大数据，对违章种类、主要发生地、发生时间以及案件趋势变化等进行统计、分析与研判，准确掌握多发问题、易发区域、高发时段等关键信息，对症下药采取措施，为执法提供决策。

（三）胶州市城管综合执法系统

根据国务院关于《推行行政执法公示制度执法全过程记录制度重大执法决定法制审核制度试点工作方案》、《国务院全面推进依法行政实施纲要》的总体部署要求，胶州市作为32个试点城市、部门中的试点单位，将依托全市现有行政执法和执法监督体系，以宏观掌握全市行政执法信息和辅助领导决策为核心，以满足行政执法和执法监督的业务需求为导向，以规范全市行政执法数据信息为标准，以服务社会公众为补充，利用电子政务网络及其他信息化技术手段，构建覆盖全市的行政执法服务平台。逐步形成覆盖全市的行政执法监督体系，加强和改善行政执法工作，提升行政执法工作的透明度以及公众满意度，为推动三项制度试点工作，宏观决策全市行政执法工作，提升全市执法工作信息化水平，强化执法监督手段提供信息化支撑。努力实现执法有序、监督有效、决策有据和服务有力的总体目标，圆满完成三项制度的试点任务，推动胶州市法治政府建设工作。

胶州市综合执法系统建设包括综合执法基础管控系统和无人机比对系统两大板块。执法基础管控系统包括移动执法模块、社会主体维护模块、领导督办模块、数据分析模块、执法在线模块、基础数据管理模块、执法队伍数据分析模块、执法队员数据展示模块、社会主体管控三级预警模块。

1. 移动执法模块

主要通过构建以地名地址管理为基础，社会主体管理为主要内容，网格区划管理为主要手段的主体巡查工具，实现对全市社会主体的巡查记录和综合管控。如图 4-33 所示。

图 4-33　移动执法模块

2. 社会主体维护模块

通过构建完整的社会主体信息数据，实现对于管辖区域内社会主体的综合管理，为支撑社会主体的三级预警的实际效果奠定重要基础。

3. 领导督办模块

在工作流程的基础上，将执法工作中的重点案件录入系统，并进行流转使案件能够得到及时有效的处理和反馈，并能根据处置时限进行红黄绿灯预警。如图 4-34 所示。

图 4-34   领导督办模块

4. 数据分析模块

主要通过汇总基础信息管控平台的数据进行综合数据分析和汇总，能与 GIS 地图进行联动，生成问题高发区域热力图，并能够实现数据最新统计、高发分析、趋势分析、上报数量汇总、来源分析等功能，为领导的决策提供数据支撑。如图 4-35 所示。

图 4-35   系统大数据分析

5. 执法在线模块

主要实现实时查看执法人员在岗情况，监控执法当前的巡查轨迹信息，实现对执法人员的监管。

6. 执法队伍分析模块

是汇总执法队伍信息，将每个执法队伍的数据分别汇总展示，并能分析队员工作量和上报案卷的情况，通过该模块可以对各个执法队伍的工作情况做的一目了然。

7. 执法队员数据展示模块

是对每一个执法队员的基础信息和工作状况进行汇总展示，通过该模块可以监控到每个执法队员的工作状况，如图 4-36 所示。

8. 社会主体三级预警模块

通过将社会主体信息与执法队员上报的巡查记录信息相结合并与地图进行联动，根据主体问题分类和巡查出问题次数，对主体进行红黄绿牌标注，使问题主体在地图上一目了然，为执法队员重点巡查提供数据支撑，如图4-37所示。

图4-36 执法队员信息展示

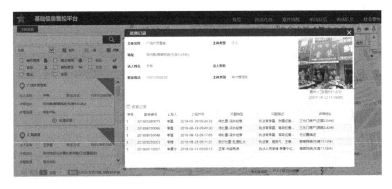

图4-37 三色预警机制

第八节 数字城管平台智慧化功能升级的实践

一、部分省市发布推进智慧城管建设的指导意见

（一）安徽省指导意见要点

安徽省于2018年5月份发布了《安徽省住房城乡建设厅关于推进智慧城管建设的指导意见》（建督〔2018〕72号），从加强省级平台建设和运用、加强城市管理相关数据普查整合利用、拓展数字城管平台功能、提升智慧城管系统运行效能等四个方面明确主要任务。

1.加强省级平台建设和运用

（1）开展省级平台建设。依托安徽省电子政务外网，加强城市信息基础设施统筹规划布局，整合城市管理基础数据资源，开发省级应用系统，逐步实现省市县三级平台互联互通。

（2）加强体制机制建设。在总结试点城市建设运行经验的基础上，探索建立创新规范的投资、建设、运营、管理、服务标准模式，指导和规范各地智慧城管建设工作，形成切实可行的组织领导、指导推进、评价考核、政策促进和制度标准体系。

（3）加强对市县平台的运行监管。制定全省智慧（数字）城管系统运行情况考核办法，实现对各地系统平台运行情况的有效监管与监督考核，形成全省城市管理监督到位、协调到位、指挥到位的信息化监管体系。

2. 加强城市管理相关数据普查整合利用

（1）完善城市管理基础数据库。摸清家底，完善城市管理部件数据与空间地理数据相关联、相匹配的城市管理基础数据库。完善基础数据日常管理和更新机制，确保基础数据全面详实、安全可靠。加大业务管理专题数据、层级管理交换数据、政务服务数据等各类数据的整合入库工作，形成包括行业范围内的人、地、物、事、组织等全方位主题数据库群，实现行业数据资源全要素目录管理。

（2）加强城市运行数据管理。推进智能感知技术应用，强化城市运行数据资源的实时采集、动态录入、管理分析。强化行政许可、行政处罚、社会诚信等城市管理全要素数据采集与整合，提升数据标准化程度，促进多部门公共数据资源互联互通和开放共享，推动基础信息资源和业务信息资源的集约化采集、网络化汇聚和共享共用。

（3）优化网格化管理系统。加强城市管理"神经末梢"建设，以责任网格为基本单元，探索建立"网格化"制度，充实网格化队伍，充分发挥街道和社区作用，联合环保、公安、水利、工商行政、食品药品监管等部门参与城市管理网格化工作，共享网格信息资源，实现城市管理网格全覆盖。

（4）集约节约利用资源。在进行数据资源普查整合时，应当以集约节约为原则，避免重复投资建设。充分利用城乡规划部门基础地理信息资源，城市 GIS 数据、卫星影像图数据以及其他政府投资开发建设的信息资源，应当在政府各职能部门之间形成实时共享、互通共享。

3. 拓展数字城管平台功能

（1）建设城市管理专项业务应用系统。因地制宜，结合城市管理主要职责，建设市政公用设施、园林绿化、市容环卫、户外广告、渣土运输、违法建设、智能停车、智慧管线监管系统等城市管理专项业务应用系统。建立完备的城建档案系统，实现市政公用设施建设档案信息共享。

（2）建设城管执法信息化系统。开展网上办案、网上勤务、网上督察、网上考核等模块的建设和应用，规范执法程序和行为，实现执法过程透明公开，全面提升城管执法信息化水平。加强城管执法综合指挥监管和案件协作联动平台建设，加大与规划、建设、国土资源、环保、公安、水利、工商行政、食品药品监管等城市管理综合执法相关部门的管理信息共享，建立和完善业务部门管理与综合执法信息衔接制度，提高综合执法效率。

（3）建设城市管理决策支撑系统。引入数据分析、挖掘处理等大数据应用技术，以行业安全生产、市政设施、城市秩序、市容市貌等为重点，加大数据指标关联分析模型研究，实现对城市管理难热点问题、城市管理指标以及各类城市管理专题的智能分析、预警和决策。

（4）建设便民惠民服务系统。实现"12319"城管服务热线与"12345"市长热线、

"110"报警电话的对接。加大互联网技术应用，加大微信、微博和移动终端建设，畅通群众参与城市管理渠道。在行政审批、公厕点位、停车场所、城市道路维护、供水供暖等方面，提供惠民便民应用服务。加大宣传力度，研究制定社会公众奖励制度，提高市民参与城市管理的积极性，推动共建共治共享。

（5）建设应急指挥管理系统。加快城市管理应急风险普查和数据库建设，强化水、气、热等城市生命线动态监管，强化重大危险源监控，加强城市基础设施安全风险隐患排查。强化城市防汛、灾害天气及重大活动保障期间实时动态掌握，实施有效监督指挥。整合行业应急资源，强化数据分析应用，构建行业互联互通应急平台，加强应急处置相关的人力、物力及重要目标空间分布的动态信息管理，建立健全城市安全风险防控体系，提高城市重大事件的应急处置和决策指挥能力。

4. 提升智慧城管系统运行效能

（1）加强运行机构建设。根据城管执法体制改革精神，结合城市管理和综合执法需求，在现有数字城管运行机构的基础上，加大机构规范化建设，培养专业人才。探索建立城管委联席会议制度与智慧化城管运行的融合机制，强化对智慧城管运行的组织协调、监督检查和考核奖惩，强化智慧城管监督指挥权威。建立健全市、县相关部门之间信息互通、资源共享、协调联动的工作机制，形成管理和执法合力。

（2）优化运行环节。结合扁平化管理要求，实现一键派单、智能化案卷提醒和回复等功能，增强各部门之间的协同能力。利用 RFID、传感器等物联网相关技术，对井盖、广告牌、公交站台、桥梁、河道、城市照明、环卫作业车辆、施工工地等城市管理对象进行智能化监管。基于视频预警和智能分析技术，通过整合接入视频资源，对城市街面秩序问题进行智能研判分析告警，减少人力成本、提高效率。

（3）加强考核和评价。定期组织召开智慧（数字）城管专项工作会议，对运行情况进行月度、季度、年度通报。制定考核评价办法，建立健全区域评价、部门评价、岗位评价等考核评价体系。注重考核结果的运用，将智慧城管建设工作作为城市管理和综合执法工作的重要内容，纳入目标考核体系，形成公开、公平、公正的城市管理考核奖惩制度体系。

（4）加强安全管理。在推进智慧城管建设中同步加强信息设施和信息资源安全防护。在重要信息系统设计阶段，合理确定安全保护等级，同步设计安全防护方案；在实施阶段，加强对技术、设备和服务提供商的安全审查，同步建设安全防护手段；在运行阶段，加强安全管理，定期开展检查、等级评测和风险评估，排查安全风险隐患，增强日常监测和应急响应处置恢复能力。统筹建设容灾备份体系，推行联合灾备和异地灾备。加大安全防护教育力度，提高工作人员的网络信息安全风险意识、责任意识、工作技能和管理水平。

（二）重庆市指导意见要点

重庆市 2016 年 6 月份发布了《重庆市人民政府办公厅关于推进智慧城管建设的指导意见》（渝府办发〔2016〕119 号），提出了重庆市智慧城管"1322"整体构架：1 个城市管理大数据中心；城市管理业务平台、数字城管综合监管协调平台、便民惠民服务平台 3 大功能板块；城市管理行业应急指挥、城市管理数据决策分析 2 个支撑平台；智慧城管管理中心、视频监控整合 2 个辅助工程。

1. 建设城市管理大数据中心

（1）建设城市管理数据资源体系。按照"三库四平台"有关要求，开展城市管理数据资源普查，摸清行业空间地理基础数据、业务管理专题数据、层级管理交换数据、政务服务数据等现状，实现行业数据资源全要素目录管理。

（2）建设城市管理数据管理平台。依托水土云计算中心，加大城市管理领域各类数据的采集及整合入库工作，形成包括行业范围内的人、地、物、事、组织等全方位主题数据库群，加大行业关键运行状态信息自动采集建设力度；建立行业数据资源管理系统，逐步实现行业信息系统关键业务数据集中存储管理。

（3）建设城市管理数据监管平台。依托重庆市综合市情系统，按照全市信息资源共享交换目录与编码标准规范，建设城市管理内部运行和对外公开使用的数据库，建设城市管理业务数据资源监管服务平台，实现智慧城管内部各分项系统协同工作。

2. 建设智慧城管业务平台

（1）建设智慧城管工程档案管理系统。采用物联网和射频等技术，对档案实体实行信息化采集和电子标签化管理，实现档案智能化识别、定位、跟踪、监控和管理；构建档案信息智慧保护平台，实现档案信息智能备份、数据安全的智慧检测，为城市管理行政审批和业务管理提供基础支撑数据，服务城市管理设施规划、建设、维护管理。

（2）建设智慧市政设施管理系统。加大三维地理信息系统、无线射频、传感器、视频、移动终端等技术设备应用，提升设施维护、地下管网、桥梁结构、工作车辆等在线监控覆盖范围和预警能力；优化管理流程，创新管理机制，推广移动终端在日常巡查监管中的应用，建立综合指挥管理体系，形成呼叫、巡查、调度、监督、处理、统计及考核等一体化的服务管理模式，全面掌握市政设施部件的状态及各类事件发生和处置的过程，提高动态监管和应急指挥能力，提升市政设施维护精细化水平和服务质量。

（3）建设智慧城市照明管理系统。加大全球定位系统、光控、时控、地理信息系统、无线通信、移动终端等技术手段应用，实时监测照明设备、电源线路、变压器等工作状态，形成远程操控、电量监测、故障预警、应对快捷的城市照明综合管理平台；通过优化管理机制，理顺管理流程，科学评价照明节能效果，提升城市照明品质；加大城市照明设施在智慧城市中无线网络、社会治理、视频监控、汽车充电等方面的应用。

（4）建设智慧市容环卫管理系统。加大对垃圾填埋场、垃圾焚烧厂、垃圾中转站、垃圾综合处理厂、公共厕所、粪便处理设施、户外广告、作业车辆等市容环卫设施智能监控应用；对道路清扫保洁、生活垃圾（含餐厨垃圾，下同）分类及运输处置、水域漂浮垃圾收集转运、建筑垃圾运输消纳等活动实施全过程智能监控；建立市容环卫网格化管理责任机制，实现从作业过程到结果全面监管，科学评价区域、部门、单位和人员作业效果，推进精细化管理，探索市容环卫管理由城市逐步延伸至乡镇，实现城乡市容环卫管理水平一体化。

（5）建设智慧水务监督管理系统。加大城市排水防涝、供水等基础设施运行实时监测，开展城市雨水仿真模型建设；运用数据采集仪、无线网络、水质水压水量等监测设备，实时监测城市供水水压、水质、水量和二次供水设施作业等状态以及污水处理厂的运行，通过感应、仿真、诊断、预警、调度、处置、控制、服务等功能，建立市政、供水企业、污水处理厂等一体化的指挥调度系统，实现行政主管部门和企业对日常和应急情况下城市内涝区域预警、城市供水安全、污水无害化处理等的全面管理。

（6）建设智慧城管执法管理系统。充分运用物联网、云计算、视频监控、卫星定位、移动终端等技术，建立全域覆盖、图文互动的城市街面市容秩序"智能管控"执法系统，提升执法队伍装备水平，加大对重点区域、路段、市政施工工地、建筑垃圾消纳场、作业车辆、固定摊点和市容环卫日常执法巡查等的实时监控力度，提高城市市容秩序管控能力；加强执法信息共享互通和城管执法人员、执法案件的管理，提高城管执法工作水平和效率，规范执法程序和行为，实现执法过程透明公开。

3. 建设智慧城管综合协调监管平台

优化完善数字城管系统。加快市、区县（自治县）数字城管平台的规划、建设和整合，加快数字城管向智慧化升级，实现感知、分析、服务、智慧、监察五位一体；进一步促进数字城管与互联网技术的融合，加大智能感应技术应用，拓宽城管问题发现渠道；建立健全区县（自治县）、街道（乡镇）、社区城管网格，明确网格管理对象、管理标准和责任人，形成分工明确、指挥有力、统一协调、运转高效的工作格局，实现城市管理常态化、精细化和制度化；夯实数字城管运行基础，完善工作机制，利用数字城管对市政府有关部门参与城市管理工作情况进行综合评价。

4. 建设智慧城管便民惠民服务平台

（1）完善"12319"城市管理服务热线。整合城市管理相关的市民电话服务平台，实现全市"12319"城市管理服务热线统一受理；加大互联网技术应用，畅通公众有序参与城市管理的渠道，实现"12319"城市管理服务热线与"110"报警电话等其他热线的对接，加大部门间城市管理问题处置高效联动，提高问题处置效率和市民满意度。

（2）建设市政行业便民利民信息系统。加大微信、微博和移动终端与城市管理相结合的力度，增加办事指南、行政审批、公厕点位、停车楼场、路桥收费、城市道路维护、供水等便民信息，适时对接全市信息惠民应用平台，提供更为丰富的惠民应用服务。

（3）建设停车诱导便民服务系统。对停车位信息、车辆信息、公交信息、交通状况等资源进行整合和监控，加大与公安交巡警有关数据系统对接；启动停车诱导系统建设，实现对停车位资源的合理调度和高效诱导，逐步解决停车难等民生问题。

5. 建设智慧城管支撑系统

（1）建设城市管理应急指挥管理系统。加快城市管理应急风险普查和数据库建设，建成集中统一的信息资源服务体系，构建满足不同层级需求的数据库，整合行业应急资源，强化数据分析应用，构建行业互联互通应急平台；提升应急处置相关的人力、物力及重要目标空间分布的动态信息管理，实现应急管理可视化、资源调度多维化、管理协调统筹化，适时将城市管理应急指挥管理系统接入重庆市应急指挥系统，提高城市重大事件的应急处置和决策指挥能力。

（2）建设智慧城管决策支撑系统。以行业数据中心为基础，引入数据分析、挖掘处理等大数据应用技术，以行业安全生产、市政设施、城市秩序、市容市貌等为重点，加大数据指标关联分析模型研究，逐步建立城市管理公用设施辅助规划模型、危险源安全预警模型、效能评估模型等，构建应用智慧城管辅助决策支撑系统，挖掘城市运行内在规律和特征，建立依托数据科学决策机制，推进城市管理顽疾治理。

6. 建设智慧城管辅助工程

（1）推进城市管理视频资源整合应用。完成公安、市政等行业视频资源整合，尽可能实现城市管理范围视频全覆盖，形成城市管理统一视频资源池和共享服务体系，加大视频资源参与城市管理的探索力度，合理优化城市管理队伍和人员配置，提升城市管理效果和水平。

（2）建设智慧城管管理中心。按照信息化系统集约化建设要求，加强网络建设，强化信息安全风险评估管理、等级保护等基础工作，优化信息系统基础支撑环境；根据智慧城管发展，科学定位管理中心职能职责，增加专业队伍能力建设和人才储备，做好智慧城管系统的日常管理，完善工作机制，夯实智慧城管运行工作基础。

（三）漳州市智慧城管设计方案要点

漳州市于 2018 年 4 月编制了《漳州智慧城管设计方案》，按照感知、分析、服务、指挥、监察"五位一体"的建设思路，构建了"一云、一网、一平台、多业务"总体设计框架，具体内容如下：

1. 一云（城管云平台）

为实现资源的充分利用，降低建设成本，本项目所有业务系统均以云计算的方式部署，由服务提供商提供符合公安部门各项安全标准的云计算资源，并提供高速、可靠政务外网接入和统一安全的互联网访问，同时建立容灾备份系统，为业务系统提供数据存储和数据备份服务。

2. 一网（城市物联网）

利用北斗定位、传感器、移动互联网等先进技术，建成一张覆盖全漳州的城管物联网。实现对城市桥梁、隧道、路灯、井盖、道路积水、环卫车辆、江湖水质动态数据的实时检测和采集。对视频监控平台新增视频智能分析技术，实现城市管理问题的主动发现。

3. 一平台（大数据综合展示平台）

大数据综合展示平台是采用大数据理念对系统运行体征进行全面展现，不断发现数据潜在价值，实现数据驱动城市管理运行的动态过程。应基于顶层设计构建指标体系；对指标体系进行组合提炼，形成城市管理运行体征；通过事、物、人、资源统筹和考核评价，全面展示城市管理运行状况。同时，应能够根据各级领导职责范围定义不同的指标体系，以满足各级领导的监管需要，并辅助领导决策。

4. 多业务

综合行政执法平台，新建城市管理执法系统，可实现城管执法案件网上流转，办理过程、过程资料、办理时限、办理结果等信息全程可追溯，并建立电子档案，通过优化执法流程、梳理案件分类、裁量权及政策法规，规范执法人员的执法行为，做到依法执法，塑造廉洁执法环境。同时结合便携式蓝牙打印机、单兵执法终端设备，实现简易执法现场办理和执法全过程记录，缩短办理时限，提升执法效率。可有效解决当前城管执法当中存在的权责不清、记录不详、文书不统一、过程不规范、数据难统计、监管难及时等问题，为政府宏观决策提供有效依据。同时结合过往执法情况，逐步建立执法对象征信体系。

（1）智慧市政平台，系统主要面向城市市政设施管理、维修养护部门，涉及市政日常业务全流程。智慧市政综合监管平台是一个包含基础数据采集、基础设施管理、日常巡查养护等基础功能和道桥、路灯、井盖、排水等多个专业应用系统为一体的综合信息管理平台。随着物联网技术的深入发展，城市水、电、气、热等各部门已经安装建设了许多监测设备，利用现有的智慧化城市管理平台，将各部门现有的监测数据统一接入，实现资源整合、统一指挥、强化协同、高效处置，进一步强化城市管理的精细化。

（2）智慧环卫平台，建立环卫管理系统数据库，全面理清环卫工作涉及的果皮箱、公厕、各站点的权属及养护信息，建立人员及车辆档案库，通过对清扫车、洒水车、清运车等环卫车辆的改装，结合环卫工人及环卫车辆的 GPS、视频监控等前端设备，实现对所属环卫工人的位置定位及路线查询，实现对环卫车辆的行驶路线、实时位置、作业状态、驶出视频、过路视频、倾倒视频等进行有效监控，对监控视频的违法行为自动抓拍立案，同时实现对环卫作业路线进行规划，并对环卫外包公司工作完成情况进行综合监督考核管理。

（3）智慧园林绿化平台，借助现代信息技术，整合城市管理资源，全面、及时、准确地掌握园林绿化基础数据，创建城市园林绿化管理新模式，实现对城市公园、各类绿地、古树名木、绿化设施、园林绿化养护工作的信息化、标准化、动态化管理，对养护企业、车辆、人员实行动态监控，并提供城市园林覆盖整体分析、园林绿化预警分析、公园覆盖半径分析、园林绿化分级评价等辅助决策分析功能，提高城市园林绿化的智能化管理水平。

（4）地下管网平台，以计算机网络为载体，GIS 软件为支持平台的应用型技术系统。该系统的建设目标是以电子地图为基础，以空间信息数据和属性信息数据为资源，通过地下管线信息和城市基础空间信息的获取、存储、管理、分析、查询、统计、输出、更新，实现地下管线数据的动态管理，从而为城市建设规划、管理提供辅助决策支持。

二、数字城管平台智慧化功能升级实践的案例

（一）潍坊市、绍兴越城区物联感知智慧化功能升级的实践

潍坊市、绍兴越城区开展在线监测、智能分析等物联感知技术与数字城管平台监督考核职能相结合的智慧化功能升级探索。

1. 潍坊市开展物联感知技术与数字城管平台监督考核职能结合的智慧化功能升级实践

为加强改制后政府对供热行业的监管，探索使用物联感知技术监督考核供热行业产品质量，潍坊抓好四个基础工作：①对需要监督的公用产品质量部事件普查和建档，为规范监督对象奠定标准基础；②确定影响公用产品质量关键的指标和参数，作为在线监测的基准；③编写《公用产品质量在线监测系统建设导则》，指导公用产品各单位建设在线监测系统；④升级数字城管平台功能，将公用产品质量在线监测的偏离监测基准的在线报警数据作为数字化城管系统的监督案件，自动上报、自动立案、自动派遣、自动核查，并将核查结果作为考核内容纳入到城市管理考核体系。

例如在供热行业，为保证供热产品质量，潍坊市将出水温度、回水温度和出水压力作为监督基准指标，以数据远程采集系统为载体，如图 4-38 所示，将城区 10 个供热企业，604 个换热站的监测数据实时地上传到数字城管平台。依据三年"12319"热线投诉受理、换热站运行记录和小区楼宇供热环境影响等因素构成的经验模型模拟分析，逐站制定出水、回水温度和出水压力

图 4-38　供换热站无人值守监控终端

的基准值，总计设定了 19932 个温度和压力基准值，全市 604 个换热站的监督数据，每 10 分钟一次、7×24 小时地传输到市数字城管平台，任何一个换热站的监测数据低于基准值，物联感知网络自动报警，数字城管平台将报警换热站作为案件派遣到供热监管部门及各热力公司及时处置并在线核查，实现了物联感知技术为基础的供热产品质量实时监督、派遣、处置和考核智慧化体系。物联感知在线监测系统的启用，使得相关投诉连续三年依次下降了 68.1%、28.7% 和 62.4%。

2. 绍兴市越城区智慧化管理试点工作

绍兴越城区行政执法局联合迪荡区街道，以绍兴市地方法规《绍兴市市容环境卫生条例》为依据，以契约精神为引领，在迪荡核心区开展沿街店铺智慧化管理试点工作，对核心区内近 300 家沿街商户、单位进行了实地走访和信息采集，并与商户签订了市容秩序及环境卫生责任书，如图 4-39 所示，明确了沿街商户市容环卫的责任区范围和责任，内容覆盖卫生、秩序、绿化等多个方面。这份责任书的签订在各沿街商户和综合执法部门之间连接起了一道基于"契约精神"的纽带，拉开了越城区沿街商户智慧化管理的序幕。

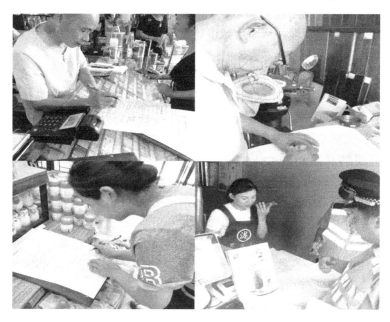

图 4-39　商户签订了市容秩序及环境卫生责任书

沿街商户智慧化管理是将"线下"的沿街商户门前三包等责任与"线上"的越城智慧城管信息化系统高度融合的一种非现场管理模式。沿街商户管理作为城市管理的一项传统内容，既是重点也是难点，以往执法人员往往通过实地巡查发现问题并进行劝导或执法，而现在通过视频监控等非现场的方式发现问题，以短信、电话提醒等形式通知店家进行整改，以短信、对讲等方式通知巡查人员对提醒无效的商户跟进劝导或执法，有效提升了城市管理效率。图 4-40 越城区综合信息指挥中心。

2018 年 2 月 1 日开始，越城区迪荡核心区开展城市管理"5 分钟"快速处置创新工作试点。越城智慧城管为配合试点，对迪荡核心区视频点位进行调整，确保重点区域全覆盖。通过对接绍兴市工商数据库，以前期开展的迪荡核心区沿街商户信息大采集为基础，建立起融合店名、经营者、工商、店招、排水、净化器安装等信息于一体的沿街商户数据库。

同时，积极探索与行政审批的联动机制和数据的常采常新机制，确保数据真实有效。每家商户门前除门前三包牌以外还张贴一张包含编号及二维码的责任编号牌，以便执法人员线下巡逻时通过城管通手机终端上报商户违规情况，以及对商户信息变更情况及时更新。

图 4-40　越城区综合信息指挥中心

此外，越城智慧城管还上线了"沿街商户管理系统"，每月对沿街商户进行红黄绿三色等级管理。打开系统，标记着各签约商户红黄绿三色图标的地图便动态铺展于眼前，商户当月案件（违规）数 0～2 次，显示为绿色；3～4 次，显示为黄色；5 次及以上，显示为红色。今后，综合执法部门对于红色等级商户将进行约谈并根据有关法规进行依法查处。通过这样的方式，将城市人性管理与行政刚性执法有机结合起来。

（二）杭州市、北京市海淀区物联感知、人工智能和大数据智慧化功能升级的实践

杭州市、北京海淀区开展物联感知、人工智能和大数据技术与数字城管平台监督考核职能结合的智慧化功能升级探索。

1. 杭州市开启城市管理"云"时代

2018 年，杭州市城管委以"城市数据大脑"建设和打造"移动办事之城"为背景，加强城市管理信息化建设统筹，提升城市管理物联感知能力，建设城市管理"数据小脑"，形成以数据为驱动的城市管理决策机制，开启城市管理"云"时代。长期以来，城市管理人员对城市问题的发现，主要依靠人工巡查，存在工作效率低、人力明显不足的问题。目前，全新升级亮相的智慧城管流媒体服务中心为解决这一问题开出了"有效药方"。该平台融合智能分析视频、高清监控视频、移动车载视频等技术辅助开展城市管理和执法工作，显著提高了管理的精细化、智能化水平，为城市管理减员增效、实时监控、快速处理、共治共享提供技术支撑。

（1）变人工搜索为智能采集。通过引入智能视频抓取技术，实现对占道经营、出店经营、乱堆物堆料、违法广告、井盖破损等城市管理问题的自动巡查。流媒体平台的"千寻子系统"模块，设置了 100 多个监控点位自动抓拍 11 类问题，像一双智能的眼睛，对违规行为进行识别，并自动报警推送，不仅速度快，而且准确率高达 90％以上。

（2）变被动管理为主动参与。拱墅区小河街道面对出店经营屡禁不止，流动摊贩赶了又来，违规停车防不胜防的顽疾，积极探索智能监控分析技术在城市管理工作的应用，以和美弄为试点，引入全球领先 AI 视频智能识别技术，首次尝试"云共治"城市管理模式，将街域范围内的人、物、机制等系列资源统一起来，通过社区、物业、商家、居民、执法共治，让城市管理顽疾得到有效解决。

（3）变事后处理为实时追踪。经过近年来的发展，流媒体中心自建的 444 路高清视频，基本上实现了对市政、河道、环卫、亮灯、停车等城市管理行业的覆盖，能拍摄监控点位 200 米范围内的人脸、车牌等信息，不仅能实时掌握车辆违停、渣土车违规运输、工地违规作业、景观灯缺亮、高架设施破损等情况，还能随时录像存储，让城市管理和执法工作"如虎添翼"。

（4）变单一视角为统领全局。流媒体中心统筹高空视频、高清视频、车载视频等多方资源，在"两防两抗"期间，展现它的真本领。工作人员不仅可以实时查看积水结冰、树木倒伏、河道水位情况，还能轻松掌握人工难以采集的高架桥梁、屋顶广告的安全隐患，及时通知相关部门处置并通过宣传平台发布信息，为城市管理提供数据支撑。

（5）变单打独斗为共建共享。流媒体服务中心以增加监控布点、扩大监控系统覆盖面为第一要务，以互联互通、共建共享为最终目标，共接入和汇聚自建视频、市公安局、市交通局、各区城管局等多家单位的视频资源 5.5 万余路，并开放共享权限，同时加强沟通协调，监控布点时避免重复建设，建成后及时做好联网共享。

2. 北京市海淀区利用大数据及人工智能技术解决渣土车治理难题

近年来，随着城市各类土木工程的增加，渣土车肆意闯红灯、车轮带泥、遗撒、套牌上路等行为严重扰乱正常的城市秩序，给城市环境建设带来了极大威胁，成为区委区政府建设美丽海淀、和谐宜居城区的心病，规范治理渣土车行车行为已经刻不容缓。为尽快扼住渣土车给城市环境和秩序造成的较大伤害，区指挥中心会同住建委、城管委、交通支队、渣土所、环保局、公安分局等相关部门，反复研究确定通过科技手段弥补传统执法力量的不足，着力推进海淀区视频图像大数据平台研发进度，寻求率先在支撑城管委等 5 大渣土车管理主管部门业务应用上取得突破，寻求率先在渣土车查控上取得实质性进展，寻求率先从渣土车查控切入为海淀"城市大脑"建设闯出新路、试出新经验。图 4-41 是海淀区利用视频图像大数据技术辅助渣土车查控。

图 4-41　海淀区视频图像大数据辅助渣土车查控

平台建设按照多部门共建、全业务共享原则，住建委、城管委、城管执法局、环保局、交通支队、公安分局等相关单位明确了主管领导并指定专人提出业务需求，指挥中心统一汇总分析并协调实施，并规范应用共享。海淀区依托已建的网格化图像信息系统、在建的 836 路微卡口摄像机，经过深化调研，引入高科技公司，深化利用人工智能、大数据和云计算等信息技术倾力打造了海淀区视频图像大数据平台。该平台以挖掘海量视频图像数据的价值信息为基础，并行引入先进的人工智能算法，采用开放式总体架构，可自动选取并行的3种结构化算法中的最优算法结果，实现对前端采集的城市事件、部件数据进行智能化分析，从而达成对城市运行情况的全天候、全覆盖、全流程服务管理。经过4个月的紧张有序开发，系统于2017年11月开始上线试运行。图4-42融合性技术架构。

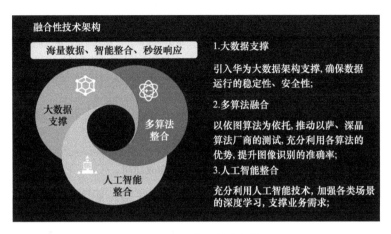

图 4-42 融合性技术架构

该平台是全区视频图像深度应用的基础性支撑平台，同步布设在政务网和公安网，拉通治安防控和城市管理领域，实现了对人、车、物、场景的智能识别、布控告警、信息研判、态势分析等功能，在社会管控治理的统筹联动、聚合力量、整体处置上在北京各区县中已先行一步，海淀区是全市布设微卡口摄像机规模最大的区县。系统以查控渣土车各类业务场景为牵动，打造了不同领域的城市治理板块和功能。对渣土车而言主要具有以下几种功能：①"认得清"。在高清摄像机实现"看得见"的基础上，通过机器视觉技术实时识别渣土车车型特征，通过采集渣土车车牌、品牌、车型、年检标、司乘人员等信息，可以实现对渣土车通行实时告警。②"会思考"。通过深度学习技术自动识别渣土车在途运行特征，采集苫盖、遗撒、车牌污损、车轮带泥等渣土车管理个性化信息。③"类脑化"。首次将公安视频图像技战法引入城市治理领域的车辆管理应用，实现了渣土车队伴行分析、渣土源头追溯、渣土车落脚点分析等功能。④"瞰全局"。通过对车辆通行数据分析掌握全区渣土车管理态势，实现对街镇渣土车通行规模、渣土车通行热点区域和路段、渣土车通行集中时段等的分析功能。⑤"手脚利"。系统以渣土车查控应用为导向，完善了图上指挥、以图搜图、模糊查询等功能，可以大幅度提高实战效能。

平台具备搜车应用、大数据研判、布控查缉等3大类47项实战功能，如图4-43所示，针对渣土车研判实现了实时捕获、技战研判、自动生成报告、以图搜车、限行非现场执法等多种应用场景。

（1）渣土车实时捕获，利用技战法研判。平台在渣土车查控方面进行尝试，平台日均捕获1500余辆渣土车，捕获率达75%以上，识别准确率达90%以上。可对每一辆渣土车进行落脚点分析、轨迹重现、同行车辆、相似车牌等研判。

（2）渣土车研判，自动生成分析报告，提供设卡支撑。系统定时导出渣土车研判报告，包括各街镇过车统计、车牌遮挡、苫盖不严等违法车辆分析、建议线下设卡布控点位分析等，为各街道和委办局的线下设卡布控计划提供数据支撑。

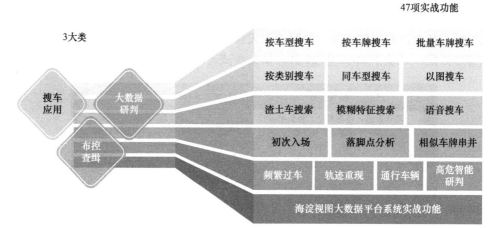

图 4-43　3 大类 47 项实战功能

（3）利用以图搜车，研判遮牌、无牌、污损车牌车辆，如图 4-44、图 4-45 所示。夜间渣土车无牌、套牌、遮挡车牌现象较为严重，针对无牌、遮挡车牌车辆平台利用人工智能算法对每一辆过车数据进行特征标注，发现违法车辆后，可通过白天、夜间的车辆特征匹配分析，最终定位到车辆其他行驶状态信息。例如，找到一辆车牌后两位被遮挡的车辆，对该车特征进行分析，可看到第一张图首位命中原图，第二张图是该车遮挡状态下其他时间段的过车记录，第三张图为未遮挡状态下的过车记录，比对其他特征，确认为同一辆车，进而锁定该车真实车牌。

图 4-44　以图搜车

（4）对限行区域、限行时间内运输行为进行非现场执法。大货车违反限行规定上路的行为时有发生，借助线下设卡查控难度较大，人力成本也较高。平台借助前端设备抓拍图片，利用图像智能识别算法准确识别到违法车辆，如图 4-46 所示，自动从视频库历史视频流中截取车辆前后 12 秒过车视频，结合抓拍图片，整理车辆完整违法证据链视频，作为非现场执法依据并推送至"六合一"平台。打通违法车辆智能执法通道，并将基于视频AI 技术的自动预警业务模式引入交通执法流程，大大提高执法效率，节约人力管理成本。

图 4-45　以图搜车

图 4-46　车辆动态捕获

（5）充分利用传统视频摄像头，实现视频联动追踪。目前城市监控设备以传统视频摄像头居多。借助行车路径规划，根据车辆行驶方向计算车辆过车前后可能经过的点位及通行时间，系统自动调用传统视频设备对应时间的过车记录，最终判定车辆实际经过点位，进一步确认车辆的真实的行车路线，充分整合现有视频设备，为违法车辆追踪研判提供支撑。例如对渣土车闯红灯的研判。当平台借助微卡口捕获图片识别为渣土车后，可利用该车辆经过的点位周边红绿灯路口的视频摄像头自动调取对应时间的视频进行查询研判，可直接判断该车辆是否有闯红灯违法行为。

（三）海口市、亳州市移动互联智慧化功能升级的实践

海口市、安徽省亳州市开展移动互联技术与数字城管平台监督考核职能结合的智慧化功能升级实践。

1. 海口市数字城管探索基于移动互联网技术的"扁平化派遣处理"的方式，取得实效

"扁平化派发处理"就是当数字城管巡查员发现问题上报系统时，系统同时将问题自动流转至相关处置单位和现场处置责任人及相关监管人员，减少了座席员向单位派遣问题及处置单位向处置人派遣问题的环节；现场处置完成后，处置单位反馈系统时，系统同时将问题自动流转至数字城管巡查员进行核查，减少了座席员向巡查员派发核查的环节；核查属实的，巡查员将属实情况反馈系统，由座席员审核结案，核查不属实的，巡查员将现场核查情况反馈处置单位和处置责任人重新处置，减少了座席员再次派发处置的环节。与此同时，处置单位的相关监管人员可以根据所接收的问题信息，对现场处置责任人主动进

行监督和指导。优化后的系统派发流程如图 4-47 所示。

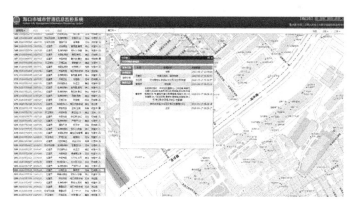

图 4-47　优化系统派发流程

取得的成效：①缩短了处置时间，"扁平化派遣处理"后，原来要用 10 多分钟甚至更长时间才能将问题派遣到一线处理人，现在只需要 2 秒钟就能派遣到现场处置责任人，日常多发的城市管理问题都能在 30 分钟内到场处理；②提高了处置效率，问题派遣后，当天处置率基本上达到 90％以上，处置效率明显提升（如图 4-48 所示）；③现场处置责任人公开透明，促进了责任制管理。

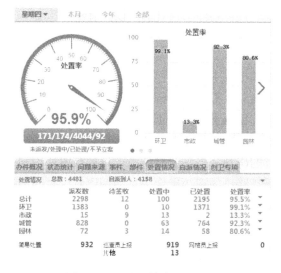

图 4-48　日处置效率明显提升

海口市数字城管"扁平化派遣处理"的做法是把管理对象、管理职责、管理时间和责任管辖范围等信息在数字城管系统中进行"上图入库"，并通过系统对相关信息进行关联配置。①细化数字城管系统中的问题类别，明确每个问题类别的处置单位和现场处置责任人；②将现场处置责任人的管辖区域、工作时间、处置标准等信息在数字城管系统"上图入库"（如图 4-49 所示）；③把管理对象如环卫、市政、园林设施及沿街店铺"门前三包"的信息、违法建筑等日常管理难点热点问题进行摸底登记，并在数字城管系统"上图入库"；④将细化的问题类别和处置单位责任人及管理对象在系统中一一对应，为系统自动关联、自动派发的规则奠定基础。截至 2017 年底，全市市政、园林、环卫、城管 1 万多个现场处置责任人的相关信息都已在数字城管系统中"上图入库"，图 4-50 给出了环卫责任人上图，并形成常态更新机制，日常多发的城管及环卫类问题扁平化派发率每天达到 90％以上，城市管理问题及时发现、及时处理，极大地提高了管理效能。

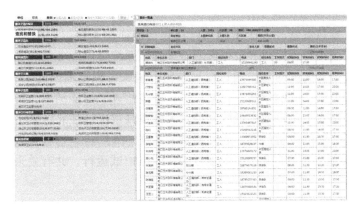

图 4-49　责任人"上图入库"信息一览表

图 4-50　环卫责任人上图

2. 亳州市数字城管探索基于移动互联技术的扁平化监督指挥模式

为了实现扁平化指挥，数字城管指挥中心对近 60 万个城市部件进行了全面普查，并精确确权到 59 个处置单位和 395 名承办人。同时，对事件问题按照网格和路段全部确权到承办人。目前，处置网格和路段已覆盖城管、交通、环卫、公安、交警、环保等所有处置单位的所有分管负责人、责任人、承办人，形成责任到人的城市问题进度、处置和考核体系。基于这个细化精准的责任体系，亳州市数字城管指挥中心创新了"三岗合一"的工作流程，将原来受理员、值班长、派遣员三个岗位合而为一，提高了案件流转效率。鉴于国内没有可以借鉴的基于移动互联技术的"扁平化指挥系统"，创新研发了以移动互联技术为基础的扁平化指挥系统，实现了系统的稳定可靠运行。亳州市城管执法局成立了两区执法局及相关职能部门参与的数字城管联合指挥中心，市委副秘书长亲自蹲点指导，协调各处置单位齐心合力，实现了指挥中心接到网格采集员和视频巡查员采集上报的案件后，三岗合一的派遣员直接派遣到各处置单位的处置承办人员智信手机上，处置人员接案后，直接处置或安排处置，处置后结果逐级反馈至数字城管指挥中心，提高了案件处置效率，指挥中心的派单人员比原来减少了三分之一，城管问题处置中出现的争议案件下降了30%。

（四）重庆市江北区、宜春市视频分析人工智能智慧化功能升级的实践

重庆市江北区、宜春市开展视频分析人工智能技术与数字城管平台监督考核职能结合的智慧化功能升级实践。

1. 重庆市江北区智慧城管工作

重庆市江北区智慧城管开发了智慧城管视频智能抓拍系统，如图4-51所示，依托江北区智慧城管现有城市管理模式和数据资源持续为该系统提供业务指导和算法训练，并与智慧城管综合监督平台无缝对接。通过对视频监控镜头可视范围内的11类城市常见、高发问题的智能抓拍上报、一键批转、自动派遣、智能核查、智能结案，解决了以往视频采集、派遣、核查、结案全手动效率低的问题，大幅提高重庆市江北区城市管理非现场监管智能化水平。对已开展的占道经营、店外经营、违规户外广告、打包垃圾、乱堆物堆料等400个监控点11类城市管理问题，9个多月的智能抓拍试运行，共有效采集案件8291条，准确率达81%。

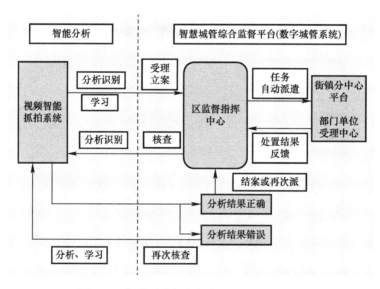

图4-51　智慧城管视频智能抓拍系统流程图

目前正结合智慧城管三期项目建设，充分利用人工智能算法和图像识别、语音识别以及预置场景等技术，将城市管理问题移动端与固定镜头有机结合，通过不断的海量数据学习，自动识别的问题类型数量和识别准确率将进一步提升，进一步提高城市问题傻瓜式报案、自动化派遣、智能化核查、智能化结案的水平。同时还将升级视频智能抓拍覆盖范围，在现有400个视频监控点基础上扩展到1600个。2018年底重庆市江北区平安公安背街小巷项目建成后还将接入8000多路视频监控头，届时有望实现城市管理问题易发区域的智能化监管全覆盖。该系统上线以来，重庆市江北区数字城管监督指挥中心视频监控案件办理人员由8人缩减到4人，后期通过人工智能学习提高识别准确率后，将再次减少人工干预，进一步缩减视频监控案件办理人员，大幅提高工作效率。

2. 宜春市智慧城管工作

宜春市"数字城管视频智能哨兵"系统，包括实时视频分析子系统、历史视频分析子系统和视频大数据检索与共享子系统。哨兵系统利用视频分析人工智能技术，通过摄像头7×24小时全天候自动识别、采集违规/违章事件，实现"城市管理违规/违章事件立案、结案流程"大多数环节的自动处理。系统架构如图4-52所示。

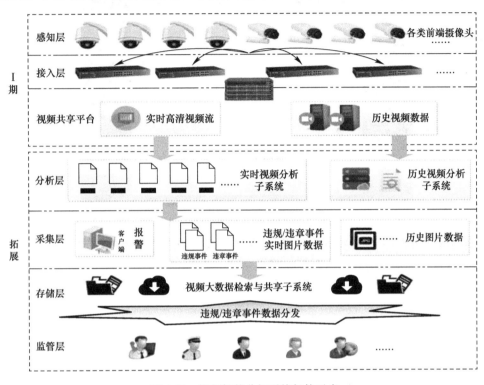

图4-52　视频智能分析系统架构示意

实时视频分析子系统能够实时分析视频画面，对城市管理的违规/违章事件进行自动告警、采集和取证上传，能够同步分析城市管理中经常出现的：水域不洁/安全、出店经营、摆摊经营、践踏草坪、绿地脏乱、违规停车、市政公用物品遗失/损毁（垃圾桶等）、人行道停车等违规/违章事件，如图4-53所示。

图4-53　视频智能识别

历史视频数据分析子系统能够对历史视频数据中的违章/违规事件进行快速提取，并将所有提取的要素展示在一个结果视频内，如图4-54所示。

图4-54　录像历史数据分析功能示意

检索与共享能够对实时采集的违规/违章视频大数据进行多条件检索与分发共享，实现与数字城管标准子系统的完全对接。缩短立案、结案流程，图4-55所示。

图4-55　数据对接共享操作示意

宜春市数字城管智能哨兵系统试运行阶段，每一路视频监控通过智能分析自动采集的城市管理类问题平均约60个，平均准确率约85％，经过半年的测试运行和磨合，现每一路视频监控可自动采集50个，平均准确率达到90％以上，如图4-56所示。

图4-56　多路视频智能分析采集示意

（五）杭州开展移动互联智慧化功能升级的实践

杭州开展移动互联技术与数字城管平台公众服务职责结合的智慧化功能升级实践。"杭州城管"生活号在支付宝全新上线，生活号中涵盖"最多跑一次"、"微公告"、"微爆料"三大模块，实现了违停查询、违停罚缴、停车补缴费、审批查询等事项的在线办理。

1. 立体式多渠道的惠民服务体系

为助推"最多跑一次"，让数据多跑路，让群众少跑腿，杭州市城管委不断丰富网上办事事项，升级公共服务平台在政务办事、市民互动、便民服务方面的新功能，通过多渠道便民服务，切实达到信息惠民目标。目前，"贴心城管"APP、杭州城管微信公众号、杭州市城管委网站、支付宝城市服务、支付宝生活号等渠道已实现违停罚缴、停车补缴费等多项办事事项"一次也不用跑"。

2. "互联网＋"办事让市民一次也不用跑

市民在手机端进行人行道违法停车案件自助处理，只需通过"杭州城管"微信公众号，或"杭州城管"支付宝生活号，点击屏幕下方的"最多跑一次"模块，选择要办理的事项，再绑定行驶证和驾驶证，就可查询人行道违法停车信息并缴纳罚款。此外，查询违停信息、审批信息，进行停车费补缴，也可以按提示完成操作。

3. 丰富实用开放的惠民应用

多年来，杭州市智慧城管的"信息惠民"以"贴心城管"APP为主战场，不断丰富完善惠民、便民服务功能。除找找车位、违停罚缴等停车功能外，"贴心城管"APP上还实现了"找找公厕"、"天天骑车"、"犬类服务"、"审批查询"等20项功能应用。

4. 公众服务平台让城管服务更贴心

截至目前，贴心城管APP系统注册市民已达101099人，累计响应市民服务请求2753万次，受理市民上报信息36746件。共发布城管机构424个、公厕1950个（含社会性公厕422个）、便民服务点461个。违停累计网上缴款361707件，其中自助罚缴44406件（以10个月计），月均4440件。犬类通过网上申请年审、注册2938件，其中年审957件，注册700件，最终审核通过1657件，缴费成功1657件。

同时，为了省去市民下载多个APP的麻烦，"我来爆料"、"违停罚缴"等常用功能已在支付宝生活号、城市服务和微信公众号内全面上线，方便市民使用。此外，智慧城管"信息惠民"还逐步向主城区外的郊县升级，"贴心城管"APP中的多项功能已实现主城区和余杭、建德、桐庐、富阳等区县的全覆盖。

如今，政府惠民服务正由以"服务功能完善、服务内容丰富"为特征的"功能驱动型"阶段向以"服务获取便捷、服务信息精准"为特征的"效率驱动型"和以"服务模式创新、服务品质提升"为标志的"创新驱动型"发展阶段迈进，智慧城管信息惠民服务将成为杭州城市管理惠民服务跨越转型的新引擎。

江苏省人民政府办公厅文件

苏政办发〔2007〕57号

省政府办公厅转发省建设厅关于推进
数字化城市管理工作意见的通知

各市、县人民政府，省各委、办、厅、局，省各直属单位：

省建设厅《关于推进数字化城市管理工作的意见》已经省人民政府同意，现转发给你们，请认真组织实施。

二〇〇七年五月十七日

关于推进数字化城市管理工作的意见

（省建设厅　2007 年 5 月）

数字化城市管理，是应用现代技术手段建立统一的城市管理基础信息平台，充分利用信息资源，实现精确、高效、协同管理的新型城市管理模式。推进数字化城市管理，对于提高城市管理效率和服务水平，具有重要的意义和作用。为提升我省城市管理现代化水平，根据建设部关于推进数字化城市管理模式的要求，结合江苏实际，现就我省推进数字化城市管理工作提出如下意见。

一、充分认识推进数字化城市管理工作的重要意义

城市管理工作直接关系到社会公共利益和人民群众切身利益，关系到城市经济社会的快速发展，是构建社会主义和谐社会的基础性工作。随着我省城市化进程的加快，迫切需要学习借鉴国际国内先进经验，综合运用法律、行政、经济等各种手段和现代科学技术，不断推进城市管理现代化。近年来，全省各地在创新城市管理理念、管理体制、管理手段、管理方法等方面进行了有益探索，取得了积极成效。但目前城市管理中还不同程度地存在信息滞后、管理粗放、资源分散等问题，影响了城市管理水平的提高。推进数字化城市管理模式，是提高城市现代化水平的客观需要，也是在城市管理领域贯彻落实科学发展观的具体体现。积极运用现代科技手段，把信息技术与城市管理相结合，推广应用数字化城市管理模式，实现城市管理由滞后向实时、由粗放到精确、由低效到高效、由被动向主动的转变，可以有效提高城市管理效率和服务水平，降低管理成本，方便人民群众，推进城市管理现代化。各地各有关部门要充分认识推广应用数字化城市管理的重要意义，从解决城市管理中的"热点"、"难点"入手，有效整合和充分运用城市信息资源，研究推广适应当地实际的数字化管理模式，努力提高城市管理水平，改善公共服务质量，为人民群众创造安居乐业的社会环境，促进社会主义和谐社会建设。

二、推进数字化城市管理工作的指导思想、目标任务和基本原则

（一）指导思想。坚持以"三个代表"重要思想为指导，树立和落实科学发展观，从增强政府社会管理和公共服务职能出发，不断创新城市管理体制机制和方式方法，理顺城市管理部门职责，整合各类城市管理资源，应用现代信息科技手段，建立政府监督指挥、部门协调运作、市民广泛参与，各有关方面各司其职、各尽其能、相互配合的城市管理新格局。

（二）目标任务。到 2007 年底，全省各城市完成数字化城市管理工作实施方案制定任务。到 2008 年底，苏南各省辖市和县级市以及苏中省辖市建成数字化城市管理平台，到 2009 年底，苏北省辖市和苏中苏北有条件的县级市建成数字化城市管理平台。力争到"十一五"期末，全省各城市基本实现数字化城市管理，形成分工明确、责任到位、沟通

快捷、反应快速、处置及时、运转高效的城市管理模式。

（三）基本原则。统一标准。按照建设部有关行业标准，采用"万米单元网格管理法"和"城市部件管理法"相结合的方式，综合利用GPS（全球卫星定位）等多种信息技术，统一信息系统建设、单元网格划分与编码、城市管理部件和事件分类与编码、地理编码制定，提高数字化城市管理系统的兼容性、开放性、可靠性和安全性。

整合资源。本着节俭、务实、高效的原则，充分利用现有城市管理资源，对人员、设备和信息资源进行有效整合，建立信息资源共享的网络系统，提高城市管理效能，避免重复投资建设。

因地制宜。结合各城市实际，加强研究分析，科学制定实施方案，突出系统的科学性、实用性，注重创新、注重实效，降低运行成本，提高资金使用效益，避免生搬硬套。

信息共享。采用成熟可靠的技术，建立健全数字化城市管理系统，并与城市其他监管系统相互衔接，实现技术数据共享、相互移植。系统预留接口，方便升级换代。

三、推进数字化城市管理工作的主要措施

（一）制定实施方案。各地要围绕实现城市管理的信息化、标准化、精细化、动态化，结合特大城市、大城市、中小城市的特点，学习借鉴国际先进经验和省内外试点城市成功经验，因地制宜制定本地区推行数字化城市管理实施方案。要合理确定实施数字化城市管理的构架模式、网络建设内容和方法步骤，突出系统的科学性和实用性，在解决城市管理"热点"、"难点"问题方面实现突破。在2007年底前，各城市要完成数字化城市管理工作实施方案制定工作，经省建设厅组织论证后，报当地人民政府批准实施。

（二）认真做好基础信息数据采集和管理工作。各地要依照建设部有关标准规范，建立完善数字化城市管理数据库。在积极整合城市各类信息资源的基础上，扎实做好前期基础工作，认真采集、分析、整理单元网格、城市管理部件、空间地理、地理编码、系统运行等方面的数据，满足数字城管信息系统的运行需要。同时，适应提高管理水平和拓展管理范围的需要，注重城市管理系统的兼容性和扩展性，为各行政区域之间的系统联预留接口，为系统升级换代预留发展空间。

（三）创新数字化城市管理模式。积极创新城市管理体制和管理办法，合理构建城市数字化城市管理指挥和监督管理体系。按照属地管理原则，建立覆盖各区、街道（镇）、社区的数字化网络系统，加快推进城市管理重心下移，建立起政府监督指挥、部门协调运作、市民广泛参与的城市管理新格局。进一步整合城市管理资源，建立信息资源共享的网络系统，统一形成快捷高效的联动和互动服务方式，提高城市运行管理数据的处理能力，拓宽服务领域，更好地为人民群众服务，有效提高城市管理效能。

（四）建立健全综合监督考评体系。结合各地经济社会发展实际，深化城市管理体制改革，进一步理顺城市管理体制，合理改善管理职能，调整落实机构、人员和经费保障，构建数字化城市管理新体制。着力强化城市管理相关部门之间、条块之间的相互配合、协调和衔接，建立健全数字化城市管理的综合监督考核评价体系，从区域评价、部门评价和岗位评价等方面，实现对各区、街道及专业管理部门工作绩效的综合考核评价，提高城市管理的科学化和规范化水平。积极引入社会评价，强化社会大

众参与度。

（五）提高发现问题和处置问题的能力。充分发挥数字化城市管理系统工作效能，加强城市管理监督员、信息员队伍建设，合理装备新技术、新装备，强化操作培训与实践指导，尽快掌握数字化技术、标准、规范和工作方法，全面提高业务素质，增强发现问题、解决问题的能力。推动数字化城市管理工作从定时管理向全天候管理拓展，从静态管理向动态管理拓展，确保城市运行中的问题能及时发现、及时处理、及时解决，并增强应对突发事件的能力。

四、切实提高推进数字化城市管理的组织领导水平

（一）加强领导，科学实施。加强城市管理，是城市人民政府履行社会管理和公共服务职能的一项重要任务。数字化城市管理业务范围广、涉及部门多、工程投入大、技术要求高，是一项系统工程。各级政府要把推进数字化城市管理摆上重要议事日程，成立由政府分管领导牵头负责、相关部门负责同志参加的组织协调机构，加强指导、协调和监管。要认真组织制定数字化城市管理工作实施方案，多方论证，确保方案的针对性、有效性和可操作性。要明确数字化城市管理工作的牵头单位，落实各相关部门的职责分工，把组织机构、制度建设和技术保障等落实到位，确保数字化城市管理工作顺利推进。

（二）规范管理，创新机制。各级政府要以监督评价为核心，整合行政资源，优化机构设置，着力推动管理体制机制创新，理顺涉及城市管理部门的职能，建立起部门间相互配合、条块间相互结合、综合管理与专业管理相互补充的数字化城市管理新机制。各有关部门要积极支持配合，将涉及规划、市容环境卫生、市政设施、环境保护、园林绿化、城市河道、静态交通和侵占道路等城市管理要素，以及与群众日常生活密切相关的城市运行问题纳入数字化城市管理系统，实施统筹监管。对现有的电子政务、交通管理监控系统、城市管理监控系统、公用事业监控系统、市政公用12319系统、城市地理信息系统等信息资源，要积极进行整合，建立信息资源共享的网络系统，有效提高城市管理效能。

（三）以人为本，公众参与。通过推进数字化城市管理，强化城市管理为城市经济社会发展服务、为人民群众服务理念，全面提升公共服务能力。运用新型监督管理方式，坚持以人为本，将体制创新与技术创新有机结合起来，充分发挥政府各部门和社会各界参与城市管理的工作积极性。切实加强城市管理行政执法队伍和监督员队伍建设，着力提高发现、处置和解决问题的能力。逐步将政风热线、市长信箱等内容纳入到数字化城市管理系统当中，努力把城市管理的日常性问题解决在萌芽状态，让城市管理的工作成效接受社会评判，实现执法、监督与群众参与的良性互动，促进社会和谐稳定。

（四）因地制宜，规范实施。开展数字化城市管理工作的城市，要立足日常管理，突破传统城市管理模式的束缚，积极稳妥地做好数字化城市管理模式的前期规划与方案论证工作。城市化水平较高、城市信息管理系统基础较好的城市，要借鉴学习国际先进经验和省内外试点城市成功经验，积极应用与推广数字化城市管理新模式。中小城市可依照扬州市"一级监督、两级指挥、三级管理、四级网络"的运作模式，整体推进，分步实施。

（五）立足长效，有序推进。各级政府要明确发展目标，积极探索建立数字化城市管理的长效机制。加强电子政务和城市管理信息化建设，以信息化推进数字化，逐步构建多元性、全程性、综合性、可控性的城市管理框架。按照"统一领导、分级负责、条块结合、以块为主"的要求，逐步将数字化网络终端延伸到街道、社区，实现城市管理重心下移，推进"城管进社区"，充分发挥城市基层组织在城市管理中的作用，夯实长效管理基础，形成统一规划、上下联动、整体推进的局面，有序推广数字化城市管理工作，促进全省城市管理工作迈上新台阶。

主题词：城乡建设　城市　数字化　管理　通知

抄送：省委各部委，省人大常委会办公厅，省政协办公厅，省法院，省检察院，省军区。

江苏省人民政府办公厅　　　　　　　　　　　2007 年 5 月 24 日印发

共印 1200 份

江苏省住建厅文件

苏建城〔2008〕239号

关于印发《江苏省数字化城市管理系统
建设指南》的通知

各市、县城管（市容）局：

为指导数字化城市管理系统的建设，提高城市管理工作水平，我厅编写了《江苏省数字化城市管理系统建设指南》，现印发给你们，供实际工作中参考。同时，对数字化城市管理系统的建设提出以下意见：

一、认真组织，加快进度

按照省政府2008年工作目标任务中"创新城市管理体制，推进数字化城市管理"的要求，未开展数字化城市管理工作的城市，要抓紧落实资金、人员，加快数字化城市管理系统建设的各项前期工作，结合本地实际，尽早组织编制数字化城市管理系统建设的工作方案和技术方案。

二、因地制宜，务求实效

数字化城市管理系统的建设，要坚持国家相关行业标准，紧密结合工作实际，合理选择适宜的系统架构、运行模式和管理体制机制；要建立健全明晰的工作责任体系，着力强化监督和考核，努力构建齐抓共管的工作格局；要着眼于城市管理工作中实际问题的解决，立足于提高城市管理水平和管理效率。

三、结合实际，积极创新

城市管理单元的划分与监管，要认真贯彻省《城市市容环境卫生管理条例》关于市容环境卫生责任区制度的要求，实现精确精细管理；派遣处置的流程安排、《指挥手册》和考核办法的制定，都要充分体现以往工作中"条块结合"、"重心下移"等等好经验，努力形成管理合力；项目建设可以借鉴一些城市的办法，采取外包建设、租用服务的方式，发挥资金使用效益。

四、循序渐进，厉行节约

数字化城市管理系统建设要坚持经济实用的原则。应用平台建设要先保证基本功能，后拓展新的模块和功能；系统建设要先整合现有信息资源、行政资源、人力资源，后新增设施设备；数字化城市管理系统运行要先覆盖稳定的建成区，对非中心区按照"统一规划，分步实施"的原则有序推进。

二〇〇八年八月十八日

江苏省数字化城市管理系统
建设指南

江苏省建设厅

二〇〇八年八月

江苏省数字化城市管理系统建设指南

第1章　数字化城市管理系统概述

数字化城市管理，是应用现代技术手段建立统的城市管理基础信息平台，充分利用信息资源，实现精确、高效、协同管理的新型城市管理模式。

1.1　数字化城市管理新模式

1.1.1　数字化城市管理的主要内容及特点

数字化城市管理新模式于2004年10月由北京市东城区率先提出并实施。主要是根据全新的城市管理理念，结合先进信息技术手段，创建城市管理新模式。它主要有如下六个方面的核心内容：万米网格管理单元、城市部件和事件编码管理、"城管通"、两个轴心的管理体制、闭环的城市管理工作流程再造以及科学评价体系。

数字化城市管理系统以管理体制创新为核心，以现代信息技术为支撑，通过工作流程再造和有效的监督考核，变手工管理为信息管理，变无序管理为流程管理，变割裂管理为协同管理，促进城市管理由滞后向实时、由粗放到精确、由低效到高效、由被动向主动的转变。对城市管理工作而言，是一场巨大的变革。

实施数字化城市管理，对城市管理问题可以实现"快速发现、精确定责、及时处置、有效监督"，从而有效提高城市管理效率和服务水平，更好地方便人民群众，推进城市管理现代化。

1.1.2　数字化城市管理的主要创新

数字化城市管理系统的要义在于体制创新和新技术的应用。

1. 管理体制创新：通过管理流程的再造，设置了发现、处置、监督和评价等环节，实现闭合管理。并构造了"指挥"、"监督"分离的"两个轴心"。

2. 管理方法创新：通过单元网格管理法和事、部件管理法，理顺管理事项以及责任部门，明确处置时限，真正实现管理责任区域的精细化，城市管理对象的精细化，避免了多头管理造成的互相推诿。

3. 管理手段创新：数字化城管新模式通过多项数字城市技术的应用，实现了对管理对象空间上、时间上和责任上的精确定位，保证了快速指挥与及时监督，使城市管理由粗放转向精准。

4. 监督机制创新：通过建立和完善监督评价体系，强化了城市管理工作的社会监督，保障城市管理的长效运行。

1.1.3　东城区实施数字化城市管理的突出效果

大幅度地提高了城市管理效率。各个专业部门由指挥中心统一指挥，减少了管理层级，改变了城市管理条块分局、资源分散，管理滞后于发展的状况，消除了发现问题不及时、职能部门互相扯皮、缺乏监督等问题，大大提高了办事效率。城市管理问题发现率从30%提高到90%，问题的平的处理时间从1周减少到12小时，过去每年处理4600件，现在8个月处理1.8万件，管理效率提高了5倍。

群众享受到更好的服务，社会效益明显。实行新的城市管理模式以来，群众感到城市人居环境悄然变化了，遇到问题投诉有门了，身边的小事有人管了，多年未解决的问题解决了，也调动了群众、媒体、社会各界的力量参与城市管理的积极性。

提高了社会管理水平，改善了公共服务质量。因城市管理引发的信访总量大幅下降。大量矛盾化解在基层，推动了社区精神文明建设和小区的和谐建设。同时，也创新了城市管理体制机制，推动了政府职能转变。

1.2 全国数字化城市管理试点推广情况

北京市东城区成功运行数字化城市管理系统以后，建设部于 2005 年 7 月在北京专门召开了全国数字化城市管理现场会，推广数字城管新模式，同年，确定了北京、上海、南京、杭州、扬州等共计 10 个试点城市进行试点。2006 年 3 月，在第一批试点取得成功的基础上，建设部再次颁布了第二批共 17 个试点城市（城区）。两批试点城市的建设在一定程度上为各地的城市管理带来了新的理念，起到了良好的作月。

2007 年 5 月，建设部颁布了第三批共 24 个试点城市（城区）。

1.3 实施数字化城市管理模式的必要条件

政府主导。政府领导及各分管领导要发挥主管作用，对城市管理各个部门、职能、人员进行整合，同时应落实资金，为信息化系统的建设和运行提供资金保障。

监督有力。要紧密结合工作实际，改革原有的城市管理体制机制，建立明晰的工作责任体系，着力强化监督和考核，构建齐抓共管的工作格局。

技术支撑。数字城管系统运用了网络技术、数据库技术、地理编码技术、GIS、GPS等多种数字技术，要做好系统实施工作应当选择有实力并且有实施经验的专业公司，充分发挥他们的作用，为系统运行提供技术保障。

群众参与。群众参与对于城市管理问题信息的收集、新模式效能的发挥起着至关重要的作用。要动员广大群众通过"12319"服务热线反映城市管理方面存在的问题。使管理者对信息采集实行最大化、评价体系科学化、奖励措施合理化。

1.4 推进数字化城管系统建设的工作重点

1. 创新管理体制，形成管理合力。在信息化技术的支撑下，克服过去强调专业分工、部门分隔的弊端，构筑专业部门紧密合作、齐抓共管、协同管理的新格局。

2. 实现监督、管理功能分离和协同。划分城市日常管理与监督事权，规范监督和管理的工作流程，形成监督和指挥两个互动的轴心，以监督促管理。

3. 突出考核，促进长效管理。建立日常管理和监督评价机制，强化监督考评体系的建设，将数字化城管系统自动生成的评价信息作为评价职能部门工作的依据，促进工作责任的落实和管理水平的提高。

4. 统一规划、分步实施。要坚持资源共享的原则，整合现有各类管理资源，在多个部门之间实行设备、信息系统共享。要坚持勤俭节约的原则，立足于解决工作中的实际问题，不搞形象工程；在系统建设中还要注意建成区和非建成区之间的区别，管理手段、管理方法要有所区别。

第2章 体制建设

2.1 运行流程

数字化城市管理的业务流程可划分为信息收集、案卷建立、任务派遣、任务处理、处理反馈和核实结案六个阶段。

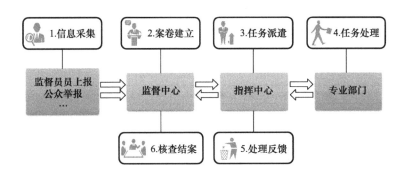

2.2 运行体制机制

数字城管对应了新的运行体制，这是保证新的管理流程和事件部件管理法付诸实施的制度保证。新体制建设的重点在于两个方面：一是实现"管理监督"分离；二是构建"大城管"工作格局。

随着现代城市的专业化分工和现代法治进程，执法主体数不断增加，原有的运行体制强调专业分工，但造成了部门分隔，大家都管，大家都不管。新的模式通过建立"两个轴心"将监督职能剥离出来，将问题发现、监督和处理的主体一分为二，强化政府的内部绩效监督。同时，通过整合管理资源，在指挥、监督的系统中统筹分散在城管、市政、公用、国土、房产、环保、园林、市容、环卫、建筑等专业管理部门和街道办事处的管理资源和执法力量，发挥协同管理效益，提高行政效率。

2.3 机构设置

机构建设是数字城管模式的关键。为了保证数字城管工作流程的顺利进行，加强统一管理，在管理机构设置上要求设立两个轴心（监督轴、指挥轴），成立两个中心（城市管理监督中心、指挥中心），同时对已有的城市管理机构资源进行整合。

城市管理监督中心作为城市管理信息的集教中心和呼叫中心，代表政府监督各区、专业部门、街道（乡镇）和公共服务企业的工作情况，具有较强的权威性。监督中心通过来自遍布全市的城市管理监督员队伍、"城管热线"和视频监控系统的信息报告，实施全方位、全时段的即时监控，动态掌握城市管理现状、出现的问题和处理情况，监督评价城市管理的各责任主体对城市部件、事件的处理情况，同时还要在社会管理方面起到信息收集、统计、分析的作用。

城市管理指挥中心作为城市管理信息的派遣和协调中心，将代表政府派遣和协调各类城市管理问题，是负责向各部门、各单位派遣任务的综合协调部门。主要职能是负责将城市部件、事件信息分发到有关部门；负责对涉及多部门的比较复杂的问题进行协调督办。

2.4　处置标准

处置标准明确规定了不同类别的事部件问题的处理部门、时限要求和工作要求，是数字化城管的管理依据和规范。处置标准的建立，具体来讲就是制定《指挥手册》。

指挥手册的制定需要各地政府牵头，根据建设部标准制定当地城市管理问题的大小类标准，并梳理各项小类问题的责任部门和处置时限等内容，使得建成后的数字化城市管理系统能够顺畅运行。指挥手册参考：

设施名称	上水井盖	设施类别	公共设施
类别编号	01	设施编号	01
拓扑类型	点	部件符号	
设施说明	标有"供水、给水、自来水公司、水闸、水门、水表等字样的地下给水管道的井盖"		
管理要点	无缺失、损坏、盖框不平整、下陷、锁具损坏现象		
监管单位	公用事业局		
承办单位	自来水公司	管辖范围	
部件照片1		部件照片2	
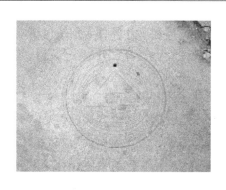		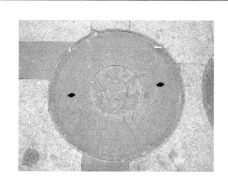	
管理流程	1. 对于盖板缺失的，在条件允许的情况下，网格监督员应在该井四周设置警示标志；无法设置明显标志的，应留守直至维修工程人员到达。 2. 相关承办部门在接到通知后，应在90分钟内派专人到现场采取安全警示措施。 3. 不须采取工程性措施的，应在24小时内解决。采取工程性措施的7个工作日内解决。并将处理情况报城市管理指挥中心		
备注	机关、企事业、学校、公园内部；小区、单位内部自建供水设施，由建设单位负责		

2.5　评价体系

数字城管的评价体系是对各管理部门、管理单元（区域）进行绩效评估的重要途径。通过强化评估考核，可以将政府对城市管理工作的刚性要求落实到各部门和基层。

内评价是指数字城管系统将根据评价系统的各种评价指标，对系统中每个岗位、角色、部门的工作业绩进行统计和综合评价，根据不同的考核结果可以直观地反映出部门、岗位、区域、角色的工作状态和工作效率以及工作质量，考核评价结果可为领导的决策提供依据。

外评价是指社会公众，问题上报单位和人员通过问卷调查、门户网站、短信等渠道，采用投票的方式反映对城市管理的满意度，形成系统外部对城市管理工作的评价结果。

第3章 系统建设的主要内容

数字化城市管理系统是实现市民、监督员、政府、各专业部门、街道、社区之间协同工作的一个大型信息系统，该系统的建设是一项复杂的系统工程。

城市管理体制和运行模式确定的情况下，数字化城市管理系统建设包括：数据建设、运行环境建设、应用平台建设、场地建设以及管理队伍建设等主要内容。

3.0.1 建设标准

《城市市政综合监管信息系统单元网格划分与编码》CJ/T 213[①]

《城市市政综合监管信息系统管理部件和事件分类与编码》CJ/T 214[②]

《城市市政综合监管信息系统地理编码》CJ/T 215[③]

《城市市政综合监管信息系统技术规范》CJJ/T 106

3.0.2 工作项目与时间安排

按照规范建设、有序实施、整合资源、务求实效的原则建立数字化城市管理系统。实施工作必须符合因家和地方保密法律法规和规章的规定，大致包括以下工作项目：

阶段	序号	工作项目	主要任务	召集牵头	承办部门
一、前期准备	1	组织领导	发文成立数字化城市管理工作领导小组及办室	政府	城管
	2	分工协调	召开相关部门负责人参加的项目建设协调会，明确职责分工	政府	各相关单位
	3	组建项目组	成立工作协调组、总体方案组、项目执行组等项目小组，负责项目实施具体工作	领导小组办公室	各相关单位
	4	前期调研	开展详细的前期调研，分析调研结果，明确数字城管的具体工作内容等	项目建设单位	信息、城管、各相关单位
	5	制定工作方案	编制《数字化城市管理工作方案》，明确资金、机构、编制、资源共享、建设方式（外包或者自建）等问题，报政府审议发文	领导小组办公室	各相关单位
	6	项目立项	项目可行性方案审批、立项等	领导小组办公室	项目建设单位
	7	编制技术方案	编制《数字化城市管理系统建设（实施）方案》	城管办各相关单位	项目建设单位
	8	方案评审	邀请专家评审《数字化城市管理系统建设实施方案》	政府	领导小组办公室

注：① 已升级为《数字化城市管理信息系统　第1部分：单元网格》GB/T 30428.1—2013。

　　② 已升级为《数字化城市管理信息系统　第2部分：管理部件和事件》GB/T 30428.2—2013。

　　③ 已升级为《数字化城市管理信息系统　第3部分：地理编码》GB/T 30428.3—2016。

阶段	序号	工作项目	主要任务	召集牵头	承办部门
二、工作平台组织建设	9	组建城市管理监督指挥中心	确定编制行政级别，确定机构人员和其他工作人员	领导小组	编办
			建立中心管理架构及内部机构、确定岗位职责	领导小组	领导小组办公室
			明确机关工作人员分工及业务培训	领导小组办公室	项目建设单位
			呼叫中心人员招聘、整合、培训	领导小组办公室	监督指挥中心
			中心整体装修，包括办公用房、机房、展示厅	领导小组办公室、城管局	项目建设单位
	10	制定指挥手册	完成各事部件处置的标准、处置时限和责任单位	导小组办公室、城管局	监督指挥中心
	11	监督员队伍建设	制定员工工作规范、编制工作手册	领导小组办公室	监督指挥中心
			对监督员进行市情、法规、业务等综合技能培训	监督指挥中心	项目建设单位
	12	数据建设	基础数据建设与地理编码	信息办、城管办	项目建设单位
			万米单元网格划分	信息办、城管办	项目建设单位
			城市部件、事件普查	信息办、城管办	项目建设单位
三、软硬件平台建设	13	软硬件平台建设准备	整理汇总软硬件需求，软硬件平台建设准备工作	市信息办、市城管办	各相关单位
	14	硬件产品采购	产品下单，主机设备、网络设备、安全设备、大屏幕显示设备以及其他相关硬件产品的采购	财政局、招投标中心	项目建设单位
	15	系统硬件安装	硬件安装完成	监督指挥中心	项目建设单位
	16	应用系统建设	系统平台设计、开发、测试，各类软件系统的设计、开发、测试	监督指挥中心	项目建设单位
四、系统试运行	17	系统联调	网络、硬件系统软件调试	监督指挥中心	项目建设单位
	18	人员培训	上岗前现场操作与管理培训	监督指挥中心	项目建设单位
	19	系统初始化	基础数据、应用数据导入	监督指挥中心	项目建设单位
	20	系统试运行	对存在问题进行整改，出具试运行报告	监督指挥中心	项目建设单位
五、系统上线	21	系统上线	举行数字城市管理系统启动仪式	领导小组	监督指挥中心
六、正式验收	22	正式验收	专家验收	政府	监督指挥中心

3.1 数据建设

数据是数字化城市管理系统运行的基础，数字化城市管理需要使用的数据包括基础地形数据、单元网格数据、部件数据和地理编码数据。

3.1.1 基础数据

基础地形数据是用于反映城市地貌和位置的背景数据，其中基础地形图和航拍影像数据均由政府委托当地测绘部门测绘所得。一般情况下，可直接从城市管理相关的各部门协调，获取最新年份的基础地理信息。

基础地形图一般包括建筑物、面状道路、线状道路、河流、地名注记等图层。遥感影像数据一般包括卫星图片和航拍图片。

3.1.2 单元网格划分

单元网格是数字化城市管理的最小责任单元，划分责任网格是实现责任区域管理的前提。划分地理网格是采用网格技术，根据属地管理、地理布局、现状管理、方便管理．管理对象等原则，以一定的范围为基本单位，将行政区域划分成若干个网格状的单元。

3.1.3 部件普查数据

城市管理部件主要包括城市市政管理的公共区域内的各项地上设施，不包括地下的市政管线和非公共区域内的设施。具体指道路、桥梁、水、电、气、热等市政公用设施及公园、绿地、休闲健身娱乐设施等公共设施，以及其他设施。

3.1.4 地理编码数据

依据建设部行业标准《城市市政综合监管信息系统地理编码》CJ/T 215—2005[③] 要求，地理编码数据类型可分为行政区域地名、地片与小区地名、街巷地名、门（楼）牌地址、标志物地址、兴趣点地址。

3.2 运行环境建设

数字化城管系统需要集成数据库，GIS，计算机网络、无线网络、GPS、短信等多种技术，为保证各系统衔接正确、稳定、安全，要充分合理配置各系统环境，并设计各系统之间的接口，以确保系统的高效正常运转。

3.2.1 软硬件平台

数字化城管系统的运行需要依托强大而稳定的软硬件平台作为支撑。

数字化城管系统的软硬件平台主要包括网络与通信系统、工作站、服务器、存储与备份系统及相关系统软件部署等，大屏幕系统作为补充表现手段，也是软硬件平台建设的一个内容。

服务器：指运行各类数字化城管应用服务的高性能主机。主要由以下几类组成，根据各项目的规模和要求不同，数量和配置也会有相应的调整。

序号	名称	功能与用途
1	数据库服务器	支持城市管理信息数据存储与发布
2	地图应用服务器	支持基础地理信息处理与应用
3	业务应用服务器	支持城市管理信息系统运行
4	无线数据接口服务器	支持无线数据的传输和处理
5	视频监控服务器	支持实时视频监控的运行

工作站：工作站是指用于数字城管系统各阶段操作员使用的终端设备，根据各阶段工作内容的不同，工作站的配置会有细微的差距。工作站主要包括以下几类：

序号	名称	功能与用途
1	受理员工作站	支持案卷受理和呼叫中心业务
2	值班长工作站	支持案卷审核和呼叫中心业务
3	派遣员工作站	支持城管业务协同办公
4	专业部门工作站	支持城管业务协同办公
5	大屏幕工作站	支持数字城管大屏幕操作工作
6	视频监控工作站	支持实时视频监控业务

注：③见179页注。

存储与备份系统：存储与备份系统主要用于支持大容量的数据库集群存储、多媒体信息存储，以及各类运行数据的备份工作。一般采用光纤磁盘柜作为数据库和多媒体信息的存储，同时兼做数据备份。一般不将视频系统的存储与本存储合并使用。

网络与通信系统：网络与通信系统用于构建数字城管中心机房与各个部门之间的互联互通，起到桥梁的作用。网络与通信系统的组成主要包括：

序号	名称	功能与用途
1	核心交换设备	主要交换设备，支持各类设备的核心交换业务，支持各网络的接入，可采用冗余设置以提高安全性
2	边缘交换机	支持两个中心的办公网络
3	光交换设备	支持外部网络的光纤交换

系统软件：系统运行的软件环境主要包括：操作系统软件，大型关系数据库软件、地理信息系统软件、数据备份软件等。

操作系统软件：包括数据采集端手持设备操作系统、呼叫中心操作系统、数据库服务器操作系统以及其他业务运行软件所依托的操作系统。

数据库软件：通常情况下，大型数据库软件采用 ORACLE 系统。

地理信息系统软件：承担着空间基础数据管理、数据更新和技术服务等方面的工作，软件平台提供足够的数据管理、更新和服务能力，是城市网格化管理信息系统应用成功的重要保证。

数据备份软件：用于对系统运行数据进行定期备份以保证系统的稳定运行。应支持多种操作系统，支持全备份、增量备份和累积备份多种备份方式，具有良好的数据恢复能力，具有保护系统中从工作组到企业级服务器的所有的数据的能力。

3.2.2　网络环境

数字化城市管理网络建设主要包括有线网络和无线网络，具体有三个方面：

办公网络：指两个中心的内部办公网络，包括内部数字城管业务的运行网络和内部办公网络。

数字城管专网：通过数字城管专网的建设，完成数字城管中心和所有专业部门，如专业部门、区、街道、社区之间的网络连通。

无线网络：通过无线网络的建设，完成手持移动终端和数字城管中心机房、数字城管中心机房和移动业务网络之间的连通。

3.2.3　无线采集设备

无线数据采集器是数字化城管信息系统的信息采集终端，通过该设备实现城市管理问题的信息采集和从问题现场到监督中心的信息传递，及监督中心向监督员的任务派造。

3.2.4　安全体系

由于数字城管系统采用的 1：500 地图数据是涉密数据，因此系统的网络安全至关重要。各城市根据实际情况，按照国家有关标准规定设计完整的系统安全保障体系。

数字城管系统涉及的主要网络安全设备有：防火墙、防病毒系统、入侵检测系统、隔离设备等，网络安全建设的重点是数字城管中心和多个外来节点间的监控，根据各地的网络实际采用不同的组合才能真正起到网络安全的作用。

还应当建立统一的访问控制机制，确保系统不被非法或越权访问。

3.2.5 呼叫中心

呼叫中心系统主要是支持呼叫中心功能的硬件平台，呼叫中心系统是利用电话形式接受市民以及工作人员的投诉信息的系统平台，呼叫中心系统应分别支持数据和语音业务，可实现信息交换和资源共享。应能够满足多个话务员的日常工作。呼叫中心系统应性能稳定，并具有可扩展性，易使用易维护。

3.3 应用平台建设

根据建设部标准，数字化城管系统应用平台包括九个子系统：监管数据无线采集子系统、监督中心受理子系统、协同工作子系统、地理编码子系统、监督指挥子系统、综合评价子系统、应用维护子系统、基础数据资源管理子系统、数据交换子系统。（见下图：系统基本结构框架。详细参见附件2）

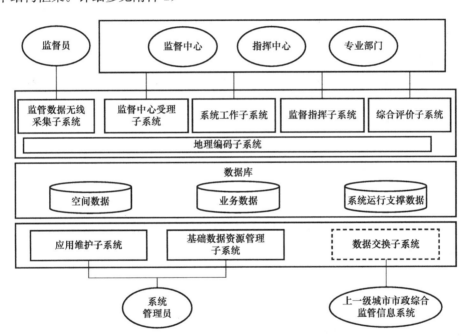

3.3.1 监管数据无线采集子系统供监督员使用，应实现通过监管数据无线采集设备采集、报送问题信息，接收监督中心分配的核实、核查任务等功能。

3.3.2 监督中心受理子系统供监督中心使用，应实现接收监督员上报和公众举报的问题信息，建立案卷，同时发送至协同工作子系统，向监督员发送核实、核查工作任务等功能。

3.3.3 协同工作子系统供监督中心、指挥中心、专业部门和各级领导使用，应将任务派遣、任务处理、处理反馈、核查结案等环节关联起来，实现监督中心、指挥中心、专业部门之间信息同步、协同工作和协同督办等功能，应提供各类信息资源共享工具和部件在线更新工具。

3.3.4 地理编码子系统应为监管数据无线采集子系统、协同工作子系统等提供地理编码服务，实现地址描述、地址查询、地址匹配等功能。

3.3.5 监督指挥子系统应整合各类基础信息和业务信息，实现基于地图的监督指挥力能，应能够对问题位置、问题处理过程、监督员在岗情况、综合评价等信息进行实时监控。

3.3.6 综合评价子系统应能够根据市政监管工作过程、责任主体、工作绩效等评价模型，实现对区域、部门、岗位进行综合统计、计算评估，生成可视化评价结果等功能。

3.3.7 应用维护子系统应能够对机构、人员、业务、工作表单、地图、工作流、查询、统计等相关信息的进行配置，完成系统的管理、维护和扩展工作。

3.3.8 基础数据资源管理子系统应实现对空间数据的管理、维护和扩展功能，并能够对空间数据的显示、查询、编辑和统计功能进行配置。

3.3.9 数据交换子系统应实现与上一级数字化城管系统的数据交换，交换信息可包括问题信息、业务办理信息、综合评价信息等。

3.4 场地建设

数字化城市管理的场地建设主要包括城市管理监督中心和指挥中心的场地、机房的场地。监督指挥中心的场地应能满足监督中心的接线员、值班长及指挥中心的派遣员和相关领导的办公需要。

监督中心的场地一般包括坐席区域、大屏幕区域、会议室等。场地的建设将根据数字化城市管理的需要，结合各城市的自身需要进行建设。

3.4.1 机房建设

包括机房结构装修系统（如：吊顶、墙面、柱面、地面、隔断墙工程、门、窗）、机房电气系统、精密空调及新风系统、计算机机房内 PDS 综合布线系统、不间断电源 LPS、门禁系统、气体消防系统等。

3.4.2 办公场所建设

1. 监督大厅和呼叫中心：包括呼叫中心坐席区城、大屏幕区域、会议室。
2. 监督中心领导、各个科室办公场地：包括主任、副主任、各个科室。
3. 指挥中心领导、各个科室办公场地：包括主任、副主任、指挥派遣大厅。

3.5 监督员队伍建设

3.5.1 队伍建设基本要求

监督员队伍的建设应以"便于管理，工作高效"为基本建设原则，同时考虑当地城市巡查管理的实际工作量，以责任网格为基本单位进行人员的配备，制定出符合当地实际情况的监督员队伍建设方案，做到人员配置合理、工作量安排科学，从而充分发挥监督员队伍的城市管理巡查能力。

3.5.2 监督员管理与考核

为更好的发挥监督员队伍的作用，需要建立一套完整、科学的监督员管理与评价体系，从而更好的评判每个监督员的工作效果。

监督员的日常工作内容主要是案件的上报和核查，因此监督员岗位评价主要针对上报准确率、核查及时率两个方面进行考核，上报准确率即考察监督员的工作质量，核查及时率考察的是监督员的工作效率。

3.6 人力组织与培训

对于任何项目的实施，人员素质都是一个非常重要的因素。为了保证数字化城市管理模式在建成后能够顺利运行，承建单位将提供多层次、多内容、多形式的培训。

3.6.1 数据普查人员培训

数据普查人员的培训直接关系到采集数据的质量，因此必须对全体普查人员进行系统而专业的理论与操作培训。在明确普查任务和重要性的基础上，使他们具有扎实的部件管理的理论和对仪器操作的熟练掌握。

普查人员的培训主要包括：理论知识的培训，仪器操作培训和实地踏勘。

3.6.2 监督员培训

监督员是系统有效运作的重要支撑。人员本身技术水平一般不高。为使他们正确、有效地使用信息采集器，应对他们进行相关的理论培训和技术培训。培训内容主要包括基础知识培训、操作技能培训和相关法律法规的学习。

3.6.3 各专业单位人员培训

各专业部门是数字化城市管理模式业务运行中其中非常重要的一个环节，要对专业部门进行如下的培训：

1. 基础培训，包括计算机应用基础，系统与日常业务管理的关系，了解系统运行环境、初步了解通过系统进行日常工作的操作步骤和如何使用《用户操作手册》，日常工作常见问题分析。

2. 协同工作子系统功能培训：我的案卷，移交卷、存档案卷，缓办案件，地图的操作使用等独立功能模块使用的培训。

3. 查询统计功能培训。

3.6.4 "监督中心、指挥中心"操作人员培训

监督中心和指挥中心的操作人员，在数字化城市管理模式运行中的责任非常重大。对于系统操作人员的培训，应包括城市单元网格管理法的基本理论和基本方法、系统总体架构、各子系统的具体操作等。

3.6.5 系统维护人员培训

对于系统维护人员的培训，应包括城市单元网格管理法的基本理论和基本方法，系统总体架构、数据基础知识和高级操作、系统管理维护知识和基本的网络安全知识。

第4章 建设模式

4.1 运行模式与建设模式

由于城市规模的差异和原有城市管理体系的不同，不同城市数字化城管的运行模式也不尽相同。在系统建设时就会呈现不同的建设模式，有市区两级分布式、市区两级集中式、县级市（县）建设模式三种，大体对应城市规模的大、中、小三类。

4.1.1 市、区两级分布式建设模式

市区两级分布式建设模式指市平台和区平台分别建设，一般采取分布建设的方式，也可以同时建设。该模式的特点是，市平台和区平台为独立平台，软件平台、硬件平台、机构均为独立建设；在管理模式上，采用两级监督两级指挥的模式，市区两级的监督指挥较为独立。市区两级分布式模式的示意图如下：

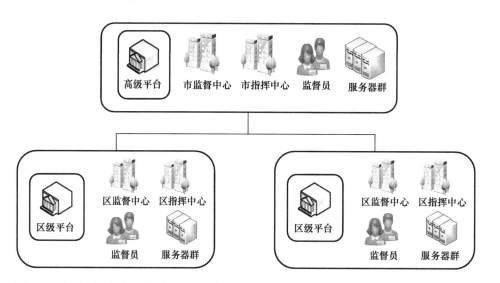

在市区两级分布式建设模式中，在建立市级监督中心和指挥中心的同时，在各区分别建立区级监督中心和区级指挥中心；在设立市级监督员队伍进行全市城市管理问题抽查的同时，又设立了独立的区级监督员，专门用于本区域内的详细巡查。市级监督中心和各区级监督中心均能受理来自社会公众和各自监督员的问题上报，根据问题性质分别由市级指挥中心和区级指挥中心进行问题的协调处理。该业务模式中，既建立了区、县独立的城市管理体系，又建立了市区一体的城市管理模式。

在市区两级分布式建设模式中，各区独立建设了一套完整的数字化城市管理平台这种建设模式可以保证在大型城市中，发展各异的各个区可以根据各自区城中的城市管理特性分别定制适合本区管理实际的数字化城市管理平台，而市平台只在各类标准化接口、数据上提供统一的标准用于相互之间的数据交换，同时市平台在业务上对各区平台进行指导和监督。

4.1.2 市区两级集中式体化建设模式

市区两级集中式一体化建设模式指市区平台一次建设完成，市区平台共享资源。主要构建模式是：市平台集中构建软硬件平台，管理模式上采用一级监督两级指挥，监督中心

设在市平台，统一接收各项城市管理问题来源，在市和区两级平台上分别设立两级指挥中心，市指挥中心负责市级案卷的协调处理，负责对区平台进行任务派遣，区平台负责区级案卷的协调处理。市区两级集中式一体化建设模式的示意图如下：

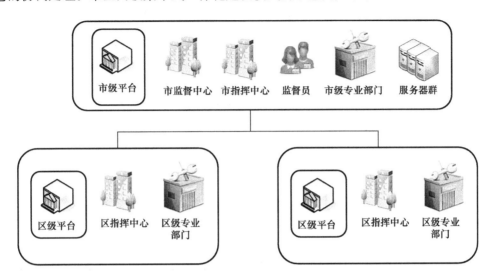

在市区两级集中式一体化建设模式中，全市只设置一个监督中心，一套监督员队伍，一套管理系统，一套软硬件平台；指挥中心在该模式中分为市级指挥中心和区级指挥中心，和市区两级分布式建设模式不同，本模式中的市区两级指挥中心属于上下级关系，区指挥中心需要接受市指挥中心的案卷派遣，接受市指挥中心的监督管理。在本管理模式中，通过市区两级集中式建设，形成了"一级监督，两级指挥，三级管理，四级网络"的管理新模式，监督中心对城市管理部门的监督管理一直渗透到社区界面，从而形成了强有力的监督管理机制。

在市区两级集中式一体化建设模式中，各区统一采用市级数字化城管平台系统作为数字化管理问题的流转和处置途径，一方面大大减少了项目投资，另方面加强了数字化城管的监督管理力度。本建设模式特别适用于中小型城市选用。

4.1.3 县级市（县）建设模式

县级市（县）建设模式是适合小型城市、特色县、县级市选用的集中监督、集中指挥的城市管理模式。该模式只成立一级监督中心和一级指挥中心，比较适合只具备一级政府的特色县市级平台选用。在该建设模式中，县级市（县）对于专业部门、社区、街镇的监督和指挥都集中于一级监督中心和指挥中心，机构更加扁平化。县级市（县）建设模式的示意图如下：

4.2 系统架构

系统架构的选择主要是根据城市的经济发展水平和系统建设可支配的资金来决定，总结其他城市的经验，就"两级监督、两级指挥"的模式为例，系统架构一般包括集中式和分布式两种。

4.2.1 集中式

集中式架构设计，即在市级平台建立统一的信息平台，包括场地装修（监督中心、指挥中心）、硬件平台（服务器、大屏幕、网络、安全、存储、备份）、软件平台（操作系统、数据库、地理信息平台）和应用系统都建设在市级平台；区级平台只建设必需的网络设备和场地装修（监督中心、指挥中心场地）。

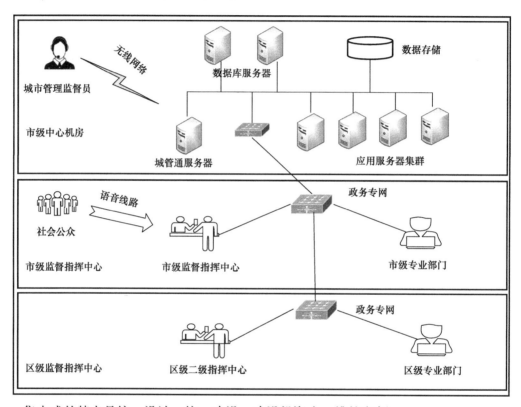

集中式的特点是统一设计、统一建设，建设投资小，维护方便。

4.2.2 分布式

分布式架构设计，即在市级和各区建立单独的信息平台，包括场地装修、硬件平台、软件平台和应用系统（通过标准的数据接口实现数邦交换）。分布式的设计特点是灵活性和独立性较强，各系统在完成核心业务的基础上，可根据自身管理需要灵活扩展，例如：市级平台更注重对全市范围城市管理问题的规律性、趋势性等方面的统计和分析上，因此在应用系统设计时，对数据挖掘的要求较高。

4.3 建设方式的选择

由于数字城管项目涉及的业务内容、技术内容都比较复杂，选择建设单位时要尽量选择有实力的并且有大量数字城管项目实际研发和实施经验的单位来参与系统建设，方可在较短的时间内高效率、高质量的完成数字城管系统的运行。

4.3.1 自主建设

政府次性出资进行项目的建设。

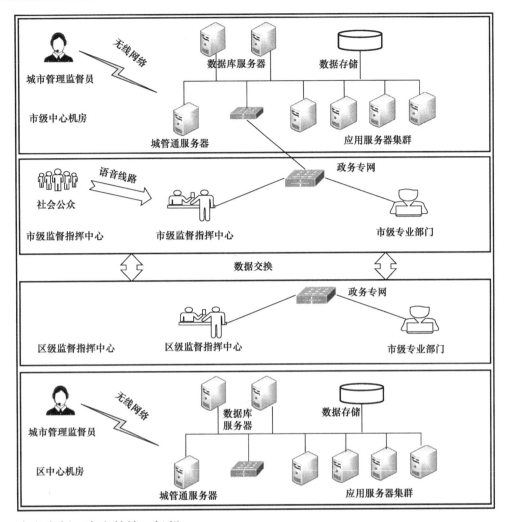

参考案例：南京鼓楼、扬州。

4.3.2 建设移交方式

项目采用BT（Build-Transfer）即"建设—移交"形式进行建设，首先确定项目总承包商，项目总承包商按照数字化城市管理领导小组的要求，负责项目建设的组织实施，负责建设资金的筹措，项目建成经建设部验收合格后，交付政府使用。工程的建设投资费用，按建设成本＋利润＋利息累计总额计算，由政府财政分五年支付。

参考案例：浙江台州、诸暨。

4.3.3 外包方式

项目采用外包方式，由项目建设方按照建设部批准的总体实施方案，负责项目的组织实施及建设资金的筹措，项目建成并经建设部验收合格后，提供政府使用。项目的使用费用由政府支付。其优点是：第一，减轻地方财政一次性资金投入的压力；第二，充分调动和利用项目总承包商的资金和技术力量；第三，有利于资源的整合；第四，有利于系统维护和升级。在项目建设过程中，我们仅需抓住三件事：一是项目方案论证；二是项目建设监理；三是项目审计和验收。

参考案例：昆山。

第5章 试运行和验收

5.1 试运行

系统试运行期的主要目的是：通过系统的实际运行，磨合系统各部门间的协同工作内容，提高各部门间协同工作的能力；排查系统运行中的技术问题，做到发现问题及时解决问题迅速。从而为系统上线后的无故障高效率运行打下坚实基础。

试运行期间需要做好系统运行日志，详细记录系统运行状况，包括问题描述、解决过程和解决办法，最终积累成册，形成系统运行维护手册。

5.2 系统验收

5.2.1 验收的内容

系统验收的内容包括系统运行模式验收、基础数据验收和应用系统验收三个方面。

1. 系统运行模式的验收内容应包括监督与管理功能分离协作模式、业务流程和监督员工作模式。

2. 基础数据的验收应分别按国家现行标准《城市市政综合监管信息系统　单元网格划分与编码规则》CJ/T 213[①]、《城市市政综合监管信息系统　管理部件和事件分类与编码》CJ/T 214[②]和《城市市政综合监管信息系统　地理编码》CJ/T 215[③]的规定执行。

3. 应用系统验收应对各个子系统的功能、性能以及开发文档进行验收。

5.2.2 管理体制和运行模式要求

1. 管理体制应实现监督、管理功能分离与协作，并应具有以下功能：①应实现通过监督中心实施城市管理的监督功能；②应实现通过指挥中心实施城市管理的指挥功能；③应支持相关专业部门根据指挥中心的指令，及时处理问题并反馈处理结果的功能。

2. 数字化城市管理的业务流程应包括信息收集、案卷建立、任务派遣、任务处理、处理，反馈和核实结案六个阶段。

5.2.3 数据建设验收总体要求

空间数据应包括单元网格数据部件数据、地理编码数据、地理空间框架数据等，并应符合以下规定：

1. 单元网格数据应符合国家现行标准《城市市政综合监管信息系统　单元网格划分与编码规则》CJ/T 213[①]的规定。

2. 部件数据应符合国家现行标准《城市市政综合监管信息系统　管理部件和事件分类与编码》CJ/T 214[②]的规定。

3. 地理编码数据应符合国家现行标准《城市市政综合监管信息系统　地理编码》CJ/T 215[③]的规定。

4. 地理空间框架数据应包括大比例尺地形数据及相关数据：有条件的城市可包括高分辨率正射影像数据。地理空间框架数据的内容和组织应符合国家现行标准《城市地理空

注：①、②、③参见179页注。

间框架数据标准》CJJ 103[④]和《城市基础地理信息系统技术规范》CJJ 100[⑤]的规定。

5.2.4 系统建设验收要求

1. 数字化城市管理信息系统应包括无线数据采集、监督中心受理、协同工作、地理编码、监督指挥、综合评价、应用维护、基础数据资源管理等子系统，宜包括数据交换子系统；数据交换子系统可与上级数字化城市管理信息系统配合建设。

2. 各个子系统功能符合建设部相关标准和技术规范要求，能满足数字化城市管理的需求。

3. 各个模块之间连接顺畅，能稳定运行。

4. 各个模块的实际运行的性能指标能达到相关标准的要求。

注：④ 已废止，被《城市地理空间框架数据标准》CJJ/T 103—2013 替代。

⑤ 已废止，被《城市基础地理信息系统技术标准》CJJ/T 100—2017 替代。

数据建设基本要求

一、数据标准

数据是数字化城市管理系统运行的基础，数字化城市管理需要使用的数据包括基础地理形数据、部件数据、地理编码数据和单元网格数据。

1. 基础地理数据

基础地理数据指城市管理信息系统赖以工作的基础地形图、正射影像图、行政区划图等众多的基础空间信息和非空间信息等。基础地理数据库可直接为城市管理相关的各部门提供准确实时的基础地理信息，保证了数字城管平台对基础地理信息的需求。

基础地理数据主要要求：

1）大比例尺地形图，省辖市原则采用1：500比例尺，县级市可以放宽到比例尺为1：1000，采用ArcGIS兼容的SHP格式数据。

2）小比例尺地形图，省辖市原则采用1：2000比例尺，县级市可以放宽到比例尺应包括1：10000地形图，采用ArcGIS兼容的SHP格式数据。

3）高分辨率正射影像图，地面分辨率应不小于0.2米，影像图应当覆盖项目建设所包括范围。

4）面状市域边界线、乡镇界、社区（行政村）界、道路、河流、湖泊等。

5）地形图最后修测时间，省辖市不早于6个月，县级市不早于12个月。

6）有条件的省辖市建议增加航拍图或卫星影像图。

7）地形图修测精度指标：

a. 平面精度：图上地物点相对于邻近平面控制点的平面位置中误差、图上邻近地物点间距中误差。见下表，图上地物点点位中误差与间距中误差（单位：mm）。

地区分类	点位中误差		地物点间距中误差	
	平地	丘陵地	平地	丘陵地
城市建筑区和平地、丘陵地	≤±0.5	≤±0.7	≤±0.4	≤±0.6
山地和设站困难的旧街坊内部	≤±0.75	≤±1.0	≤±0.6	≤±0.9

b. 高程精度：城市建筑区和平坦地区的高程注记点相对于邻近图根点的高程中误差≤±0.15m。其他地区地形图高程精度以等高线插求点的高程中误差来衡量。等高线插求点相对于邻近图根点的高程中误差，应符合下表规定（单位m）：

地形类别	平地	丘陵地	山地
高程中误差（等高地）	≤0.2	≤0.3	≤0.5

注：森林隐蔽等特殊困难地区，可按上表规定值放宽50%。

2. 单元网格数据

单元网格就是指采用网格技术，根据属地管理、地理布局、现状管理、方便管理、管理对象等原则，以一定的范围为基本单位，将行政区域划分成若干个网格状的单元。按照建设部《城市市政综合监管信息系统　单元网格划分与编码规划》CJ/T 213①标准，万米单元网格作为数字化城市管理系统的最小可管理单位，是实施数字化城市管理的基础和基准。各地在实际建设中，可以在此基础上划分责任网格和执法网格等，责任网格和执法网格是有若干万米单元网格组成。

依据建设部行业标准《城市市政综合监管信息系统　单元网格划分与编码规则》CJ/T 213—2005要求，单元网格分四类，采用12位进行编码，依次是6位市辖区码、2位街道办事处（乡镇）码、2位社区（行政村）网格码和2位单元网格顺序码。

3. 部件数据

城市部件即物化的城市管理对象，主要包括道路、桥梁、水、电、气、热等市政公用设施及公园、绿地、休闲健身娱乐设施等公共设施，也包括门牌、广告牌匾等部分非公共设施。城市部件数据库的建设为实现精确城市管理和事件定位成为可能。

城市部件数据库存储的内容是城市管理过程中的所有对象，是数字化城市管理信息系统最重要的基础数据库之一。依据建设部行业标准《城市市政综合监管信息系统　管理部件和事件分类与编码》CJ/T 214—2007②要求，城市管理部件代码共有16位数字，分为市辖区代码、大类编码、小类编码、流水号四部分。城市管理事件分类代码采用数字型代码，共有10位数字，分为市辖区代码、大类代码、小类代码三部分。

4. 地理编码数据

通过地理编码技术实现地址数据和空间位置之间的对应管理。地理编码数据主要包括行政区域地名、地片与小区地名、街巷地名、门（楼）牌地址、标志物地址、兴趣点地址。

① 行政区域地名：行政区域地名应包含市、区（县）、街道（乡镇）信息，宜包含社区（村）信息和单元网格信息。行政区域的基本地点名称应与标准地名致，是描述该行政区域名称的最小单元。

② 地片与小区地名：地片与小区地名应包含地片名称、居住小区名称的信息。地片与小区的基本地点名称应为标准地名，是描述地片、居住小区的最小单元。

③ 街巷地名：街巷地名应包含有地名标牌的街巷等。街巷地名的基本地点名称应为街牌和巷牌标示的汉字名称，是描述街巷地名信息的最小单元。

④ 门（楼）牌地址：门（楼）牌地址包括门牌地址和楼牌地址。

⑤ 标志物地址。标志物地址应包括以下内容：（a）具有地名意义的纪念地与建筑物，包括建筑物、广场、体育设施、公园绿地、纪念地、名胜古迹等。（b）具有地名意义的单位与院落，包括医院、学校、单位等。（c）具有地名意义的交通运输设施，包括桥梁、道

注：①、②参见179页注。

路环岛、交通站场等。标志物地址的基本地点名称应为描述该标志物的标准名称，应能唯一标识特定地点。

⑥ 兴趣点地址：兴趣点地址应包括沿街巷及小区中具有地理标识作用的店铺、公共设施、单位和建筑等。基本地点名称应为描述该兴趣点的最小名称单元。兴趣点地址应按以下方式唯一标识特定地点：[街巷名称/小区名称丨兴趣点]。

二、数据普查

城市管理部件、地理编码等数字化城市管理系统必需的数据往往在系统建设之初并不具备，或者数据较为陈旧，因此有必要通过数据普查的方式补充或提高数据的精确性。建设部建议的城市部件分六大类：公用设施、道路交通、市容环境、园林绿地、房屋土地及其他类。

1. 定位基准

城市管理部件的定位应与现行城市地理基准一致。

按照《国家基本比例尺地图图式　第1部分：1∶500 1∶1000 1∶2000 地形图图式》GB/T 20257.1标准对城市管理部件进行普查测绘和标图定位。

2. 定位精度

城市管理部件的定位精度应符合下表的规定。

精度等级	精度要求	说明
一类	≤0.5m	指空间位置或边界明确的部件，如井盖、灯等
二类	≤1.0m	指空间位置或边界较明确的部件，如广告牌、果皮箱、绿地、亭等
三类	≤10.0m	指空间位置概略表达的部件，如桥、停车场、工地等

三、部事件分类扩展原则

根据当地实际情况，在数据普查时可以对部事件分类进行适当扩展，扩展原则应该以贴合管理、符合实际为基本要求，扩展的部事件分类及编码应符合《城市市政综合监管信息系统管理部件和事件分类与编码》CJ/T 214—2007[②]等相关文件的要求。

注：②参见179页注。

附件 2

应用系统建设要求

一、应用系统架构

应用系统总体结构按层次从上往下一次分为：应用层、数据层、支撑软件层、物理层。如下图：

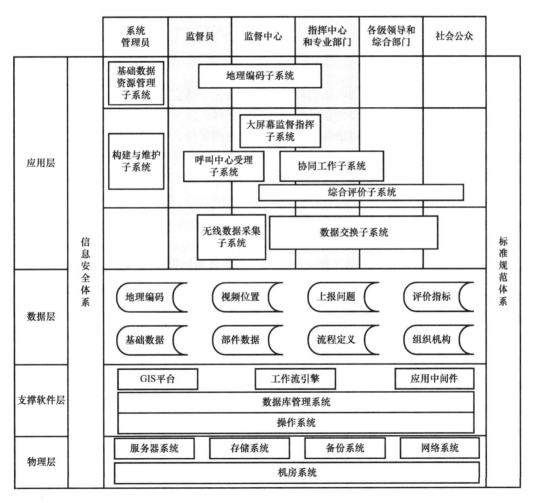

系统总体架构层次模型：底层是物理层和支撑软件层，是支持系统运行的必要的系统硬件、软件平台；数据层包含了本系统的数据库群；应用层实现了数字化城市管理的业务应用系统的功能，面向系统管理员、监督员、监督中心、指挥中心、各专业单位、各级领导和综合部门，以及社会公众提供相应的服务。标准规范体系、信息安全体系是本系统建

设、运行的必要保障。

在标准规范体系、信息安全体系的框架内和系统支撑平台上建立整个数字城市管理系统，通过中心数据库群把该系统用到的数据进行集中统一管理，在 GIS 平台、工作流引擎和中间件构成的运行平台基础上建设数字城管软件应用系统，各种终端用户通过统的登录的入口来进入到各个应用系统。

二、应用系统功能

（一）无线数据采集子系统

无线数据采集子系统是为城管员对现场信息进行快速采集与传送而研发的专用工具。城管员使用相应功能的智能手机在所划分的区域内巡查，将城市部件和城市事件以及各类城市违法问题的相关信息报送到城市管理监督中心，同时接受城市管理监督中心和领导的任务派遣与调度。该系统依托移动设备，采用无线运营商的数据传输技术，通过城市部件和事件分类编码体系、地理编码体系，完成城市管理问题文本、图像、声音和位置信息实时传递。

（二）呼叫中心受理子系统

呼叫中心是监督中心下设的联系内外各部和社会公众的窗口。呼叫中心的主要工作是受理来自城市管理监督员和社会公众的城市管理事件报告或举报，然后对他们所反映的事件或所举报情况进行核实，并对事件发生地点进行地图定位，经登记立案后传递给监督中心派遣办理。因此，"呼叫中心受理子系统"的主要功能就是为呼叫中心人工坐席工作人员提供事件的受理、登记、立案、定位和转发等功能。

系统主要功能：

1. 提供城市管理问题信息的自动受理功能。

2. 提供城市管理问题信息的手工登记功能。

3. 能根据上报信息中包括的坐标信息，在地图中自动标识出问题发生位置。

4. 能通过手工登记的问题位置描述，在地图中搜索并定位到问题发生位置。

5. 具备向监督员发送问题任务指令功能。

6. 具备接收监督员核实、核查信息功能。

7. 能与协同工作子系统进行数据交互，向协同工作子系统自动报送任务数据。

8. 具备基础地理信息、地理编码信息、单元网格信息和部件信息等地图显示、查询功能。

9. 具备新问题或任务反馈信息实时提示功能。

10. 能够通过电子地图查询某个单元网格当前在岗监督员。

（三）协同工作子系统

可采用基于 Browser/Server 的体系架构，采用工作流、WebGIS 技术，通过浏览器完成城市管理各项业务的具体办理和信息查询。协同工作子系统提供给监督中心、指挥中心、各专业部门以及各级领导使用，系统提供了基于工作流的面向 GIS 的协同管理，工作处理、督查督办等方面的应用，为各类用户提供了城市管理信息资源共享，查询工具，可以根据不同权限编制和查询基础地理信息，地理编码信息、城市管理部件（事件）信息、监督信息等，实现协同办公、信息同步、信息交换。各级领导、监督中心、指挥中心可以方便查阅问题处理过程和处理结果，可以随时了解各个专业部门的工作状况，并对审批流程进行检查、监督、催办。系统将任务派遣、任务处理反馈、任务核查、任务结案归档等环节关联起来，实现监督中心、指挥中心、各专业管理部门和区政府之间的资源共享，协同工作和协同督办。

系统主要功能：

1. 具备城市管理问题查询功能。

2. 实现案卷信息、地理信息关联和体化管理力能。

3. 与无线通讯网实现信息实时传递和在线通信功能。

4. 基础信息、地理编码信息、单元网格信息、部件信息、问题信息等地图显示、查询、量算、统计功能。

5. 工作表单填写、查询、打印功能。

6. 自定义的业务信息统计和查询功能。

7. 向监督员群发任务提示的功能。

8. 案卷、工作表单、地图访问权限控制功能。

（四）地理编码子系统

城市管理地理编码子系统是网格化城市管理最重要的支撑系统之一，数字城市地理编码技术提供了一种把具有地理位置的信息资源赋予地理坐标、进而可以为计算机提供计算的方式。通过地理编码，将城市现有的地址进行空间化、数字化和规范化，在地址名称与地址实际空间位置之间建立起对应关系，实现地址空间的相对定位，可以使城市中的各种数据资源通过地址信息反映到空间位置上来，提高空间信息的可读性，在各种空间范围行政区内达到信息的整合。通过地理编码技术对城市部件进行分类分项管理，最终实现城市管理由盲目到精确，由人工管理到信息管理的转变。系统主要功能：

1. 搜索引擎功能，提供地理编码查询服务的功能。

2. 解析自然语言描述的地址信息，进行语法分析和词法分析。并将其转换为标准地址的功能。

3. 根据地址字符串，模糊查询地址信息的功能。

4. 根据地址字符串，精确查询地址信息的功能。

5. 根据地理位置（X，Y）坐标以及搜索半径，查询地址信息的功能。

6. 根据部件编号，精确定位部件的（X，Y）坐标及其标准地址信息的功能。

（五）大屏幕监督指挥子系统

大屏幕监督指挥系统设在监督指挥中心，实现信息实时监控，便于监督中心、指挥中心和各级领导更加清楚地了解数字化城市管理的状况。可通过大屏幕直观地掌握各个区域的城市部件（事件）信息、业务办理信息，综合评价信息等全局情况，还可以对每个网格、监督员、部件等个体的情况进行查询。

结合城市管理系统的特点和要求，大屏幕系统的显示区域可分为三个部分，具体包括地图显示区、案卷滚动信息区和详细信息显示区。其中地图信息区主要显示全区整体地图具体包括行政区划图、单元网格图、部件分布图、城市管理事件分布图、城市监督管理人员位置分布图和当前办理的城市管理事件处理情况和评价信息。案卷滚动信息区能够实时统计反映全区所有网格在办案卷数；滚动显示正在办理的每个案卷基本信息；

详细信息区是指到单个问题、网格的详细信息，包括监督员位置、案卷办理情况、综合评价结果等。

大屏幕监督指挥系统的软件支撑部分由三部分组成，具体包括系统管理模块、通信管理模块和显示控制模块等三部分。系统主要功能：

1. 具备案卷信息和地图信息一体化管理功能，并满足大屏幕管理显示要求。

2. 能够实时定位问题和监督员的地理位置。

3. 能够实时显示监督员的在岗情况及位置信息。

4. 能够实时分类显示问题的当前状态信息。

5. 具有查询监督员详细信息功能。

6. 具有查询问题的图片、办理过程等详细信息功能。

7. 实现地图与属性信息的互动查询。

8. 实现图文体化的综合评价结果大屏幕展示功能。

（六）综合评价子系统

为了保证新模式下城市管理的健康运行，切实发挥其应有的作用，全面提升城市管理水平，就要建立城市管理综合评价系统，通过一整套科学完善的监督评价体系，对城市管理的各方面进行考核评价，既能监督城市管理中发生的具体问题，又能监督管理和执法质量。三大评价功能：

1. 具备区域评价功能，以单元网格、社区、街道、镇等区域为划分标准，按不同周期统计各单元区域的评价分值，生成评价结果，并在地图中直观显示。

2. 具备部门评价功能，对专业部门和各级责任主体，按定周期统计各部门的评价分值，生成评价结果，并直观显示。

3. 具备岗位评价功能，对呼叫中心、指挥中心各岗位和监督员进行岗位评价，按一定周期统计各岗位的评价分值，生成评价结果，并直观显示。

（七）构建与维护子系统

构建与维护子系统是系统管理员使用的工作平台，通过该平台，可以快速桥建、维护城市管理业务定制业务工作流程，设置组织机构，并能够方便快捷地完成工作表单内容样式调整、业务流程修改，人员权限变动等日常维护工作。利用构建与维护子系统，系统管理人员可以方便地调整系统使之适应用户变化的需求。

主要功能：

1. 实现对组织机构的管理，对包括监督员在内的人员，部门，角色及其工作权限进行维护。

2. 具备基于工作表单和电子地图一体化的工作流定义功能，实现工作流过程。阶段、流向中对表单、地图等对应操作的配置和管理，以适应业务管理过程中工作流程、参与专业部门、问题管理职责等方面的变化。

3. 具备工作表单定义功能，实现工作表单名称、字段、样式等编辑和管理，以适应业务过程中工作表单的变化要求。

4. 具备输出表单定义功能，实现输出表单名称、字段、样式等编辑的管理。

5. 具备自定义统计和查询功能，实现对各类统计报表内容，样式的编辑和管理。

6. 具备不同城市管理部件和事件处理时限的配置管理功能。

（八）基础数据资源管理子系统

"基础数据资源管理系统"供系统管理人员使用。主要功能：

1. 实现添加、管理地图数据功能，可以对基础数据、地理编码数据。城市部件数据等进行配置管理。

2. 具备对各个图层属性配置功能，实现对属性字段自定义。

3. 能够维护地图库中包括部件和事件等要素在内的要素编码，显示样式等。

4. 地图管理中应提供地图预览功能，能够快速查看地图配置效果。

5. 能够配置基于单元网格和城市部件地图快捷操作图层。

（九）数据交换子系统

数据交换子系统用于实现不同级城市管理系统间以及数字城管系统与其他业务系统间的信息传递与交换，交换信息包括部件与事件问题信息。业务办理信息，综合评价信息等。此过程中涉及多种形式，多种内容的信息交换，由数据交换子系统实现。数据交换子系统应满足如下要求：

支持文字、图像、声音、视频多种数据各式的传输：保证数据的快速传输，监督中心发送任务信息时间不超过 5 秒，高安全性，配备稳定的加密算法。

附件 3

系统运行环境建设

下面给出的数量是按照市、区两级一体化集中式的架构进行配置的，具体的参数需要依据的建设规模和系统架构的情况选择。

（一）硬件设备

序号	功能	配置（不低于）	单位	数量	备注
一		服务器、网络设备			
1	DB 服务器（集群）	双核英特尔®至强®处理器，主频≥3.0GHz，支持 EM64T，单颗处理器缓存 2ML3CACHE，处理器数量≥4 颗，≥8G ECC 内存，10K2×146G 热插拔硬盘，1000M 以太网卡×3，DVD/CDRW Combo 光驱，4 个以上热插拔硬盘槽位，支持主机集群和负载均衡，冗余电源，冗余风扇，不少于 6 个 PCI 插槽，机架式	台	2	如业务处理量较大、多种业务应用集中建设或数据积累较多，在投资规模允许的情况下尽量配置小型机，因为数字城管的主要压力在数据库端
2	Web 服务器	双核英特尔®至强®处理器，主频≥3.0GHz，支持 EM64T，单颗处理器缓存 1ML2CACHE，处理器数量≥2 颗，≥4G ECC 内存，10K 2X146G 热插拔硬盘，1000M 以太网卡 X3，DVD/CDRW Combo 光驱，4 个以上热插拔硬盘槽位，支持主机集群和负载均衡，冗余电源，冗余风扇，不少于 6 个 PCI 插槽，机架式	台	6	服务器数量视客户端数量而定，但不少于 2 台
3	城管通服务器	双核英特尔®至强®处理器，主频≥3.0GHz，支持 EM64T，单颗处理器缓存 1ML2CACHE，处理器数量≥2 颗，≥4G ECC 内存，10K 2×146G 热插拔硬盘，1000M 以太网卡×3，DVD/CDRW Combo 光驱，4 个以上热插拔硬盘槽位，支持主机集群和负载均衡，冗余电源，冗余风扇，不少于 6 个 PCI 插槽，机架式	台	1	为了保障可用性，可配置两台做负载均衡容灾
4	备份服务器	双核英特尔®至强®处理器，主频≥3.0GHz，支持 EM64T，单颗处理器缓存 1ML2CACHE，处理器数量≥2 颗，≥4G ECC 内存，10K 2×146G 热插拔硬盘，1000M 以太网卡×3，DVD/CDRW Combo 光驱，4 个以上热插拔硬盘槽位，支持主机集群和负载均衡，冗余电源，冗余风扇，不少于 6 个 PCI 插槽，机架式	台	1	

续表

序号	功能	配置（不低于）	单位	数量	备注
5	负载均衡路由器	流量200M，内存128M	台	1	Web服务器超过2台或城管通服务器超过2台时需选择负载均衡路由器
6	核心交换机	背板带宽应大于等于700Gbps，处理性能大于等于100Mpps。支持主流交换协议。端口视系统配置要求而定	台	2	根据网络情况自行设计
二					存储、备份设备
1	SAN磁盘阵列	光纤主机端口2个以上，双控制器，每控制器4GB缓存，有效数据存储容量不少于2.5TB（15000转）	套	1	保证容量和高可用性，由集成单位自行设计
2	SAN光纤交换机	16口，全光纤网络交换功能，端口吞吐率≥2Gbit/s，背板交换宽带≥32Gbit/s	套	1	
3	备份存储器	可考虑大容量IP SAN（一般是SAN存储容量的3～6倍）作为备份存储	套	1	
三					终端设备
1	市级监督指挥中心电脑	PM3.0，≥512M；≥80G硬盘；17″	台	30	根据工作人员设定，包括接线员、值班长、派遣员、办公室等，接线员可选用双屏幕配置
2	大屏幕驱动PC机	PM3.0，≥1G；≥80G硬盘；17″	台	2	用于控制大屏幕程序
3	系统管理员维护用机	PM3.0，≥1G；≥80G硬盘；17″	台	2	
4	市级专业部门终端	PM3.0，≥512M；≥80G硬盘；17″		30	
5	区监督指挥中心电脑	PM3.0，≥512M；≥80G硬盘；17″	台	20	按照每区监督指挥中心不少于10台计算
6	区专业部门电脑终端	PM3.0，≥512M；≥80G硬盘；17″	台	30	按照每个区30个专业部门计算
四					呼叫中心设备及软件
1	呼叫中心设备及软件		套	1	满足热线接听，建议租用运营商集中呼叫系统
五					大屏幕
1	市级监督指挥中心大屏幕	2×4显示模块，共8块屏幕	套	1	如有投资问题，可考虑采用2×2显示模式
2	区监督指挥中心大屏幕	每个区一组大屏幕显示系统（含各类矩阵）	套		如有投资问题，可考虑采用投影仪代替
六					安全设备
1	防火墙	可根据网络拓扑图结构而定，对于系统边界均需要采用防火墙防护，可根据流量情况确定百兆或千兆配置	套		本部分根据安全设计配置
2	漏洞扫描、入侵检测、行为审计	根据系统安全防护等级，分别建立。采用1：500地形图的系统，必须建设，其他系统可参考国家安全防护指南选择建设	套	1	

续表

序号	功能	配置（不低于）	单位	数量	备注
七		弱点系统与集控系统			
1	机房 UPS	视系统容量而定，UPS 系统延时不少于 4 小时	套	1	对于可能存在扩展的系统推荐选用模块化 UPS 主机
2	安防系统	提供楼宇、机房、监督指挥大厅等地的内部视频监控和自动报警系统			
3	消防系统	城管机房提供自动消防控制系统和报警系统			
4	音响系统	视环境情况需要必要的音响系统、有线电视系统、扩音系统等			
5	防雷接地系统	符合 A 类机房要求的一、二、三类防雷系统			
6	门禁系统	楼宇大门、机房大门、大厅大门等建立 IC 卡门禁系统			
7	综合布线	根据工程需要，实施综合布线			
八		工作人员坐席			
1	坐席员坐席	视坐席员数量而定			
2	参观席	视大厅环境情况而定			

（二）基础软件平台

序号	品牌	型号	单位	数量	备注
一		操作系统			
1	数据服务器操作系统	Win2003 Server 企业版	套	2	根据服务器数量进行配置，应满足 Oracle 集群的需要
2	微软	Win2003 Server 标准版	套		根据应用服务器数量配置
二		数据库系统			
1	甲骨文	Oracle 10g RAC 企业版 50user	套	2	
三		GIS 软件			
1	ARCGIS	ArcInfo-CON V9.2 专家级地理信息系统平台核心模块	套	1	
2	ARCGIS	ArcGIS, Server-Enterprise-Basic-V9.2（相当于 sde）	套	2	
3	ARCGIS	ArcGIS Engine Developer Kit V9.2 runtime 运行环境	套	1	
4	ARCGIS	ArcIMS V9.2 Server	套	2	
四		WebGIS 中间件			
1	BEA	Weblogic 9.2 或其他	套		视 Web 服务器数量而定
五		备份软件			
1	Veritas	Netbackup Server、相关模块，或其他品牌	套	1	根据数据库集群方式进行相关的组件配置
2	Veritas	cluster			
六		杀毒软件			
1	网络版杀病毒软件	瑞星、诺顿等	套		视网络用户数而定

（三）无线采集设备（移动终端）

序号	功能	配置（不低于）	数量
1	城管通手机	1. 采用 windows mobile 5.0 以上或 smartphone 操作系统。 2. 屏幕尺寸，最好选择抗日晒效果较好的屏幕，避免监督员野外作业不方便。PDA 手机屏幕尺寸一般为：2.8 英寸，320×320；smartphone 手机屏幕尺寸一般为：176×220 像素。 3. 手机电源容量单块电池不小于 1200mAH，配置双电池。 4. 采用内置 GPS 定位方式。 5. 尽可能选择 CPU 速度较高手机，内存容量较大的手机	根据实施面积和监督员的数量确定

（四）网络

名称	建议带宽
市监督指挥中心到机房的网络	1000M 或裸光纤
市专业部门到机房的网络	2M/10M/100M
区指挥中心到机房的网络	100M/1000M
区专业部门到机房的网络	2M/10M

（五）呼叫中心

1. 建设方式选择：

自建：政府建立一套呼叫系统，初期建设费用比较高，运行成本低。

租用：租用运营商的呼叫中心，初期建设费用低，后期运营费用高。

2. 基本功能包括：

（1）坐席功能

通话应答、通话保持、通话转接、呼出、录入用户信息等基本操作功能。

实时显示来话的用户信息，包括主叫号码等。

全程录音：提供实时录音方式。可同时对多个坐席员进行录音，采用可读写光盘备份和回放录音文件。

自动语音应答：客户能够在自动语音引导下，进行相应的选择操作。通过这种方式客户可以进行查询、咨询、转接电话等操作。

传真：收发、存储传真。

三方会议。

转移呼叫。

语音信箱。

（2）管理功能

监听：管理台可以随时对坐席员进行监听。

强制插入：坐席员和用户正在通话时，能强行与话务员通话，形成三方通话。

强制拆除：话务员和用户正在通话时，管理员可以强制释放此次呼叫连接。

内部呼叫：可以在管理台呼叫任何一个在岗坐席员。

坐席状态查询：班长可以查看本组成员的工作状态。

提供 API 编程接口，用户或第三方开发商可利用 API 编程接口独立地开发业务子系统。

江苏省住房和城乡建设厅文件

苏建城〔2011〕416 号

关于印发《江苏省数字化城市管理系统建设与运行管理办法》和
《江苏省数字化城市管理系统验收标准》的通知

各市、县城管局、苏州市市容市政局：

为进一步规范全省数字化城市管理系统建设，保障系统运行效果，全面提升我省数字化城市管理系统建设和运行管理水平，根据住房和城乡建设部《数字化城市管理模式建设导则（试行）》（建城〔2009〕119 号）和省政府办公厅《关于推进数字化城市管理工作的意见》（苏政办发〔2007〕57 号）等文件要求，我厅组织制定了《江苏省数字化城市管理系统建设与运行管理办法》和《江苏省数字化城市管理系统验收标准》，现印发给你们，请遵照执行。

附件：

1. 江苏省数字化城市管理系统建设与运行管理办法
2. 江苏省数字化城市管理系统验收标准

二〇一一年六月二十二日

抄送：住房和城乡建设部，省政府办公厅，各市、县（市）人民政府。

江苏省数字化城市管理系统建设与运行管理办法

第一章　总则

第一条　为规范我省数字化城市管理系统建设，有效保障数字化城市管理系统运行效果，根据住房和城乡建设部《数字化城市管理模式建设导则（试行）》（建城〔2009〕119号）和省政府办公厅《关于推进数字化城市管理工作的意见》（苏政办发〔2007〕57号）等文件，制定本办法。

第二条　本省行政区域内数字化城市管理系统建设、运行、管理与验收，须遵守本办法。

第三条　省住房和城乡建设厅指导全省数字化城市管理工作，负责对市、县数字化城市管理实施方案的评审以及系统运行验收等工作。

设区的市城市管理部门指导所辖县（市）数字化城市管理工作，负责本辖区范围内数字化城市管理工作方案审核，参与县（市）数字化城市管理系统实施方案的评审和系统运行验收等工作。

第二章　工作方案

第四条　市、县应在充分调研的基础上，结合本地实际科学制定数字化城市管理工作方案；设区的市城市管理部门应指导所辖县（市）制定数字化城市管理工作方案。

第五条　工作方案应坚持统一标准、因地制宜，整合资源、厉行节约，创新求实、科学评价的基本原则。

第六条　工作方案应充分体现城市管理体制创新，体现监管分离原则，构建相对独立的数字化城市管理监督、指挥中心，明确数字化城市管理机构的职能、编制、资金保障以及实施范围等内容；构建管理流程，实行闭环管理。

第七条　设区的市数字化城市管理工作方案须报经省住房和城乡建设厅审核同意后，编制实施方案。县（市）数字化城市管理工作方案须报设区的市城市管理部门审核同意后，编制实施方案。

第三章　实施方案

第八条　市、县城市管理部门应根据当地人民政府批准的内容、时限进度、资金保障及各部门分工等要求，组织编制数字化城市管理系统实施方案。

第九条　数字化城市管理系统实施方案应当按照住房和城乡建设部《城市市政综合监

管信息系统技术规范》CJJ/T 106、《城市市政综合监管　绩效评价》CJ/T 292、《城市市政综合监管信息系统　监管案件立案、处置与结案》CJ/T 315 等国家和省相关标准规范编制，并在建立 GPS（全球定位系统）、GIS（地理信息系统）、RS（遥感空间信息系统）的基础上，采用城市部件、事件管理法进行管理。

第十条　实施方案应当符合住房和城乡建设部《数字化城市管理模式建设导则（试行）》的要求；设区的市与所辖县（市）的系统平台应相互兼容并预留联接接口，并为今后的扩容升级、网络互联和信息共享奠定基础。

第十一条　数字化城市管理的 GIS 系统在电子政务外网或者专网（与因特网逻辑隔离）中运行的，大比例尺电子地图应当经过技术手段进行去密处理，以符合国家保密规定。

第十二条　市、县编制的数字化城市管理实施方案需经省住房和城乡建设厅组织专家进行评审，待评审通过后方可组织实施。

第四章　组织实施

第十三条　数字化城市管理系统建设须严格按照经论证修改完善后的实施方案开展建设工作。遇有重大调整事项须及时报省住房和城乡建设厅。

第十四条　数字化城市管理系统建设中涉及采购的项目均须实行公开招投标，并建立后期服务响应机制。

第十五条　加强数字化城市管理系统建设中项目进程与质量的监管控制，应当委托有相应资质的单位针对系统集成和地理数据采集分别设置监理，确保项目数据准确和建设顺畅。

第五章　系统运行

第十六条　数字化城市管理系统应覆盖城市建成区，城市管理相关内容应当全部纳入系统。正式运行的实施范围不得低于实施方案的规定，相关专业部门应当有案卷流转。

第十七条　数字化城市管理工作制度健全，有《操作规定》、《指挥手册》等规范性管理文件，管理责任明确、派遣指挥规范。

第十八条　按照住房和城乡建设部《城市市政综合监管信息系统　绩效评价》CJ/T 292 并结合当地实际情况，建立绩效评价体系。数字化城市管理部门应当建立数据分析体系，并撰写月度运行分析报告。

第十九条　数字化城市管理评价制度健全。地方人民政府制定有专门的监督管理办法，有规范完备的立案、结案标准，定期对城市管理相关专业部门实施长效化绩效考核。

第二十条　系统运行正常，上报、立案、派遣、处置、核查等运行环节流畅、稳定，内部考核实施节点控制。

第二十一条　建立健全案卷回退、作废、延期、缓办等处置的审批程序和台账，并严格控制占比。

第二十二条　各项运行指标应当达到《江苏省数字化城市管理系统验收标准》的规定，相关数据应当保存一年以上。

第六章　系统验收

第二十三条　数字化城市管理系统验收采取申报制。数字化城市管理系统连续、安全、稳定试运行达 6 个月以上，且能够达到快速发现、精确指挥、高效处置等实效，数据分析科学、评价合理，方可申报验收。

第二十四条　市、县依照《江苏省数字化城市管理系统验收标准》，在设区的市城市管理部门预评估基本合格的基础上，形成预评估分析资料，并向省住房和城乡建设厅提交书面验收申请。

第二十五条　市、县城市管理部门应当委托有资质的单位对数字化城市管理系统软件测试、数据库质量检测、网络及机房硬件环境等项目进行检测，并出具测试（检测）报告、质量评估报告。

第二十六条　市、县数字化城市管理系统由省住房和城乡建设厅组织专家进行验收。验收合格的城市，将由省住房和城乡建设厅发文公布。验收不合格的城市应根据验收整改意见立即组织整改，待验收合格后方可正式运行。

第二十七条　数字化城市管理系统验收结果，将作为国家和省相关创建工作考核的基础依据。

第七章　附则

第二十八条　目前已在运行但尚未履行省（部）级验收程序的城市，应对照《江苏省数字化城市管理系统验收标准》，由设区的市城市管理部门组织预评估，评估合格的申请验收。

第二十九条　列入国家数字化城市管理试点城市的，按照建设部《数字化城市管理模式试点实施方案》（建办城函〔2005〕404 号）等有关规定执行。

第三十条　本规程自 2011 年 7 月 1 日起执行。

附件 2

江苏省数字化城市管理系统验收标准

城市：　　　　　　　　　　　　　　　　　　　　　　　　　　　　　　　　　　　　　　得分：

标准内容	考核要点	考核分值	考核方式	考核细则	扣分
一、组织机构建设（25分）	1. 机构建设	8	听取汇报查阅文档	1. 按照监管分离的原则，建立相对独立的数字化城市管理监督、指挥中心（4分）。不符合要求的，扣4分。 2. 建立相互制约的内部管理体制，有效保障数字化城市管理系统高效运行（2分）。不符合要求的，扣2分。 3. 区、街（镇）对应建立指挥中心，配备相应管理人员；工作量大、下属单位多的执行部门也可建立指挥中心（2分）。不符合要求的，扣2分	
	2. 制度建设	8	听取汇报查阅文档	1. 建立并执行了有效的监督制度、处置制度、绩效评价制度，形成城市管理长效机制（4分）。不符合要求的，扣2分/项。 2. 绩效评价的成果纳入政府效能目标管理，建立相应的内部管理制度（4分）。不符合要求的，扣2分/项	
	3. 队伍建设	9	听取汇报查阅文档	1. 建立专职的监督员队伍，配置比例每平方公里不少于1人（3分）。不符合要求的，扣3分；配置比例不达标的，扣2分。 2. 建立专职的坐席员队伍，坐席员数量应根据信息总量、工作模式合理配置，并负责受理"12319"热线（4分）。坐席员数量不能满足工作需要的扣2分，"12319"热线未纳入系统受理平台，扣2分。 3. 建立专职的终端操作员队伍，负责接收数字化城市管理派遣案件与信息反馈工作，并对本部门的案件进行督办（2分）。不符合要求的，扣1分/项	
二、信息平台建设（30分）	4. 软件系统建设	10	现场查看查阅文档	1. 系统应用软件必须包含监管数据无线采集子系统、监督中心受理子系统、协同工作子系统、地理编码子系统、监督指挥子系统、综合评价子系统、应用维护子系统、基础数据资源管理子系统及数据交换子系统（6分）。缺一个子系统扣2分。 2. 根据实施方案拓展应用系统，如视频监控子系统、车载GPS监控子系统、大屏幕管理子系统等（2分）。未按方案实施的，扣1分/项。 3. 功能符合国家相关标准和技术规范要求。各子系统能满足数字化城市管理的需求（2分）。不符合标准规范要求的，扣1分/项	

续表

标准内容	考核要点	考核分值	考核方式	考核细则	扣分
二、信息平台建设（30分）	5. 硬件系统建设	10	现场查看查阅文档	1. 硬件系统建设符合设计标准。整合相关部门资源，满足系统运行需求（2分）。不符合要求的，扣2分。 2. 机房建设符合要求。消防系统通过地方消防主管部门验收；机房安装雷电防护系统，供电应配备不间断电源（2分）。不符合要求的，扣1分/项。 3. 网络环境应具有开放性、可扩充性、可靠性和安全性的特点，并建立网络管理制度和网络运行保障支持体系（2分）。不符合要求的，扣1分/项。 4. 建立灵活的备份和恢复系统，具有集中化的备份策略管理及备份任务监督功能，重要数据宜进行异址备份（1分）。未实施异址备份的，扣1分。 5. 配备专用安全网络设备。建立安全访问机制，确保数据安全（2分）。不符合要求的，扣2分。 6. 执行《城市市政综合监管信息系统 监管数据无线采集设备》CJ/T 293—2008标准，监管数据无线采集设备应具有无线通信数据传输功能和定位功能，与应用系统单次数据无线交换和传输时间不宜超过30秒（1分）。不符合要求的，扣1分	
	6. 基础数据建设	10	现场查看查阅文档	1. 建立了1∶1000地形图、正射影像图等基础地理信息为主要内容的城市基础地理信息数据库（2分）。不符合要求的，扣2分。 2. 执行《城市市政综合监管信息系统 单元网格划分与编码规则》CJ/T 213—2005标准，实施了本地区单元网格划分与分类编码工作（2分）。未建设基于城市基础地理信息的地理单元网格数据库的，扣2分。 3. 执行《城市市政综合监管信息系统 管理部件和事件分类与编码及数据要求》CJ/T 214—2007标准，实施了管理部件和事件分类、编码及数据要求和数据普查工作（2分）。未建设基于地理单元网格数据库的管理部件和事件数据库的，扣2分。 4. 执行《城市市政综合监管信息系统 地理编码》CJ/T 215—2005标准，实施了地理编码数据普查工作（2分）未建设基于城市基础地理信息的城市地理编码数据库的，扣2分。 5. 地理空间数据存储和使用的安全、保密要求应符合国家相关规定（2分）。不符合要求的，扣2分	
三、运行管理情况（30分）	7. 范围覆盖率	3	听取汇报查阅文档	达到实施方案规定的实施范围。（3分）。未覆盖城市主要建成区范围的，扣3分	
	8. 部门覆盖率	2	听取汇报查阅文档	1. 涉及城市管理的专业部门全部接入数字化城市管理系统（1分）。不符合要求的，扣1分。 2. 数字化城市管理案件覆盖各执行部门（1分）。不符合要求的，扣1分	
	9. 绩效评价	6	听取汇报查阅文档	按照《城市市政综合监管信息系统 绩效评价》CJ/T 292—2008建立绩效评价体系（6分）。未建立起完整的绩效评价体系的，扣6分；未定期实施考评分析与通报的，扣4分；考评分析会少于4次/年度的，每少一次扣1分	

标准内容	考核要点	考核分值	考核方式	考核细则	扣分
三、运行管理情况（30分）	10. 运行指标	16	听取汇报查阅文档现场查看	1. 立案正确率不低于95%（2分）。 2. 派遣正确率不低于90%（2分）。 3. 执行部门处置率不低于90%（2分）。 4. 执行部门按时处置率不低于80%（2分）。 5. 核查率不低于95%（2分）。 6. 按时核查率不低于85%（2分）。 7. 延期率和缓办率总量不超过3%（2分）。 8. 实施数字化城市管理后各类市政监管问题处置效率数据对比（2分）。 不符合要求的，扣2分/项	
	11. 现场演示	3	现场查看	现场系统运行演示流程顺畅，操作熟练（3分）。不符合要求的，扣1分/处	
四、台账资料情况（15分）	12. 项目建设	4	查阅文档	1. 数字化城市管理系统立项申请与批复。 2. 数字化城市管理工作方案、成立数字化城市管理工作领导小组等相关文件。 3. 系统建设程序符合规定，工程招标等手续资料齐备。 4. 系统实施方案论证专家评审意见和修改完善后的文本资料。 5. 具备相应资质的单位对系统软件测试、数据库质量检测、网络及机房硬件环境等项目测试（检测）报告、质量评估报告。 以上为基本文档，缺一项扣1分	
	13. 组织机构	2	查阅文档	1. 市、县人民政府关于成立数字化城市管理机构的文件（1分）。 2. 数字化城市管理机构主要人员任免的相关文件（1分）。 以上为基本文档，缺一项扣1分	
	14. 制度文件	3	查阅文档	1. 执行《城市市政综合监管信息系统 监管案件立案、处置与结案》CJ/T 315—2009标准，市、县人民政府印发《数字化城市管理事部件立案 处置和结案标准》和数字化城市管理考核办法的相关文件。 2. 数字化城市管理相关管理制度和岗位职责（包括内部管理制度和考核细则、坐席员管理办法和考核细则、监督员管理办法和考核细则等）。 3. 相关工作手册（指挥手册、事部件图册、坐席员工作手册、监督员工作手册等）。 以上为基本文档，缺一项扣1分	
	15. 技术文档	4	查阅文档	1. 系统硬件实施方案、实施文档、测试文档、操作手册和验收文档等。 2. 应用软件实施方案、实施文档、测试文档、操作手册和验收文档等。 3. 数据普查实施方案、实施文档和验收文档等。 4. 系统集成和数据普查项目监理方案、实施文档和验收文档。 以上为基本文档，缺一项扣1分	
	16. 试运行文档	3	查阅文档	1. 上线试运行报告及月度分析报告。 2. 系统修改调整方案。 3. 验收相关汇报材料。 以上为基本文档，缺一项扣1分	

备注：

1. 《验收标准》设定的考核满分分值为 100 分，85 分（含）以上为合格，低于 85 分为不合格。

2. 各栏目中未予明确标注的分项分值，累计扣完为止。

3. 考核中查阅文档涉及的资料和文件的有效期限以考核日期前 12 个月为准。

附录 4

重庆市人民政府办公厅
关于推进智慧城管建设的指导意见

各区县（自治县）人民政府，市政府有关部门，有关单位：

为贯彻落实《中共中央国务院关于深入推进城市执法体制改革改进城市管理工作的指导意见》（中发〔2015〕37 号）以及《国家新型城镇化规划（2014～2020 年)》提出的"推进智慧城市建设"等精神，根据市委、市政府对城市管理的具体定位以及《重庆市深入推进智慧城市建设的总体方案（2015～2020 年)》（渝府办发〔2015〕135 号）有关要求，经市政府同意，现就推进我市智慧城管建设提出以下指导意见。

一、建设时限及总体目标

建设时限：2016～2020 年。

总体目标：充分运用现代信息技术，促使行业物联感知技术应用显著提升，实现重大桥梁、隧道、行业作业车辆、大型户外广告设施监控率达到 100%，照明设施、重要环卫设施、重要区域下水道危险源监控覆盖率达 90%；加大行业数据库建设，城市管理地下管网、数字城管普查达到 100%；加强互联网与行业管理结合应用，构建扁平化工作机制；信息化助力行业管理改革创新的效应不断凸显，建立城市管理用数据说话、数据决策、数据管理和数据创新的工作机制，提升城市管理精细化、规范化、科学化水平，实现城市管理要素、过程、决策等全方位的信息化、智慧化。

二、建设原则及整体构架

（一）统筹规划

坚持顶层设计，科学编制建设规划，确保我市智慧城管建设工作科学、有序、高效，推动行业信息化一体发展。

（二）统一标准

坚持过程管理，建立智慧城管建设、运行标准规范和管理体系，充分发挥现有信息系统功能，按照整合、共享、集约、安全建设原则，破除信息孤岛，节约资金投入。

（三）试点示范

坚持在国家智慧城市试点区先行开展智慧城管示范建设，以问题为导向，在需求强烈、技术成熟的领域率先启动，分阶段发展，分步骤实施，形成可复制的解决方案，促进智慧城管整体发展。

（四）因地制宜

按照区域特点，充分考虑经济社会发展和城市管理实际情况，体现差异性和针对性，突出辖区管理重点和特色，重视创新驱动城市管理水平提升，确保系统的适用性、科学性和合理性。

（五）分级建设

坚持市、区县（自治县）分级建设，建立高效的市、区县（自治县）联动工作机制，确保全市统一行动与区县（自治县）自我运行的有机统一，实现上下联动合力推动智慧城管发展。

重庆市智慧城管建设的整体构架概括为"1322"：1 个城市管理大数据中心；城市管理业务平台、数字城管综合监管协调平台、便民惠民服务平台等 3 大功能板块；城市管理行业应急指挥、城市管理数据决策分析等 2 个支撑平台；智慧城管管理中心、视频监控整合等 2 个辅助工程。

三、建设任务

（一）建设城市管理大数据中心

1. 建设城市管理数据资源体系。按照"三库四平台"有关要求，开展城市管理数据资源普查，摸清行业空间地理基础数据、业务管理专题数据、层级管理交换数据、政务服务数据等现状，实现行业数据资源全要素目录管理。

2. 建设城市管理数据管理平台。依托水土云计算中心，加大城市管理领域各类数据的采集及整合入库工作，形成包括行业范围内的人、地、物、事、组织等全方位主题数据库群，加大行业关键运行状态信息自动采集建设力度；建立行业数据资源管理系统，逐步实现行业信息系统关键业务数据集中存储管理。

3. 建设城市管理数据监管平台。依托重庆市综合市情系统，按照全市信息资源共享交换目录与编码标准规范，建设城市管理内部运行和对外公开使用的数据库，建设城市管理业务数据资源监管服务平台，实现智慧城管内部各分项系统协同工作。

（二）建设智慧城管业务平台

1. 建设智慧城管工程档案管理系统。采用物联网和射频等技术，对档案实体实行信息化采集和电子标签化管理，实现档案智能化识别、定位、跟踪、监控和管理；构建档案信息智慧保护平台，实现档案信息智能备份、数据安全的智慧检测，为城市管理行政审批和业务管理提供基础支撑数据，服务城市管理设施规划、建设、维护管理。

2. 建设智慧市政设施管理系统。加大三维地理信息系统、无线射频、传感器、视频、移动终端等技术设备应用，提升设施维护、地下管网、桥梁结构、工作车辆等在线监控覆盖范围和预警能力；优化管理流程，创新管理机制，推广移动终端在日常巡查监管中的应用，建立综合指挥管理体系，形成呼叫、巡查、调度、监督、处理、统计及考核等一体化的服务管理模式，全面掌握市政设施部件的状态及各类事件发生和处置的过程，提高动态监管和应急指挥能力，提升市政设施维护精细化水平和服务质量。

3. 建设智慧城市照明管理系统。加大全球定位系统、光控、时控、地理信息系统、无线通信、移动终端等技术手段应用，实时监测照明设备、电源线路、变压器等工作状态，形成远程操控、电量监测、故障预警、应对快捷的城市照明综合管理平台；通过优化管理机制，理顺管理流程，科学评价照明节能效果，提升城市照明品质；加大城市照明设施在智慧城市中无线网络、社会治理、视频监控、汽车充电等方面的应用。

4. 建设智慧市容环卫管理系统。加大对垃圾填埋场、垃圾焚烧厂、垃圾中转站、垃圾综合处理厂、公共厕所、粪便处理设施、户外广告、作业车辆等市容环卫设施智能监控应用；对道路清扫保洁、生活垃圾（含餐厨垃圾，下同）分类及运输处置、水域漂浮垃圾收集转运、建筑垃圾运输消纳等活动实施全过程智能监控；建立市容环卫网格化管理责任机制，实现从作业过程到结果全面监管，科学评价区域、部门、单位和人员作业效果，推进精细化管理，探索市容环卫管理由城市逐步延伸至乡镇，实现城乡市容环卫管理水平一体化。

5. 建设智慧水务监督管理系统。加大城市排水防涝、供水等基础设施运行实时监测，开展城市雨水仿真模型建设；运用数据采集仪、无线网络、水质水压水量等监测设备，实时监测城市供水水压、水质、水量和二次供水设施作业等状态以及污水处理厂的运行，通过感应、仿真、诊断、预警、调度、处置、控制、服务等功能，建立市市政委、供水企业、污水处理厂等一体化的指挥调度系统，实现行政主管部门和企业对日常和应急情况下城市内涝区域预警、城市供水安全、污水无害化处理等的全面管理。

6. 建设智慧城管执法管理系统。充分运用物联网、云计算、视频监控、卫星定位、移动终端等技术，建立全域覆盖、图文互动的城市街面市容秩序"智能管控"执法系统，提升执法队伍装备水平，加大对重点区域、路段、市政施工工地、建筑垃圾消纳场、作业车辆、固定摊点和市容环卫日常执法巡查等的实时监控力度，提高城市市容秩序管控能力；加强执法信息共享互通和城管执法人员、执法案件的管理，提高城管执法工作水平和效率，规范执法程序和行为，实现执法过程透明公开。

（三）建设智慧城管综合协调监管平台

优化完善数字城管系统。加快市、区县（自治县）数字城管平台的规划、建设和整合，加快数字城管向智慧化升级，实现感知、分析、服务、智慧、监察五位一体；进一步促进数字城管与互联网技术的融合，加大智能感应技术应用，拓宽城管问题发现渠道；建立健全区县（自治县）、街道（乡镇）、社区城管网格，明确网格管理对象、管理标准和责任人，形成分工明确、指挥有力、统一协调、运转高效的工作格局，实现城市管理常态化、精细化和制度化；夯实数字城管运行基础，完善工作机制，利用数字城管对市政府有关部门参与城市管理工作情况进行综合评价。

（四）建设智慧城管便民惠民服务平台

1. 完善"12319"城市管理服务热线。整合城市管理相关的市民电话服务平台，实现全市"12319"城市管理服务热线统一受理；加大互联网技术应用，畅通公众有序参与城市管理的渠道，实现"12319"城市管理服务热线与"110"报警电话等其他热线的对接，加大部门间城市管理问题处置高效联动，提高问题处置效率和市民满意度。

2. 建设市政行业便民利民信息系统。加大微信、微博和移动终端与城市管理相结合的力度，增加办事指南、行政审批、公厕点位、停车楼场、路桥收费、城市道路维护、供水等便民信息，适时对接全市信息惠民应用平台，提供更为丰富的惠民应用服务。

3. 建设停车诱导便民服务系统。对停车位信息、车辆信息、公交信息、交通状况等资源进行整合和监控，加大与公安交巡警有关数据系统对接；启动停车诱导系统建设，实现对停车位资源的合理调度和高效诱导，逐步解决停车难等民生问题。

（五）建设智慧城管支撑系统

1. 建设城市管理应急指挥管理系统。加快城市管理应急风险普查和数据库建设，建成集中统一的信息资源服务体系，构建满足不同层级需求的数据库，整合行业应急资源，强化数据分析应用，构建行业互联互通应急平台；提升应急处置相关的人力、物力及重要目标空间分布的动态信息管理，实现应急管理可视化、资源调度多维化、管理协调统筹化，适时将城市管理应急指挥管理系统接入重庆市应急指挥系统，提高城市重大事件的应急处置和决策指挥能力。

2. 建设智慧城管决策支撑系统。以行业数据中心为基础，引入数据分析、挖掘处理等大数据应用技术，以行业安全生产、市政设施、城市秩序、市容市貌等为重点，加大数据指标关联分析模型研究，逐步建立城市管理公用设施辅助规划模型、危险源安全预警模型、效能评估模型等，构建应用智慧城管辅助决策支撑系统，挖掘城市运行内在规律和特征，建立依托数据科学决策机制，推进城市管理顽疾治理。

（六）建设智慧城管辅助工程

1. 推进城市管理视频资源整合应用。完成公安、市政等行业视频资源整合，尽可能实现城市管理范围视频全覆盖，形成城市管理统一视频资源池和共享服务体系，加大视频资源参与城市管理的探索力度，合理优化城市管理队伍和人员配置，提升城市管理效果和水平。

2. 建设智慧城管管理中心。按照信息化系统集约化建设要求，加强网络建设，强化信息安全风险评估管理、等级保护等基础工作，优化信息系统基础支撑环境；根据智慧城管发展，科学定位管理中心职能职责，增加专业队伍能力建设和人才储备，做好智慧城管系统的日常管理，完善工作机制，夯实智慧城管运行工作基础。

四、实施要求及职责分工

智慧城管建设总体上要把握好与智慧城市建设的关系，遵循智慧城市建设总体目标、数据标准、接口规范及建设内容，满足全市资源整合和集约共享要求，依托城市管理行业信息化发展，推动全市智慧城市建设健康发展。

在市级层面，智慧城管建设定位是"城市管理行业内全市资源整合及综合监管平台，智慧城市系统内部门协作联动分平台"，侧重于"方向指引、项目示范、资源整合、监管协调"，实现与智慧城市市级平台对接，以及对区县级智慧城管平台监管。在区县（自治县）层面，智慧城管建设定位是"区县（自治县）城市管理综合业务管理及资源整合共享平台"，侧重于"业务管理、资源整合、信息共享"，系统建设应结合区县（自治县）城市管理实际并突出区域特色。

市市政委：负责编制全市智慧城管建设发展总体规划，指导各区县（自治县）人民政府做好智慧城管规划编制工作；负责全市智慧城管"1322"重点项目的系统建设、运行维护、提升改造等业务指导；负责制订智慧城管建设标准、运行规范，做好推广应用工作；负责在主城区范围内建立市、区两级部门间的协同工作机制，合力推进我市智慧城管建设运行工作；负责会同市政府有关部门探索政府与社会资本合作（PPP）模式在智慧城管建设运行中的应用；负责城市管理行业的数据汇集，牵头开展行业相关信息资源与全市信息资源的整合共享。

市发展改革委：统筹全市社会公共信息资源整合与应用工作，负责智慧城管建设项目的立项审批工作，配合探索 PPP 模式在智慧城管建设运行中的运用。

市经济信息委：统筹实现智慧城管便民惠民服务平台融入全市信息惠民应用平台。

市公安局：负责提供符合有关规定且与城市管理相关的视频监控信息，实现信息共享和接入。

市规划局：负责在全市综合市情系统平台建设中，编制信息资源共享交换目录与编码标准规范，为智慧城管提供信息资源互联互通和共享交换。

市水务资产公司：负责开展与城市水务有关的基础设施数据库和系统管理平台建设，加快与行政主管部门管理数据的融合共享。

区县（自治县）人民政府和两江新区管委会：负责编制本地区智慧城管发展规划，健全和完善本级城市管理指挥体系；开展智慧城管重点项目的建设运行，落实资源整合、立项审批、经费保障、技术支撑及 PPP 模式探索等工作，并建立智慧城管建设运行各项工作机制；负责智慧城管项目建成后相关业务数据的接入和系统的应用推广。

五、保障措施

（一）加强组织保障，健全工作机制

建立全市智慧城管建设工作协调机制，研究解决全市智慧城管建设工作中存在的问题。全市智慧城管建设的具体工作由市市政委牵头，市政府有关部门和各区县（自治县）人民政府按照工作职责全力做好保障，根据工作需要及时研究智慧城管建设过程的信息整合和资源共享等工作；各区县（自治县）人民政府和两江新区管委会是区县级智慧城管建设工作的责任主体，要建立相应的组织机构，综合协调智慧城管建设。

（二）制定推进计划，强化工作督查

将智慧城管建设作为一项全局性的重要工作，严格遵循智慧城管总体建设框架，按照适度超前的原则，制订工作推进计划、分解任务目标，优化并论证建设方案，确保系统建设有序推进；定期交流并跟踪智慧城管建设工作的推进情况，量化工作任务，加强检查和指导，确保工作扎实推进。

（三）加强经费保障，加大工作投入

通过整合现有资源、优化财政支出结构、统筹盘活存量资金等方式筹措资金保障智慧城管建设，充分发挥市场作用，鼓励利用 PPP 模式和集约化建设，加快智慧城管建设步伐。

重庆市人民政府办公厅

2016 年 6 月 27 日

附录5

安徽省住房城乡建设厅
关于推进智慧城管建设的指导意见

建督〔2018〕72 号

各市及广德、宿松县城市管理局：

为加快推动现代信息技术在城市管理领域的运用，进一步提升城市管理工作水平，现就推进我省智慧城管建设提出如下意见：

一、总体要求

（一）指导思想

全面贯彻落实党的十九大精神，坚持以人民为中心的发展思想，以推进城市治理体系和治理能力现代化为目标，以数字城管平台功能的智能化升级为途径，结合城市管理执法体制改革，不断创新优化城市管理方式，大力推动智慧城管建设工作，建成适应新时代城市管理要求的智慧城管系统平台，形成职责清晰、协同治理、运行高效、惠民便民的智慧化运行体系。

（二）基本原则

统一规划、分步实施。坚持顶层设计先行，科学编制智慧城管建设导则，制定分步实施计划，确保全省智慧城管建设工作科学、有序、高效开展。

标准先导、过程规范。坚持严格的过程管理，建立健全智慧城管建设、运行、验收标准规范体系，依法依规开展智慧城管建设运行工作。

务实创新、共建共享。坚持以创新求发展，将务实、高效理念贯穿智慧城管建设运行全过程；按照整合、共享、集约、安全原则，整合管理资源，破除信息孤岛，实现智慧城管共建共享。

（三）目标任务

2018 年 12 月底前，编制智慧城管建设导则，启动省级平台建设，完成智慧城管试点工作；2019 年底前，总结提炼试点工作经验，在省辖市全面开展智慧城管建设工作，初步实现省与省辖市城市管理平台互联互通；2020 年底前，在全省各市县全面开展智慧城管建设工作，基本实现省市县三级平台互联互通，探索形成切实可行的智慧城管建设运行管理体制机制。

二、主要任务

（一）加强省级平台建设和运用

1. 开展省级平台建设。依托安徽省电子政务外网，加强城市信息基础设施统筹规划布局，整合城市管理基础数据资源，开发省级应用系统，逐步实现省市县三级平台互联互通。

2. 加强体制机制建设。在总结试点城市建设运行经验的基础上，探索建立创新规范的投资、建设、运营、管理、服务标准模式，指导和规范各地智慧城管建设工作，形成切实可行的组织领导、指导推进、评价考核、政策促进和制度标准体系。

3. 加强对市县平台的运行监管。制定全省智慧（数字）城管系统运行情况考核办法，实现对各地系统平台运行情况的有效监管与监督考核，形成全省城市管理监督到位、协调到位、指挥到位的信息化监管体系。

（二）加强城市管理相关数据普查整合利用

1. 完善城市管理基础数据库。摸清家底，完善城市管理部件数据与空间地理数据相关联、相匹配的城市管理基础数据库。完善基础数据日常管理和更新机制，确保基础数据全面翔实、安全可靠。加大业务管理专题数据、层级管理交换数据、政务服务数据等各类数据的整合入库工作，形成包括行业范围内的人、地、物、事、组织等全方位主题数据库群，实现行业数据资源全要素目录管理。

2. 加强城市运行数据管理。推进智能感知技术应用，强化城市运行数据资源的实时采集、动态录入、管理分析。强化行政许可、行政处罚、社会诚信等城市管理全要素数据采集与整合，提升数据标准化程度，促进多部门公共数据资源互联互通和开放共享，推动基础信息资源和业务信息资源的集约化采集、网络化汇聚和共享共用。

3. 优化网格化管理系统。加强城市管理"神经末梢"建设，以责任网格为基本单元，探索建立"网格长"制度，充实网格化队伍，充分发挥街道和社区作用，联合环保、公安、水利、工商行政、食品药品监管等部门参与城市管理网格化工作，共享网格信息资源，实现城市管理网格全覆盖。

4. 集约节约利用资源。在进行数据资源普查整合时，应当以集约节约为原则，避免重复投资建设。充分利用城乡规划部门基础地理信息资源，城市 GIS 数据、卫星影像图数据以及其他政府投资开发建设的信息资源，应当在政府各职能部门之间形成实时共享、互通共享。

（三）拓展数字城管平台功能

1. 建设城市管理专项业务应用系统。因地制宜，结合城市管理主要职责，建设市政公用设施、园林绿化、市容环卫、户外广告、渣土运输、违法建设、智能停车、智慧管线监管系统等城市管理专项业务应用系统。建立完备的城建档案系统，实现市政公用设施建设档案信息共享。

2. 建设城管执法信息化系统。开展网上办案、网上勤务、网上督察、网上考核等模块的建设和应用，规范执法程序和行为，实现执法过程透明公开，全面提升城管执法信息化水平。加强城管执法综合指挥监管和案件协作联动平台建设，加大与规划、建设、国土资源、环保、公安、水利、工商行政、食品药品监管等城市管理综合执法相关部门的管理信息共享，建立和完善业务部门管理与综合执法信息衔接制度，提高综合执法效率。

3. 建设城市管理决策支撑系统。引入数据分析、挖掘处理等大数据应用技术，以行业安全生产、市政设施、城市秩序、市容市貌等为重点，加大数据指标关联分析模型研究，实现对城市管理难热点问题、城市管理指标以及各类城市管理专题的智能分析、预警和决策。

4. 建设便民惠民服务系统。实现"12319"城管服务热线与"12345"市长热线、110报警电话的对接。加大互联网技术应用，加大微信、微博和移动终端建设，畅通群众参与城市管理渠道。在行政审批、公厕点位、停车场所、城市道路维护、供水供暖等方面，提供惠民便民应用服务。加大宣传力度，研究制定社会公众奖励制度，提高市民参与城市管理的积极性，推动共建共治共享。

5. 建设应急指挥管理系统。加快城市管理应急风险普查和数据库建设，强化水、气、热等城市生命线动态监管，强化重大危险源监控，加强城市基础设施安全风险隐患排查。强化城市防汛、灾害天气及重大活动保障期间实时动态掌握，实施有效监督指挥。整合行业应急资源，强化数据分析应用，构建行业互联互通应急平台；加强应急处置相关的人力、物力及重要目标空间分布的动态信息管理，建立健全城市安全风险防控体系，提高城市重大事件的应急处置和决策指挥能力。

（四）提升智慧城管系统运行效能

1. 加强运行机构建设。根据城管执法体制改革精神，结合城市管理和综合执法需求，在现有数字城管运行机构的基础上，加大机构规范化建设，培养专业人才。探索建立城管委联席会议制度与智慧化城管运行的融合机制，强化对智慧城管运行的组织协调、监督检查和考核奖惩，强化智慧城管监督指挥权威。建立健全市、县相关部门之间信息互通、资源共享、协调联动的工作机制，形成管理和执法合力。

2. 优化运行环节。结合扁平化管理要求，实现一键派单、智能化案卷提醒和回复等功能，增强各部门之间的协同能力。利用 RFID、传感器等物联网相关技术，对井盖、广告牌、公交站台、桥梁、河道、城市照明、环卫作业车辆、施工工地等城市管理对象进行智能化监管。基于视频预警和智能分析技术，通过整合接入视频资源，对城市街面秩序问题进行智能研判分析告警，减少人力成本、提高效率。

3. 加强考核和评价。定期组织召开智慧（数字）城管专项工作会议，对运行情况进行月度、季度、年度通报。制定考核评价办法，建立健全区域评价、部门评价、岗位评价等考核评价体系。注重考核结果的运用，将智慧城管建设工作作为城市管理和综合执法工作的重要内容，纳入目标考核体系，形成公开、公平、公正的城市管理考核奖惩制度体系。

4. 加强安全管理。在推进智慧城管建设中同步加强信息设施和信息资源安全防护。在重要信息系统设计阶段，合理确定安全保护等级，同步设计安全防护方案；在实施阶段，加强对技术、设备和服务提供商的安全审查，同步建设安全防护手段；在运行阶段，加强安全管理，定期开展检查、等级测评和风险评估，排查安全风险隐患，增强日常监测和应急响应处置恢复能力。统筹建设容灾备份体系，推行联合灾备和异地灾备。加大安全防护教育力度，提高工作人员的网络信息安全风险意识、责任意识、工作技能和管理水平。

三、保障措施

（一）加强组织领导

各市县要切实加强对智慧（数字）城管工作的组织领导，建立健全智慧城管建设工作协调机制，确保智慧（数字）城管平台正常运行并发挥作用。要将数字城管智慧升级工作纳入城市管理委员会或相关部门参加的联席会议统筹安排，确保智慧（数字）城管建设运行工作有部署、有监督、有考核。

（二）加强经费保障

安排专项资金支持开展智慧城管试点工作。各市县城市管理部门要积极争取市县财政相应加大对智慧城管建设工作的投入，保障数字城管平台的规划建设、运行维护和更新升级。鼓励采取 PPP 模式和进行集约化建设。

（三）加强监督指导

各地要将智慧城管建设作为一项全局性的重要工作，严格遵循智慧城管总体建设框架，按照适度超前的原则，制定工作推进计划、分解任务目标，优化并论证建设方案，确保系统建设有序推进。省厅将对试点城市智慧城管建设工作加强检查和指导，定期交流并跟踪建设工作推进情况，确保工作扎实推进。其他市县也要根据指导意见，统筹安排好本地区数字城管平台的智慧升级工作。

2018 年 5 月 2 日

安徽省智慧城管建设导则

安徽省住房和城乡建设厅

二〇一八年十一月

目　　录

前　　言

　　自 2007 年开始推广数字化城市管理模式（以下简称数字城管）以来，截至 2017 年底，我省各市、县已基本实现了数字城管的全覆盖。以划分万米单元网格、区分部件事件为基础，建立了监管分离的管理体制、科学的城市管理工作流程和绩效评价机制，构建了一批适应新体制、新机制的数字化城市管理信息平台，实现了城市管理从粗放到精细、从静态到动态、从单线到闭环、从分散到集中的转变，全面提高了城市管理水平。

　　《中共中央　国务院关于深入推进城市执法体制改革改进城市管理工作的指导意见》（中发〔2015〕37 号）和《中共安徽省委　安徽省人民政府关于深入推进城市执法体制改革改进城市管理工作的实施意见》（皖发〔2016〕40 号）都明确提出，各地应当积极整合各类数据和资源，基于现有的信息平台，充分利用新技术、新手段，实现城市管理的精细化、智慧化。随着我省城市执法体制改革的实施，城市管理和综合执法的内涵和职责进一步丰富和延伸，"大城管"的格局基本形成，加快推进数字城管向智慧化升级势在必行。依托云计算、物联网、大数据、移动互联网、人工智能等新一代信息技术，打造集感知、分析、服务、指挥、监察"五位一体"的智慧城管，是实现"大城管"高效运转的重要手段，是推进城市管理向精细化、智慧化发展的必然要求。

　　为加快我省数字化城市管理向智慧化升级进程，提高智慧城管系统平台建设质量和效益，指导和规范各地智慧城管建设工作，特制定本导则。

1 总则

1.1 建设原则

推进智慧城管建设，要坚持标准，因地制宜。各地智慧城管的建设要基于现有数字城管平台技术体系及运行模式，充分借鉴全国先进城市经验，结合本地实际，适应新形势，引入新模式、新技术，通过整合、拓展、升级应用系统，构建各具特色的智慧城管平台。

推进智慧城管建设，要以人为本，科学发展。各地要以进一步提高城市管理水平为出发点，以城市管理问题为导向，以群众满意为标准，构建智慧城管系统平台；平台建设要注重适用性、可拓展性和可兼容性，为实现智慧城管可持续发展奠定基础。

推进智慧城管建设，要统筹规划，循序渐进。各地要结合本地经济社会发展水平和城市管理执法体制改革进程，统筹规划智慧城管建设任务，分步实施。先期重点围绕城市管理执法体制改革要求，加快城市管理专项业务应用系统建设和数字城管平台智慧化升级。

推进智慧城管建设，要注重实效，坚持创新。各地要将务实、高效理念贯穿智慧城管建设运行全过程，重视信息共享和业务协同，提升发现问题、解决问题的能力。要坚持以创新求发展，以移动互联网、物联网、云计算、大数据、人工智能等技术为重点，打造集大信息采集汇聚、调度指挥、监督考核、公众服务为一体的智慧城管平台，最终实现城市管理"感知、分析、服务、指挥、监察"五位一体。

推进智慧城管建设，要群众参与，便民惠民。要将"12345"市长热线、"12319"服务热线、互联网渠道信息等与数字城管有机结合，拓展服务方式，畅通服务渠道；要抓住城市管理体制改革契机，整合涉及民生服务相关的城市管理便民服务信息，积极提供市容环卫、市政公用等相关的便民惠民服务，提高市民参与城市管理的积极性，推动共建共治共享。

推进智慧城管建设，要整合资源，厉行节约。按照勤俭办事的原则，整合现有各类信息化资源，实现设备、信息系统的共建共享，减少各类不必要的形象装备；要积极采用先进实用和性价比合理的技术模式和硬件配置，以降低智慧城管建设的技术成本。要合理配置智慧城管系统平台运行的维护资源，建立稳定可信的运行维护模式，可选择外包服务、租用托管等形式降低运行维护成本，保证运行安全稳定。

1.2 编制依据

（一）《中共中央 国务院关于深入推进城市执法体制改革改进城市管理工作的指导意见》（中发〔2015〕37号）

（二）《中共中央国务院关于进一步加强城市规划建设管理工作的若干意见》（中发〔2016〕6号）

（三）《中共安徽省委、安徽省人民政府关于深入推进城市执法体制改革改进城市管理工作的实施意见》（皖发〔2016〕40号）

（四）《安徽省住房城乡建设厅关于推进智慧城管建设的指导意见》（建督〔2018〕72号）

（五）《计算机软件文档编制规范》GB/T 8567—2006

（六）《电子政务业务流程设计方法通用规范》GB/T 19487—2004

1.3 适用范围

本导则适用于按照数字化城市管理相关国家和部颁行业标准建成数字化城市管理平台

且通过验收的地市及区县，指导各地结合实际情况实现城市管理工作由数字城管向智慧化升级。

1.4 建设内容

我省智慧城管的建设聚焦两个方向进行推进，即推进省级平台建设和监督体系完善，推进各地数字城管平台智慧化功能升级和行业应用智慧化改造升级。

2 推进省级平台建设和监督体系完善

开展省级平台建设，加强城市信息基础设施统筹规划布局，整合城市管理基础数据资源，形成系统运行稳定、信息数据安全的省级平台和省级数据中心。开发省级应用系统，逐步实现省市县三级平台互联互通。加强体制机制建设，在总结试点城市建设运行经验的基础上，探索建立创新规范的投资、建设、运营、管理、服务标准模式，形成切实可行的组织领导、指导推进、评价考核、政策促进和制度标准体系。加强对市县平台的运行监管，形成全省城市管理监督到位、协调到位、指挥到位的信息化监管体系。

2.1 制定全省智慧城管建设标准规范

根据住建部有关标准规范和指导性文件，结合我省实际，制定我省智慧城管建设的一系列标准，主要包括但不限于：智慧城管数据建设规范、智慧城管运行规范、全省智慧城管数据交换和系统对接规范、智慧城管安全建设规范等。

2.2 建设全省智慧城管统一网络环境

依托政务外网，在各地级市实现其与所辖县、市、区网络互连的基础上，实现各市智慧城管系统与省级监管平台网络上的互通。

2.3 建设全省智慧城管数据中心

搭建数据交换平台，汇聚地市智慧城管相关数据到省级数据中心，实现省与市县智慧城管系统信息互联互通，协同办公；通过对全省智慧城管数据中心数据的分析利用，实现城市的精准服务、精准管理。

2.4 建设全省智慧城管业务监督平台

按照省级平台监管要求，通过省级智慧城管平台查看各地智慧城管建设和运行具体情况；加强对市政公用设施运行监管，提高设施运行效率；多维度统计分析各地城市问题发生情况及趋势，对接相关应急指挥调度平台，提高应急指挥能力。

2.5 建设全省智慧城管执法监督平台

掌握各市县城管执法工作基本情况，强化省级对各市县城管执法工作的宏观监督，解决监督难、决策难、立法难等问题，完善执法监督体系。

2.6 建设全省智慧城管决策分析平台

采用大数据分析等技术，对全省城市运行体征进行全面展现，实现数据驱动城市管理运行的动态过程。构建指标体系，对指标体系进行组合提炼，形成城市管理运行体征；通过事、物、人、资源统筹和考核评价，全面展示城市管理运行状况；根据各级管理职责范围定义不同的指标体系，辅助决策。

2.7 建设城市管理领域信用监管平台

推进城市管理与个人信用的有机结合，依托地市智慧城管平台对城市管理相对人的信用评价考核信息，加快推进信用信息共享。借助信用管理机制，创新信用联动惩戒执法模式，为跨地区、跨部门协同监管提供支撑。

3 推进各地数字城管平台智慧化功能升级和行业应用智慧化改造升级

以现有组织及制度体系为基础，在现有数字城管平台建设符合相关标准要求及运行稳定的情况下开展智慧化升级的工作。与本地已建的城市管理相关业务信息化系统进行整合对接，形成以现有平台升级为基础、多平台资源整合为手段、本地化需求为引导的节约型、高效型、创新型的智慧城管平台。

3.1 组织体系建设

按照监督考核相对独立的原则，结合城管执法体制改革推进工作，巩固和强化数字化城市管理监督指挥机构的监督考核职责。在市、县人民政府领导下，以城管委联席会议的方式推进城市管理监督考核体制建设，大幅提升市、县政府对所有城市管理相关部门和单位履职监督考核能力和效率。

3.2 制度体系建设

监督制度建设。按照数字化城市管理部事件等相关标准规定，结合城市管理执法体制改革，强化与市政设施、市容环卫、园林绿化、城管执法等物联感知数据的整合集成，积极引入第三方独立监管力量，构建以智能化问题发现、核查结案为核心内容的城市管理问题监督制度体系，以确保城市管理问题高位独立监督的客观性、权威性和科学性。

处置制度建设。按照数字化城市管理立案、处置、结案等相关标准规定，结合扁平化管理要求，制定精细化的《城市管理部件、事件处置（指挥）手册》，构建以处置职责重新确认、处置结果规范、处置时限精准为核心内容的城市管理问题处置执行的制度体系，以保证城市管理问题各处置责任部门的职责清晰、结果规范。

考核制度建设。按照数字化城市管理绩效评价等相关标准规定，制定城市管理综合绩效考核办法，以标准化的处置结果统计数据为依据，构建对各执行部门和监督机构的考核制度体系，形成一个监督轴驱动多部门组成的处置轴，全面提升处置效率的核心动力机制。

长效机制建设。在城市现行管理体制下，将智慧城管考核结果纳入到政府对所属职能部门的年度目标考核体系，形成公开、公平、公正的城市管理考核奖惩制度体系。

安全制度建设。建立健全信息安全和数据安全管理保障体系，制定完善信息安全保密制度和异地冗余备份制度，开展等保测评体系建设工作，加强人员队伍安全保密意识教育，采取技术手段，加强信息安全追踪和管控，确保系统信息安全。构建智慧城管一体化的安全保障体系，主要包括：安全管理体系、安全技术体系、安全运营体系和安全合规及监管体系。

3.3 基础数据建设

完善城市管理基础数据。按照《数字化城市管理信息系统 第1部分：单元网格》GB/T 30428.1—2013、《数字化城市管理信息系统 第2部分：管理部件和事件》GB/T 30428.2—2013、《数字化城市管理信息系统 第3部分：地理编码》GB/T 30428.3—2016等，完善城市管理单元网格数据、城市管理部件数据与空间地理数据相关联、相匹配的城市管理基础数据库。完善基础数据日常管理和更新机制，确保基础数据全面翔实、安全可靠，保证数据的准确性和现势性。

整合城市管理专项数据。加强市政设施、市容环卫、园林绿化、城管执法、户外广告、渣土运输、违法建设、城市停车、共享单车等城市管理专项业务数据的整合入库工作，形成包括城市管理行业范围内的人、地、物、事、组织等全方位专题数据库群，实现城市管理行业数据资源全要素目录管理。

对接跨部门业务数据。加强与城市规划、建设、环境保护、水务、公安机关、房产、工商、卫生、食品药品监督、民政、交通、运输、体育、文化广电新闻出版、商务等部门和单位涉及城市管理相关的信息共享，建立可持续的跨部门数据共享机制，推动跨部门城市管理业务信息资源的共享共用。

3.4 信息系统建设

信息系统建设包括推进数字城管平台的智慧化功能升级和推进行业应用智慧化改造升级。各地应当充分结合各自城市管理执法体制改革的推进情况和本地实际，对数字城管平台及市政公用、市容环卫、园林绿化、综合执法等相对独立业务细分领域的专项系统平台进行智慧化升级改造。

3.4.1 数字城管平台智慧化功能升级

基于物联感知技术，对井盖、广告牌、公交站台、桥梁、河道、城市照明、环卫车辆、施工工地管理等城市管理部件对象，探索升级数字城管平台数据获取的物联感知功能。**基于视频人工智能分析技术**，对店外经营、无照游商、占道经营、乱堆物料、非机动车乱停、违规户外广告、打包垃圾、违规撑伞、垃圾箱满溢、沿街晾晒等事件对象，探索升级数字城管平台监督数据获取、任务派遣、结果核查、绩效考核分析和平台运转的智能化功能。**基于大数据技术**，以城市公共基础设施、公共客运交通、道路交通安全、市容环境、环境保护、园林绿化、公共水域（湖泊）等公共事务和秩序的管理难点问题为导向，逐步升级数字城管规律发现、源头治理的辅助决策功能。**基于移动互联网技术**，通过APP服务、微信和微博自媒体形式，畅通群众参与城市管理、政府宣传的渠道，整合市政公用、市容环卫、园林绿化和城管执法等便于服务市民的窗口服务事项，探索升级数字城管平台便民服务功能。**基于信息共享技术**，加快城市管理应急风险普查和数据库建设，建设共享的信息资源服务体系，探索升级数字城管平台在城管紧急事件处置和辅助的功能。

3.4.1.1 平台监督功能升级

监督功能的升级主要体现在信息采集渠道的多元化、智能化，数据的高度集中、融合、分析利用。具体功能上可体现为数据获取、分析预警和综合管控、城市运行状态监管平台等的建设。

多样化数据采集及获取。除传统的人工方式外，可更多的利用新技术手段主动采集或间接搜集与城市管理相关的信息。利用各地自然资源部门的基础地理信息框架项目获取必要基础地理信息，在城市管理对象方面通过建立机制实现对城市管理部件、管线管廊、各类市政设施、路道桥隧、绿化植被及园林绿化设施、户外广告、渣土、被执法对象等规律化、定期化的数据普查和更新。最大限度的接入城市管理各个领域所安装布设的各类物联传感设备，如视频监控、桥隧传感器、地下管线监测、水电气暖监测设备、户外广告监测、各类车辆监测设备等，接收其相关数据，为实现对城市管理各方面的有效监测和综合管控提供有效的数据支撑，为数据的深层分析提供原始数据。

分析预警和辅助决策平台。以行业数据中心为基础，引入数据分析、挖掘处理等大数据应用技术，以行业安全生产、市政设施、城市秩序、市容市貌等为重点，加大数据指标关联分析模型研究，逐步建立城市管理公用设施辅助规划模型、危险源安全预警模型、效能评估模型等，构建应用智慧城管辅助决策支撑系统，挖掘城市运行内在规律和特征，推进城市管理顽疾治理，深入分析城市管理信息资源，挖掘城市运行的内在规律和特征，实现提前预警，推进城市顽症治理，建立用数据说话、用数据决策、用数据管理、用数据创新的新机制。

智能信息采集系统。以智能分析技术为基础，应用于城市违法行为的自动识别，通过视频智能分析创新应用将城市管理违章停车、占道经营、人行道经营、垃圾堆放、违规广告、违章建筑、流动摊贩、渣土车扬尘治理、餐厨车管理等违法行为进行自动预警分析并采集；通过视频 AI 智能视频抓取技术，更为快捷精准地实现城市执法管理，提高城市管理执法效能。智能分析将部分代替传统城管人员进行城市监测、信息收集和问题反馈。

城市管理综合管控系统。加强与规划、建设、环境保护、水务、园林绿化、公安机关、房产、工商、卫生、食品药品监督、民政、交通、运输、体育、文化广电新闻出版、商务等部门和单位的移动互联，简化工作流程，实现基于移动互联技术的"端到端"、"点对点"扁平管理。加强与各部门和单位涉及城市管理业务相关的物联感知数据对接，强化监测监控数据的获取能力，实现城市管理问题的智能化采集；加强与各部门和单位间与城市规划、建设、管理相关的信息共享，提高城市管理问题的采集发现和末端处置效率，有力提升大城管监督考核水平。

城市管理综合运行监管系统。结合城市管理执法体制改革，以提升数字城管对市政设施、园林绿化、市容环卫、城管执法等城管专项业务的监督考核能力为出发点，加强与市政设施应用系统、环境卫生应用系统、园林绿化应用系统、城管执法应用系统和其他城管专项业务系统的信息共享，整合市政设施、园林绿化、市容环卫、城管执法、户外广告、渣土运输、违法建设、智能停车等城市管理专项业务的物联感知数据和运行数据，开展城市管理各类专项业务的专题化智能分析。加强与地图数据的融合，以"一张图"的形式直观呈现城市管理综合运行监管状态，动态监控城市管理的运行安全和运行效率。

3.4.1.2 平台考核功能升级

结合现有的考核评价体系，建设因地制宜的综合评价系统，完善标准规范、协同机制、预警机制、评价机制、服务机制等内容。实现并逐步完善城市管理评价体系，形成良好的城市管理监督机制。

综合评价系统应当具有动态设置和管理能力，能够设定评价准则、评价主体、评价模型自动执行考评过程；通过各类数据的综合计算，进行权值叠加，自动统计生成相关的考评数据，并对考评结果以图形和报表的形式进行输出。

综合评价系统的主要功能模块包括评价数据采集、评价规则设定、评价主体设置、评价模型建立、区域评价、部门评价、岗位评价、考评管理、评价结果统计输出、考评结果发布模块等。

综合评价系统的评价内容涵盖城市管理的全过程，主要是针对城市管理中出现的各种问题，从系统内部予以严格的监督和管理。评价内容由一整套评价指标体系来实现，主要包括以下几个方面：**对工作过程的评价**，主要是评价信息采集员对城市管理中出现问题的信息报送情况，城管监督指挥机构接受、报送、处理信息情况和派遣情况，专业管理部门长效管理和处理情况。**对责任主体的评价**，主要是评价信息采集员、城管监督指挥机构、城市管理专业部门等责任人。对工作主体的评价可更多的利用位置记录、轨迹分析等技术手段，实现对单个人员或者群体的工作效能分析，提升评价的科学性。**对工作绩效的评价**，主要是评价专业管理部门工作过程中发生问题的数量、处理问题的时效性、各部门之间协同办公和工作人员的文明服务规范程度、岗位职责的落实情况等。**对规范标准的评价**，主要是评价执法工作标准、城市部件管理标准、信息报送制度、巡视检查工作制度、快速反应和应急处理制度等的科学性、对实际工作的推进助力等，形成反馈和优化机制。

3.4.1.3 平台服务功能升级

平台服务功能的升级主要体现在数字城管平台由传统的政府管理为主向"管、服并重"、管理主体和参与人群多元化、服务形式多样化等方向的转变。就具体的服务功能升级，可分为三种类型：专业平台服务、管理平台服务、公共平台服务。

（1）**专业平台服务**。主要指面向城市管理各专业部门的业务性服务，如涉及城市管理的各类服务热线的整合、系统平台的专业化运维服务、涉及到城市管理领域的多部门业务联动中对参与部门的有效服务等。

统一热线服务系统。实现"12319"城管服务热线与"12345"市长热线、110报警电话的对接，形成统一热线服务平台。加大城市管理宣传，一方面提高市民参与城市管理的积极性，另一方面畅通群众参与城市管理的渠道。

跨部门联动协作系统。按照国家部门联动体系建设要求，充分利用信息产业发展和社会信息化成果，接入公安、综治等行业视频监控资源，建立各市（县）统一的视频监控系统；依靠科技创新，依托现有专用网络，搭建以市（县）部门联动指挥系统为枢纽，以各级部门为节点的全市（县）部门联动体系；上传下达联动信息，保障联动值守，实现对重特大和综合性突发公共事件以及常见气象灾害的应急处置。

（2）**管理平台服务**。主要是将城市管理领域的整体工作状态、宏观情况、突发情况应急指挥、重大事项分析、趋势分析、辅助决策等内容向领导层和管理层进行信息提供和集中呈现。

城市管理分析预警系统。以人工智能为核心，通过拉取数据资源中心数据，基于大数据技术对数据进行深入分析挖掘，以可视化形式对分析结果进行展示，自动形成数据分析报表，为城市管理者决策提供支撑。以行业数据中心为基础，引入数据分析、挖掘处理等大数据应用技术，以行业安全生产、市政设施、城市秩序、市容市貌等为重点，加大数据指标关联分析模型研究，逐步建立城市管理公用设施辅助规划模型、危险源安全预警模型、效能评估模型等，构建大数据挖掘及预警系统，挖掘城市运行内在规律和特征，建立依托数据科学决策机制，实现提前预警，推进城市管理顽疾治理。具体内容包含：数据接入、数据处理、基础数据管理、数据质量管理、数据分析、研判预警等内容。

城市源头治理辅助决策系统。加强与规划、建设、环境保护、水务、园林绿化、公安、房产、工商、卫生、食品药品监督、民政、交通、运输、体育、文化广电新闻出版、商务等部门和单位涉及城市管理相关的信息共享，引入数据分析、挖掘处理等大数据应用技术，以反映城市规划缺项、建设漏项、执法弱项为重点，加大数据指标关联分析模型研究，实现对城市管理难热点问题、城市管理指标以及各类城市管理专题的智能分析、监测预警和辅助决策，逐渐建立用数据说话的决策机制。

城市应急指挥调度系统。通过城市应急指挥调度系统，及时掌握现场状况，实现智能指挥、敏捷调度、处置有力，强化对违法行为及城市突发事件的应急处理能力，实施有效的指挥与调度。加快地下管网地理信息系统和安全运行监测系统建设，加强城市基础设施安全风险隐患排查。强化城市防汛、灾害天气及重大活动保障期间实时动态掌握，实现对城市管理过程中突发事件的预防、分析、处置及善后，为应急指挥调度提供可靠的通讯服务和准确的决策依据。整合行业应急资源，强化数据分析应用，构建行业应急机制，实现应急预案管理、应急资源管理、应急接报管理、应急指挥调度。

（3）**公共平台服务**。主要指面向公众的咨询、便民类服务，如公厕点位、停车场所、城市道路维护、供水供暖等便民惠民信息的主动推送、文明行为的引导、群众求助等，侧重于在服务内容的多样性、方式的便捷性、及时性等方面提升。

微信服务系统。市民关注智慧城管微信公众号或微信小程序，可以方便快捷的上报城市管理相关的案件、咨询和投诉，并实现公厕查找、停车引导、道路维护、供水供暖、体验城管等便民服务应用。

手机 APP 应用系统。打造本地化服务，为市民投诉或咨询城市管理问题提供便捷通道。同时，可通过手机查询本地的便民服务事项，掌握与个人生活相关的服务指南。

3.4.2 行业应用智慧化改造升级

结合城市管理部门机构综合设置的主要职责，建设智慧市政设施管理系统、智慧市容环卫管理系统、智慧园林绿化管理系统、以及水务监督、城市照明、户外广告、渣土运输、违法建设、智能停车、安全在线监测、环保在线监测等专项业务应用系统。各地可以从本地实际需要出发，本着急用先行的原则，选择建设部分或全部专项应用系统，也可自主增建其他专项应用管理系统。

3.4.2.1 智慧市政设施管理系统建设

建设智慧市政设施管理系统，通过安装传感器，借助物联网技术实现对重要市政设施的实时监测，通过监测预警及早发现问题隐患，及时有效处置。通过一张图可以直观的综合展示市政设施的类别、在线监测数据、视频监控等重点设施及其分析结果。借助大数据分析技术发现设施管养、维修、故障原因及内在规律，从而有效开展源头治理。通过网格化管理模式，强化考核评价，实现市政设施的主动、常态化巡检管养，促进市政设施管养维修精细化，提升设施的管养水平和运行效率。

智慧市政设施管理系统建设需要首先对辖区内所有市政设施进行全面普查摸底，建立市政设施综合数据库，并提供可持续的数据更新服务。系统可按"1＋N"模式建设，即一个包括市政设施数据管理、物联网监测、日常巡查养护、考核评价等内容的基础模块，以及道桥、路灯、井盖、排水等 N 个专业应用系统。

智慧路灯应用系统。通过系统可直观了解路灯的概况，包括路灯总数、亮灯数、在线数及其分布情况；可根据天气、季节等制定灵活智能的亮灯控制策略，实现城市照明资源的节能优化；可对路灯的日常巡查养护进行管理，强化日常运行维护，提高城市照明管理水平。通过路灯终端灯具升级改造和安装单灯控制设备，实现单灯控制。对通信中断、亮灯率过低、集中器在线率低等自动告警，真正实现对路灯的"遥控、遥测、遥调"，有效确保城市照明亮灯率、设施完好率等指标满足考核要求。

地下管网运行监测系统。基于城市地下管网地理信息系统，规范数据结构、接口类型、交换标准、技术架构和安全保障机制，整合地下管线产权单位安全运行监测系统信息，建设地下管网综合安全监测平台，形成省、市、县互联互通、协同协作的城市地下管网安全运行监测体系。通过充分发挥地下管网综合安全监测平台的作用，做好应急处置工作，提高地下管线运行安全事故处置水平。

智能井盖应用系统。建立智能井盖应用系统，借助位移、倾角传感器实现对重点区域市政井盖的实时监测，从而有效避免井盖被撬开、偷盗等行为带来的危害。通过加装防坠网、警示牌，有效解决汛期井盖丢失导致的"吃人"现象发生。借助物联网技术，智能井盖管理系统实现井盖终端监控管理，一旦发生监测预警，自动提醒并生成案件派遣到一线巡查人员进行确认，确认后由权属单位第一时间进行维修，最大程度的降低井盖破损、丢失、被盗带来的安全隐患。

智慧道桥应用系统。建立智慧道桥应用系统，根据道路桥梁的实时状况作出准确的判断和预测，为养护与维修方案提供决策依据。系统通过一桥一档、一路一档，明确每座桥梁每条道路的管理单位，动态掌握每座桥梁、道路的技术情况、病害情况，确保其处于安全可控的管理状态。系统强化道路养护管理，对日常检测数据进行分析，对管理养护中的问题给出智能化提醒和解决方案。同时借助物联网及视频监控掌握了解道桥的实时状态，防患未然。

市政工程档案管理系统。对市政单位建设的工程项目进行信息化管理，包括桥梁、道路、管线等类型工程项目。项目档案根据工程的类型、工程年份进行分类，方便档案的查找。

3.4.2.2 智慧市容环卫管理系统建设

智慧市容环卫管理系统的管理内容应当包括各类环卫设施、环卫作业车辆、环卫作业人员、环卫作业事件等。通过综合利用各类专业化监测监控手段，实现对道路、公共场所等的卫生状况和垃圾清扫、收集、运输、处理等过程的全面监管，实现对餐厨垃圾（厨余垃圾）产生、收集、运输、处置全过程精细化管理，以及对生活垃圾清运、中转、末端处理的全过程监控。通过对所辖区域环卫企业的考核监管，为环卫应急处置、设施规划等提供辅助决策。

环卫设施管理。依据《城市环境卫生设施属性数据采集表及数据库结构》CJ/T 171—2016，对环卫设施如垃圾收集点、垃圾中转站、垃圾处置场（处理厂、焚烧厂、填埋场等）等环卫设施基础信息进行管理，以此实现设施数据管理标准化、精细化。

环卫车辆管理。通过车载一体机及各类环卫前端物联网设备对清扫车、垃圾车、洒水车等机械化作业车辆的作业状态、实时位置、作业次数、车辆使用状态等进行监管。

环卫人员管理。提供人员数据管理、人员网格化管理、人员实时位置管理、人员考勤管理等功能，把控环卫人员的工作内容质量和工作轨迹。

环卫作业管理。对环卫道路作业车辆（洒水车、清扫车、隔离栏清洗车、垃圾收运车等）、环卫工作人员的作业状态进行记录，同时对作业模式进行规范化、精细化、智能化管理。

生活垃圾收运管理。对垃圾收集车、垃圾清运车、垃圾转运车辆进行监管，包括车辆实时位置跟踪、作业轨迹跟踪、作业里程及作业过程的调度管理，并掌握垃圾站的运转情况。

餐厨垃圾（厨余垃圾）收运管理。对餐厨垃圾（厨余垃圾）的来源、去向、产生量、是否满溢、清运量、处理量进行实时在线监管，同时对是否按时收运、是否按照收运路线工作、收运过程是否规范等进行过程监管。

智慧公厕管理。通过在公厕内安装气味监测设备，实现公厕卫生状况的实时监测，精确开展清扫工作，确保公厕环境卫生状况良好；通过人脸考勤系统，实现对保洁员的保洁工作进行精细化监管；通过安装红外监测系统，实现对公厕人流量的实时监测，为公厕清扫提供精确是数据支撑。通过手机 APP、微信公众号、微信小程序等提供导厕便民服务。

3.4.2.3 智慧园林绿化管理系统建设

智慧园林绿化管理系统主要针对城市绿地、林地、公园、风景游览区和苗圃等监管对象，综合运用智能视频分析、卫星遥感、RFID、二维码等技术手段，建立集网格化巡查、常态化管养、考核评价等于一体的园林绿化精细化管理模式，通过摸清城市园林绿化家底和信息化管理手段，实现城市园林绿化量化评估和动态监管，使城市园林绿化管理逐步走上精细化、规范化、常规化管理的轨道。

园林绿化管理部门需要对乔木、绿地、公园广场的分布等园林资源信息进行及时更新，通过信息系统数据资源的共享和智能化决策支持来提高园林维护和管理的效率、妥善进行园林的建设。

智慧园林基础数据管理。通过数据采集，摸清园林绿化基础数据底数，把园林绿化资源（如树种、道路、公园、绿地、苗木、古树、病虫害、法律法规、绿化规划等）进行集中式管理，并支持对数据的维护、更新、查询和分析。

智慧园林日常养护管理。建立政策法规、养护规程、病虫害防治知识库，为园林养护的全流程提供知识和技术支撑。借助二维码、传感器等物联网技术，对古树名木、公园绿地实行智能化管理，提升园林绿化的整体管理水平。结合园林绿化养护规程、养护计划，对园林绿化管养企业及其开展对日常养护进行管理、考核评价。

智慧园林服务管理。监测空气质量、向公众提供园林科普、认建认养、个性化健康绿道动态信息和休闲娱乐智能化分析等综合信息服务，成为和公众信息交流的平台。

智慧园林决策分析评价。基于园林基础数据，提供园林绿化分级评价、城市园林覆盖整体率分析、任意区域园林覆盖分析、公园覆盖半径分析、园林绿化预警分析等多维度决策分析，为园林绿化管理工作的信息化、标准化、动态化提供分析支撑。

3.4.2.4 城市管理综合执法监督管理系统建设

城市管理综合执法监督管理系统，是充分依托现行城管综合执法工作规范和权责清单，贯穿执法全过程的管理平台。能够为执法人员提供执法全过程的有效记录、执法过程的合法保障、执法方式的技术革新；为执法管理者提供丰富的执法数据呈现，形成"城管执法大脑"，有效破解监督难、决策难的问题。

信息平台功能建设。信息平台包含简易程序、一般程序等标准执法全过程办案功能、执法检查（包含"双随机一公开"模式检查等）功能、执法受理功能、执法监督管理功能及大数据分析展现功能。**执法全过程记录功能**，实现对简易程序和一般程序的执法办案全过程进行有效记录。通过结构化的方式，梳理城管综合执法的标准流程和标准表单，通过手机和电脑端的业务联动，实现执法工作的文字、音视频的全过程有效记录。**执法检查功能**，通过手机 APP 应用，有效记录执法检查的全过程，包括检查人、检查时间、检查地点以及相关的检查内容等。**执法受理功能**，开拓微信公众号、市民 APP、热线电话、舆情收集等方式，有效将各类执法信息来源对接到平台，实现多渠道的执法受理。**执法监督功能**，有效分析区域的执法管理现状（人员、车辆、检查工作、处罚工作等），对每一个执法人员、每一部执法车辆进行轨迹的实时展示、超出工作范围的实时预警、工作量的实时展示和分析，对案件办理过程进行实时监督、发送督办意见等。**大数据分析展现功能**，可以有效分析城管执法工作涉及的每一部法、每一个权责的历史使用情况，有效分析综合执法工作的重点问题发生发展规律，精准预计执法突出问题的关键要素，多维度的为综合执法工作提供决策依据。**全移动端执法功能**，将参与城管综合执法工作的所有人员、部门纳入移动化的平台中，执法人员可以进行现场检查、执法办案、法律学习等工作，法制部门可以进行案件审核、督察督办，领导可以进行执法工作监督。结合本地化实际工作需要，可拓展行政复议、行政应诉、规范性文件审核备案、执法移送（协助）等和执法工作密切相关的功能。针对执法工作的重点难点以及城市执法工作中重点的工作问题，如违章建筑、门前三包、户外广告等领域，可建设"以执法源头为切入点"的相关专业应用功能。

相关配套体系建设。在法定框架下建设符合法律规范的现场执法行为规范、执法全过程记录规范、执法履职监督管理规范、协同（联合）执法工作规范、执法问题受理规范、执法公示管理规范、执法人员（部门）考核管理规范等一系列规范。通过规范的制定，保障平台运行的有据可依。梳理建设由法定职权内的权责清单、案由清单、自由裁量清单等组成的法律法规数据库，为平台的运行提供最基础和最关键的数据保障，同步建设执法机构、执法人员、协管人员、标准执法文书、标准执法流程、执法对象（企业等）等数据库。根据执法工作过程的实际需要，配备相关的车辆视频取证设备、单兵视频采集设备、现场文书打印设备、电子签名签章设备等一系列配套的执法装备，同时根据平台的运行规模，建设相关的场地、硬件等设备设施。

3.4.2.5 其他行业业务系统建设

结合各地城市管理主要职责，可因地制宜拓展户外广告、渣土运输、违法建设、智能停车、共享单车等其他城市管理专项业务系统。

户外广告管理系统。通过建设户外广告信息数据库，结合户外广告相关部门的实际监管需要，实现对户外广告设施从规划到建立、运营、维护、变更、废除等整个生命周期链的精细化管理。通过与数字城管平台、城管执法应用系统的信息共享和业务联动，强化数字化城市管理监督指挥机构对非法广告的监督和考核，方便基层城管执法人员开展非法广告的执法检查和行政处罚。

渣土运输管理系统。通过综合运用 GPS 轨迹监控、视频图像监控、RFID 电子标签等技术手段，实现对渣土车运输路线的全程实时监控，实现对渣土生产、运输、消纳等全过程实时跟踪与精确取证，有效避免渣土处理、运输作业过程中的违规行为。通过与数字城管平台、城管执法应用系统的信息共享和业务联动，强化数字化城市管理监督指挥机构对渣土运输的监督和考核，方便基层执法人员开展无证渣土车、冒顶等违法行为的行政处罚。

违法建设监管系统。通过互联网、无人机、智能比对以及常态化巡查等方式，实现在区域内建筑设施变化的监控。通过大数据智能分析，自动排查出违法建筑的存在情况，精确到具体区域、具体路段、具体房屋楼层。通过智慧化的监管，实现对违法建筑的科学管控，对违法建筑变化信息的掌握，防止乱搭乱建现象在管理盲区滋生。

智能停车管理系统。通过建立资料完整、信息共享、管理科学的智能停车管理系统，制定一系列的管理规则，规范停车流程，提高停车便捷性，提升停车管理水平。通过手机公众服务 APP 或者微信公众号，让市民访问目的停车场泊位的使用情况、地图导航、收费标准、投诉建议、非现金支付、商圈信息发布等情况；开放软件接口，与城市的智能交通管理系统、数字化城市管理系统等进行有机衔接，使停车场的综合管理得到全面的提升。通过与智慧城管基础系统、执法专项系统之间的有机衔接，加强静态交通秩序管理，综合治理非法占道停车及非法挪用、占用停车设施等行为。

共享单车监管系统。通过接收各共享单车企业发送的单车锁车实时位置信息数据，并结合各类围栏数据综合分析实现监督管理。围栏建设主要采取虚拟围栏和物理围栏两种建设形式。通过虚拟围栏方式，将围栏范围进行数字信息化，并通过与共享单车定位信息进行综合分析的手段，达到对其精确管理目的；通过物理围栏（建造共享单车驿站）方式，对共享单车与驿站的位置关系进行判断，实现对共享单车停放的管理。

安全在线监测系统。与城市中的水、电、气、热、防洪排涝、危化品运输、高危作业监管等领域的专业单位的监测监管信息实现对接，并根据各领域的需要设置相关的报警阈值，超出限值后实现主动报警。

环保在线监测展示系统。主要将住建领域涉及到的环境保护因素，如扬尘（工地、渣土车、清扫车、搅拌站等）、城市水环境（污水处理厂、黑臭水体、城市内河等）监管起来，通过监测仪器或者专项巡查等手段将搜集到的信息与环保部门的监测信息进行汇总，并根据国家的环保要求设定相应的报警阈值，对超出预警范围的污染源进行报警，并将报警信息传输至执法平台，实现前端监测与后期处罚的联动和信息共享。

4　项目推进、管理及验收

4.1　项目推进规划

为适应城市管理执法体制改革的渐进进程，围绕智慧城管的近期、中期和远期目标，循序渐进开展智慧城管建设工作。

4.1.1　近期规划

省级层面：依托安徽省电子政务网络打造省市县三级互联互通的网络环境，构建省级智慧城管平台，建设省级智慧城管数据中心。选择试点城市，先行开展智慧城管建设，总结提炼试点城市工作经验，而后在全省省辖市全面开展智慧城管建设工作，初步实现省与省辖市城市管理平台互联互通。

地市、县级层面：要求全省各市县在本周期内完成数字城管平台建设，并实现有效运行。目前已实现有效运行的市县着手开展系统平台的升级，重点围绕系统平台功能升级、监督功能升级、考核功能升级等方面开展工作。省辖市可在所辖区域内选取 1～2 个县级单位作为试点城市，在实现数字城管平台智慧化升级的基础上，以城市管理业务需求为导向，重点建设专项业务应用平台，加强专项业务系统的信息共享和业务协同，强化对市政设施、园林绿化、市容环卫、城管执法等专项业务的监督和考核能力。

4.1.2　中期规划

省级层面：依托省市县三级的网络环境，实现全省三级平台核心业务数据的互联互通。建设全省城管执法监督平台、建设全省智慧城管大数据分析平台，要求所有省辖市完成核心平台的智慧化升级，并完成市政公用、园林绿化、环境卫生、综合执法等业务领域的专项系统的建设，依托省市县三级网络，在省级平台、省辖市平台之间实现城管"3+1"业务数据的即时传输。建设全省智慧城管监管平台，加强实时监察和远程督导，全面提升省级平台监管水平。

地市、县级层面：所有地市、县级单位在本周期内实现数字城管平台的智慧化升级。所有试点地市、县级单位在完成核心监督平台智慧化升级的基础上，完成"3+1"专项业务系统的建设，鼓励非试点县市建设专项业务平台。在完成上述目标的基础上，鼓励有条件的县市进一步拓展智慧城管平台功能，加强公共服务平台、城管指挥调度平台、分析预警和辅助决策平台和考评监察平台等平台的建设。

4.1.3 远期规划

省级层面：在建成"三级互联互通"体系和省级智慧城管平台的基础上，夯实三级联动机制，实现省市县三级"3+1"数据的互联传输。整合全省城市管理数据，建设全省智慧城管大数据分析平台，提升分析、预警、研判水平，为决策提供科学依据，全面实现智慧化城市管理。

地市、县级层面：所有地市、县级单位完成"3+1"专项业务系统建设，形成本区域的城市管理数据中心；按照"统筹发展、资源整合、全力推进、共建共享"的原则，鼓励各县市完成公共服务平台、城管指挥调度平台、分析预警和辅助决策平台和考评监察平台等的建设，并可根据自身实际拓展智慧城管平台功能。形成一个指挥调度平台、一个大数据中心、一体化运行服务管理、一体化考核评价的网格化立体运转管理服务新模式，全面提高城市管理信息化水平，实现"感知、分析、服务、指挥、监察"五位一体，有效促进城市管理效能和服务水平的提升。

4.2 项目管理组织

各地市可成立智慧城管建设领导小组，确定智慧城管体制机制的建设，负责项目重大事项的决定，落实项目建设资金，协调项目各相关单位的协作关系，决定项目组成员的调整。及时听取项目建设过程的进展情况，对项目的执行情况进行宏观监督和指导。明确项目负责人，负责整个项目建设全过程的所有管理职责，保证项目总体进度和各组工作质量和进度，定期向领导小组汇报进展情况及需要确认的重大事项。

各项目设立管理和协调组，编制适应新时代城市管理要求的智慧城管管理制度，包括指挥手册、评价指标体系等，并组织培训。设立系统组，负责项目的系统运行环境和应用系统建设和协调，包括网络部署、硬件配置，数据库建设、系统软件配置和应用软件研发，信息安全系统建设等工作。设立数据组，负责协调、收集和整理城市管理基础数据、城市管理专项数据和跨部门业务数据，构建城市管理综合数据库。

4.3 项目实施步骤

4.3.1 明确责任，组织实施

成立项目建设领导小组、明确责任分工，制定项目实施工作计划。

4.3.2 项目立项，方案评审

编制"可行性研究报告、需求分析报告和实施方案"，组织专家进行评审，并依据专家组意见进行方案修正和完善，建设方案通过评审后方可启动项目建设。评审通过后，推进招投标工作，确定项目各承建单位。

4.3.3 组建队伍，制订制度

由管理和协调组牵头，组建适应新时期城市管理监督指挥机构，并编写相关工作制度和《城市管理部件、事件处置（指挥）手册》、《城市管理综合绩效考核办法》。

4.3.4 数据建库，系统搭建

由数据组牵头，进行城市管理基础数据、城市管理专项数据和跨部门业务数据的协调、收集和整理工作。由系统组牵头，进行系统网络配置，软硬件系统和设备采购、安装、调试，应用软件系统研发和实施等工作。

4.3.5 人员培训，编制手册

由管理和协调组、系统组牵头，编制系统培训手册，对系统岗位人员进行业务培训、技术培训。

4.3.6 系统测试，投入运行

由管理和协调组、系统组牵头，进行系统测试、试运行和正式运行。项目上线试运行1个月内，由项目建设牵头单位组织监理单位、承建单位进行内部初验，初验通过后转入正式运行。

4.3.7 档案整理，系统验收

对项目建设过程中的相关文档资料进行整理，存档。并在运行6个月后，申请终验，进行项目终验。

4.4 项目评价验收

4.4.1 验收条件

4.4.1.1 组织体系

建立了城市管理决策和监督体制，明确城管委联席会议负责协调决策和数字化城市管理监督指挥机构承担监督考核职责。

4.4.1.2 基本制度

建立并执行了比较完善的监督制度、处置制度、考核制度，形成了考核制度的长效机制，明确智慧城管考核结果纳入政府对所属职能部门的年度目标考核体系。

4.4.1.3 信息系统

结合本地城市管理主要职责，因地制宜建设了市政设施应用系统、环境卫生应用系统、园林绿化应用系统、城管执法应用系统、以及户外广告、渣土运输等所需城市管理专项业务应用系统。围绕数字城管的智慧化升级，建设了监督考核平台、综合运行监管平台、应急指挥平台、便民服务平台等。有条件的城市，可结合本地基础条件，开展城市源头治理辅助决策平台的创新性应用研究。

4.4.1.4 基础数据

遵循数字城管系列国家标准，完善了城市管理单元网格数据、城市管理部件数据与空间地理数据相关联、相匹配的城市管理基础数据库，并建立了基础数据日常管理和更新机制。因地制宜整合市政设施、市容环卫、园林绿化、城管执法、户外广告、渣土运输、城市停车等城市管理专项业务数据，构建城市管理行业数据库。有条件的城市，可建立跨部门数据共享机制，推动跨部门城市管理业务信息资源的共享共用。

4.4.1.5 运行效果

智慧城管系统平台经过一定周期的运行，城市管理部件、事件的监督发现和处置执行达到合理的数量，监督执行部门运作协调，考核评价制度发挥基本作用，信息系统运行稳定可靠，城市总体面貌发生明显改变等。

4.4.1.6 文档资料

体制机制建设文档。包括项目建设、组织机构、人员队伍和运行管理相关的政府文件和管理制度等文档。

建设过程文档。包括系统集成、数据普查、应用系统开发、软硬件采购、网络建设、信息安全体系、场地机房装修、监理等全过程技术文档。

总结汇报文档。针对验收评价的主要内容，集中反映项目概况、建设过程、组织体系建设、制度体系建设、信息系统建设、基础数据建设、运行实际效果的综合汇报文档。

4.4.2 验收流程

验收应当包括验收申请、现场考查和正式验收等环节。正式验收应当在系统连续、安全、稳定试运行超过6个月以上后进行。

验收应当由平台建设单位上级主管部门组织相关专业专家进行，并应当形成明确的书面验收意见。

4.5 运营管理机制

各地智慧城管平台基本建成后，应当科学、规范、高效运行，推动城市管理精细化、长效化、智能化水平的全面提升。

4.5.1 明确任务要求

各市、县人民政府应当依照有关法律、法规、规章和标准，制订智慧城管运行方案、监督考评办法、部门协作制度，工作手册等智慧城管运行规范性文件，建立健全智慧城管运行配套工作机制，确保按照整体推进规划中设定的时间节点完成各项建设工作。

4.5.2 强化流程管理

在智慧城管的信息搜集、数据融合、案件派遣处理、结果核查、绩效考评等方面建立相关的规范。结合地方实际制定相关标准，着力推进信息采集的智能化、无人化，问题及事项处置的扁平快捷化，各行业专项应用与主平台的高度融合，考评成绩的多样化应用。

4.5.3 加强运行保障

加大资金投入，将智慧城管平台运行经费足额列入财政年度预算，建立稳定的资金保障机制。

加强技术保障，定期对智慧城管系统软硬件进行巡检，及时排除系统故障和隐患，确保系统安全稳定运行。建立健全信息安全管理保障体系。制定完善信息安全保密制度，加强人员队伍安全保密意识教育；采取技术手段，加强信息安全追踪和管控，确保系统信息安全。建立健全数据更新机制。基础地理空间数据及专业属性数据等要建立定期更新机制。

提升公众参与度，加大宣传力度和广度，利用新技术、新理念扩展市民参与城市管理的方式，提升市民参与的便捷度，真正实现人民城市人民管。

5 保障措施

5.1 理顺体制机制，落实工作责任

各级政府要加强对智慧城管建设的统一领导，建立补短板工作机制，强化风险隐患排查整治，明确城市管理各责任部门和单位的工作责任。运用联建共建等方式，形成智慧城管建设工作合力，推进各项工作落实。

5.2 科学编制定额，加强财政保障

修订完善智慧城市管理相关规定，编制其维护作业和管理定额，建立动态调整机制，确保定额编制更加科学合理，为按照标准实施智慧城市管理提供资金保障。不断加大各级财政投入和聚焦支持力度，健全与设施规模、管理标准等相适应的维护投入机制，对标全国优秀管理城市，提升城市管理运行、维护、作业水平。

5.3 加强队伍建设，做好人才保障

强化智慧城市管理相关从业人员的教育培训，培育智慧城市管理服务作业人员的工匠精神。坚持国际视野，内联外引，培养智慧城管领域高层次人才，形成素质过硬、结构优化、分布合理、总量充足的管理队伍。

5.4 做好考核督查，强化责任追究

强化对智慧城管建设工作落实情况的考核，加强对重点工作推进情况的督促检查，定期通报考核结果，充分发挥科学评估和绩效考核对智慧城管建设工作的推动作用。对执行有力、勇于探索、积极履职的单位和个人，按照国家和本市评比达标表彰有关规定予以表彰。

5.5 加大宣教力度，营造良好氛围

运用新闻报道、公益宣传、新媒体等开展智慧城市管理宣传教育活动，增强市民群众和机关、企事业单位、社会组织参与城市管理的意识，提升市民对城市管理工作的理解度和支持度，广泛开展城市文明教育，营造良好社会氛围。

参 考 文 献

［1］ 陈平. 《网格化城市管理系模式》［M］. 北京：北京大学出版社，2006.

［2］ 许国志，顾基发，车宏安. 《系统科学与工程研究》［M］. 上海：上海科学教育出版社，2000.

［3］ 赫尔曼·哈肯. 凌复华译：《协同学——大自然构成的奥秘》［M］. 上海：上海译文出版社，2013.

［4］ 郭治安. 《协同学入学》［M］. 四川：四川人民出版社，1988.

［5］ 殷瑞钰，汪应洛，李伯聪. 《工程哲学》［M］. 北京：高等教育出版社，2007.

［6］ 杨兆升. 《城市道路交通系统智能协同理论与实施方法》［M］. 北京：中国交通出版社，2009.

［7］ 崔俊芝，黄玉霞，韩其瑜. 《软件工程方法》［M］. 北京：科学出版社，1992.